Usability und User Experience

Usability und User Experience

Prüfungsvorbereitung zum Certified Professional for Usability Engineering und User Experience Design

Dr. Verena Seibert-Giller

Dr. Robert Pucher

UXKnowHow
Verena Seibert-Giller
3400 Klosterneuburg, Österreich

ISBN 978-3-9504772-0-7

Gedruckt durch den Service von Amazon

Autoren
Verena Seibert-Giller
verena.seibert@UXPA-Austria.org
Robert Pucher
robert.pucher@UXPA-Austria.org

Dr. Verena Seibert-Giller studierte an der Universität Wien Psychologie, unter individuellem Fächertausch (Datentechnik) mit der Technischen Universität Wien. Ihr Schwerpunkt lag auf der menschlichen Kognition in der Anwendung von Technologien und auf modernen eLearning-Systemen. Nachdem sie in mittelständischen Unternehmer als Lead User Interface Designer sowie an der Universität Wien als Forschungsassistentin tätig war, (mitbe)gründete sie die Firma USECON GmbH und baute sie zu einem der erfolgreichsten UX Unternehmen Österreichs auf. Ihre über 25-jährige Erfahrung als Usability- bzw. UX-Spezialistin – inzwischen als selbstständige Beraterin - umfasst über 500 nationale und internationale Projekte in vielfältigen Branchen, wie z. B. Flugsicherung, Telekommunikation, Finanz- und Versicherungswesen, Unterhaltung und Medien, Medizin oder auch der öffentliche Sektor. Zusätzlich unterrichtet Dr. Seibert-Giller an internationalen aus- und weiterbildenden Institutionen und ist an der Entwicklung der UXQCC-Zertifizierungskonzepte und deren Trainings maßgeblich beteiligt.

Nach dem Studienabschluss an der Technischen Universität Graz war Dipl.-Ing. Dr. Robert Pucher in großen und mittelständischen Unternehmen im Bereich Softwareentwicklung beschäftigt. Im komplexen Spannungsfeld der medizinischen Software spezialisierte er sich früh auf Software Usability. Robert Pucher ist Mitgründer der *ace Neue Informationstechnologien GmbH* mit Sitz in Wien. Sein Hauptinteresse liegt seit mehr als 20 Jahren im Bereich Usability Engineering unter besonderer Berücksichtigung der sinnes- und neurophysiologischen Fähigkeiten des Menschen. An der Fachhochschule Technikum Wien hat Robert Pucher federführend die Entwicklung des Bachelorstudienganges Informatik und des Masterstudienganges Software Engineering geleitet und das User Experience Labor aufgebaut. Derzeit ist Robert Pucher Studiengangsleiter Software Engineering an der Fachhochschule Technikum Wien, Präsident der *User Experience Professionals Association Austria* (UXPA-Austria) und Vorsitzender des internationalen Boards des *User Experience Quality Certification Center* (UXQCC).

Vorwort

Warum haben wir ein Buch zum Thema Usability und User Experience geschrieben? Es gibt ja schon eine ganze Reihe von Büchern zu diesem Thema.

Wir beide beschäftigen uns seit vielen Jahren mit der komplexen Thematik und sind immer wieder auf ähnliche Probleme gestoßen. Personen, die sich mit Usability und User Experience beschäftigen, und Personen, die Softwareentwicklungsprozesse beschreiben, gehören unterschiedlichen Disziplinen an. Kommunikation zwischen den Disziplinen ist problematisch und findet häufig nur oberflächlich statt. Daher wird oft einfach aneinander vorbeigeredet! Das grundsätzliche Wissen über die Notwendigkeit von Usability wäre zwar vorhanden, allerdings findet es in vielen Unternehmen kaum Eingang in die Prozesse, die bei der Softwareentwicklung angewandt werden.

Dieses Buch schließt diese Lücke. Sowohl Softwareentwickler als auch UX-Experten brauchen eine gemeinsame Sprache und ein gemeinsames Wissen und Verständnis von Basisprozessen, um qualitativ hochwertige Software und technische Geräte zu entwickeln. Das Buch bereitet konsequent für die Prüfung zum *Certified Professional for Usability Engineering and User Experience Design – Foundation Level* nach dem UXQCC Standard vor. Dieser Standard sichert diese gemeinsame Basis und ermöglicht es Softwareentwicklern und UX-Experten zusammenzuarbeiten um Software zu entwickeln, die Freude bereitet. Das Buch ist als Basis sowohl für Weiterbildungsangebote als auch für ein Eigenstudium mit anschließender Prüfung konzipiert.

Ein wichtiges Ziel des Buches ist es, die Basis von Usability und User Experience den Personen näherzubringen, die mit der Erstellung von technischen Systemen zu tun haben. Darunter fallen Grafikdesigner ebenso wie Softwareentwickler, Projektleiter, aber auch Führungskräfte. Naturgemäß sprechen alle diese Personen auch eine unterschiedliche Sprache. Daher wird im Buch auch eine praktische, einfache Sprache verwendet. Viele Zusammenhänge werden vereinfacht und prägnant dargestellt, um das Verständnis zu fördern. Dies geschieht jedoch gelegentlich auf Kosten von wissenschaftlicher Exaktheit und Vollständigkeit.

Damit haben Sie ein Werk vor sich, das einfach zu lesen und leicht zu verstehen ist. Bei konsequenter Vorbereitung können Sie oft schon nach einer Woche die Prüfung erfolgreich absolvieren!

Unsere gesammelten praktischen Erfahrungen wurden mit aktuellem akademischen Knowhow kombiniert und das Ergebnis gehirngerecht didaktisch aufbereitet. Zur leichteren Orientierung sind reale Beispiele gelborange und wichtige Definitionen blau hinterlegt. Das Buch behandelt alle wesentlichen Elemente des UX Designs und Usability Engineerings. Besonderes Augenmerk wurde unter anderem auf die Besonderheiten der menschlichen Wahrnehmung und kognitiven Fähigkeiten gelegt. Gutes UX Design gelingt nur wenn diese menschlichen Eigenschaften berücksichtigt werden!

Oft leiden Usability Tests oder die Erhebung von Nutzungsanforderungen auch unter einer mangelhaften methodischen Qualität in der Planung, Durchführung oder Auswertung. Die daraus resultierenden Daten sind dann invalide und können dazu führen, dass eine Systementwicklung auf falschen Annahmen und vermeintlichen Erkenntnissen aufgebaut wird. Daher wird in diesem Buch auch betrachtet, worauf man bei der Arbeit mit empirischen Methoden und Daten achten muss.

Aus Gründen der leichteren Lesbarkeit wurde in diesem Text die männliche Form von Substantiven wie "Benutzer" etc. gewählt, nichtsdestotrotz bezieht sich dies immer auf Angehörige beider Geschlechter.

Verena Seibert-Giller und Robert Pucher

Wien, Mai 2019

Inhaltsverzeichnis

Inhaltsverzeichnis ... 1

Einleitung ... 5

Zertifizierungsprogramme für UX und Usability ... 7

1 Grundlagen von Usability und User Experience ... 11

1.1 Notwendigkeit von Usability ... 11
1.2 Perfekte User Experience entsteht durch interdisziplinäre Zusammenarbeit ... 13
1.3 Der Nutzen von Usability ... 19
1.4 Katastrophale Probleme können durch unzureichende Usability entstehen ... 21
1.5 Was versteht man unter User Experience im Gegensatz zu Usability? ... 27
1.6 Ergonomie und andere Begriffserklärungen ... 27
1.7 Universelles Design ... 28
1.8 Soziale Regeln und User Experience ... 29

2 Wahrnehmung und Informationsverarbeitung ... 31

2.1 Visuelle Wahrnehmung ... 31
2.1.1 Subjektivität der Wahrnehmung ... 31
2.1.2 Der Lesevorgang ... 35
2.1.3 Das örtliche Auflösungsvermögen des menschlichen Auges ... 37
2.1.4 Das zeitliche Auflösungsvermögen des menschlichen Auges ... 37
2.1.5 Wahrnehmung von Helligkeitswerten und Farben ... 38
2.1.6 Die Wahrnehmung von Formen ... 40
2.1.7 Die Wahrnehmung von Kontrast ... 40
2.1.8 Die Wahrnehmung von Bewegung ... 41
2.1.9 Wirkungen von Farben ... 43
2.2 Farbfehlsichtigkeit ... 45
2.2.1 Nicht alle Menschen sehen idente Farben bei identen Sinnesreizen ... 45
2.2.2 Farbsehstörungen und Usability ... 47
2.3 Umwelteinflüsse auf den Menschen ... 49
2.4 Gestaltgesetze ... 50
2.4.1 Die Anwendung der Gestaltprinzipien im UX-Design ... 50
2.5 Mentale Modelle ... 58
2.5.1 Was sind mentale Modelle? ... 58

2.5.2 Arbeiten mit bekannten mentalen Modellen 60

3 Standards, Normen und Guidelines 62

3.1 Die Bedeutung von Standards und Normen in der modernen Softwareentwicklung 62
3.2 Der Standard ISO 9241 63
3.3 ISO 9241-210 66
3.4 ISO 9241-110: Grundsätze der Dialoggestaltung 66
3.5 IEC 62366-1:2015 72
3.6 W3C Web Content Accessability Guidelines – ISO/IEC 40500 72
3.7 Styleguides, Pattern Library 75

4 Das Konzept des User Centered Design 78

5 Usability Engineering bzw. User Experience Design 81

5.1 Die „Richtigkeit" von Daten bzw. Ergebnissen 84
5.1.1 Objektivität 86
5.1.2 Reliabilität (Zuverlässigkeit) 86
5.1.3 Validität (Gültigkeit) 87

6 Der Usability Engineering bzw. UX Design Lifecycle 90

6.1 Überblick über den Lifecycle 90
6.1.1 Verstehen des Nutzungskontextes: Analyse- und Konzeptaktivitäten 92
6.1.2 Gestaltungslösungen entwickeln: Designaktivitäten 93
6.1.3 Gestaltungslösungen umsetzen: Prototypingaktivitäten 94
6.1.4 Evaluieren der Nutzungsanforderungen 94
6.2 Herausforderungen und Chancen von UX gegenüber traditioneller Usability 95
6.3 Usability- bzw. User-Experience-Ziele 96
6.3.1 Qualitative Usability-Ziele 97
6.3.2 Quantitative Usability-Ziele 97
6.3.3 Absolute und relative Usability Ziele 98

7 Die Säulen der Nutzungsanforderungen 99

7.1 Benutzeranalyse 101
7.1.1 Allgemeines Computerwissen und Technologieverständnis 102
7.1.2 Domain bzw. Fachwissen 102
7.1.3 Alter, Geschlecht 103
7.1.4 Physische und psychische Eigenschaften 103
7.1.5 Kultureller Hintergrund 104
7.1.6 Sonstiges Wissen, Kenntnisse (Ausbildung, Job, Interessen, ...) 104

7.2 Benutzergruppen ... 105
7.3 Personas ... 106
7.3.1 Personas als beschreibender Text ... 107
7.3.2 Persona als Chart ... 107
7.4 Aufgaben-/Taskanalyse ... 110
7.4.1 Primäre Aufgaben oder Schlüsselaufgaben ... 113
7.4.2 Sekundäre Aufgaben ... 113
7.4.3 Kritische Aufgaben ... 113
7.5 Kontextanalyse ... 115
7.5.1 Externer Kontext ... 116
7.5.2 Persönlicher physikalischer Kontext (siehe auch Benutzeranalyse) ... 117
7.5.3 Persönlicher psychologischer Kontext (siehe auch Benutzeranalyse) ... 117
7.6 Vergleichs-/Konkurrenzanalyse ... 119
7.7 Benutzerszenarien ... 119
7.8 Zusammenhang zwischen Szenarios, Tasks und Use Cases ... 121

8 UX Design Prozess ... 122

8.1 Entwicklungs- und Designprozesse ... 122
8.1.1 Das Wasserfallmodell ... 122
8.1.2 Agile Softwareentwicklungsmodelle ... 124
8.1.3 SCRUM ... 125
8.1.4 User Experience Design in SCRUM integrieren ... 127
8.2 UX Design Vorgehensweisen ... 129
8.2.1 Einfaches Design ... 129
8.2.2 Paralleles Design ... 130
8.2.3 Partizipatives Design ... 131

9 Prototypen, Storyboards, Mock-ups und Wireframes ... 132

9.1 Prototypklassifizierung nach der Umsetzungsart ... 133
9.1.1 Low-Fidelity-Prototypen („Lo-Fi-Prototypen“) ... 133
9.1.2 Statische und dynamische Wireframes (Lo-Fi) ... 134
9.1.3 Papierprototypen (Lo-Fi) ... 135
9.1.4 Einfache, eingeschränkt klickbare Simulationen/Prototypen (Lo-Fi) ... 136
9.1.5 Storyboards (Lo-Fi) ... 137
9.1.6 Verbaler Prototyp (Lo-Fi) ... 139
9.1.7 High-Fidelity-Prototypen („Hi-Fi-Prototypen“) ... 140
9.1.8 Programmierte Prototypen (Hi-Fi) ... 141
9.1.9 Wizard-of-Oz-Prototypen (Hi-Fi) ... 141

9.2 Prototypenklassifizierung nach inhaltlicher Ausrichtung 143
9.2.1 Vertikale Prototypen 143
9.2.2 Horizontale Prototypen 143
9.2.3 Szenario-Prototyp 144

10 Evaluation – die Benutzerperspektive 145

10.1 Warum evaluieren? 145
10.1.1 Evaluation als qualitätssichernde Maßnahme 146
10.1.2 Evaluation zur Lösung von Spannungsfeldern 147
10.2 Evaluationsmethoden und Verfahren 148
10.3 Usability-Tests 148
10.3.1 Planung eines Usability-Tests 149
10.3.2 Ungünstige Einflussfaktoren 156
10.4 Constructive-Interaction-Methode 157
10.5 Teach Back Methode 158
10.6 Unterstützende Methoden 158
10.6.1 Lautes Denken (Thinking Aloud) 158
10.6.2 Eyetracking 159
10.6.3 Fokusgruppen 160
10.7 Expertenbasierte Verfahren (Expert Reviews) 161
10.7.1 Cognitive Walkthrough 162
10.7.2 Heuristische Evaluation 163
10.8 Fragebogenverfahren 166
10.8.1 SUMI (Software Usability Measurement Inventory) 166
10.8.2 SUS (System Usability Scale) 166
10.8.3 ISOMetrics 167
10.8.4 QUIS 7.0 (Questionnaire for User Interface Satisfaction) 168
10.8.5 CSUQ (Computer System Usability Questionnaire) 168

11 Glossar 170

12 Lösungen für die Kontrollfragen 184

13 Kopiervorlage zur Selbstkontrolle 185

14 Literaturempfehlungen 186

Einleitung

User Experience (UX) und Usability waren viele Jahre hindurch eher Schlagworte als Realität. Insbesondere Software, aber auch andere technische Produkte waren geradezu Synonyme für katastrophale Bedienbarkeit und frustrierende Erlebnisse. Kunden und/oder Mitarbeiter hatten sich praktisch damit abgefunden, dass Software nun einmal so ist, wie sie ist. In unserer Tätigkeit als Berater wurden wir öfter mit Aussagen konfrontiert, die etwa folgendermaßen lauteten: „Wollen Sie tatsächlich, dass wir den Blödsinn, den unsere Anwender uns sagen, auch umsetzen?“ oder „Wenn die Anwender nicht in der Lage sind, mit dieser Software zu arbeiten, dann haben sie es eben nicht verdient!“

Tatsächlich steckt hinter solchen Aussagen aber oft die Frustration der Entwickler über das mangelnde Verständnis der Benutzer für ihre Arbeit. Eine genauere Betrachtung der heutzutage üblichen Softwareentwicklungsprozesse zeigt eine Reihe von Schwachpunkten, die dazu führen, dass Anwender und Entwickler einander nicht verstehen oder sich während des Prozesses der Entwicklung sogar voneinander entfernen. Dazu zählt beispielsweise die kaum beachtete Tatsache, dass Softwareentwickler und Anwender eine sehr unterschiedliche Sprache sprechen. Sie verwenden nicht nur unterschiedliches Vokabular und Fachbegriffe, sie beziehen sich auch auf andere Konzepte oder setzen differierende Dinge als „allgemein verständlich“ voraus.

Des Weiteren hat sich im Laufe der Jahrzehnte der Softwareentwicklungen die menschliche Sprache als ungeeignet herausgestellt, um Abläufe in Softwareprodukten zu beschreiben. Bei der Bedienung von Software beteiligte Wahrnehmungs- und Kognitionsprozesse können verbal bzw. schriftlich kaum eindeutig beschrieben werden. Dies führt dazu, dass in jeglicher Spezifikation von Software die konkrete Bedienung auch nicht eindeutig beschrieben werden kann. Professionelles Requirements Engineering versucht dem zwar entgegenzuwirken, hinterlässt aber immer noch eine massive Lücke. Für Softwareentwickler ist es daher oft gar nicht erkennbar, was die Bedienbarkeit ihrer Entwicklungen für zukünftige Benutzer erleichtert oder erschwert.

In den letzten zehn bis fünfzehn Jahren sind vor allem durch die Verbreitung von mobilen Geräten aus UX-Sicht geradezu revolutionäre Softwareprodukte entstanden. Ganze Branchen haben sich aufgrund der dadurch entstandenen disruptiven Technologien massiv verändert. Heute verwenden beispielsweise nahezu alle Menschen, die mit dem Internet einigermaßen vertraut sind, entsprechende Software, um Hotels zu finden oder Flüge zu buchen. Reisebüros haben dadurch an Bedeutung massiv verloren. Aber wie haben Unternehmen, die derartige Software auf den Markt gebracht haben, dies geschafft? Und das anscheinend fast mühelos, während andere Unternehmen kaum benutzbare Software erstellen?

Die Antwort ist einfach: Es existieren genügend Methoden, die erwiesenermaßen geeignet sind, Software derart zu erstellen, dass Menschen mit dieser ihre gewünschten Ziele völlig intuitiv und einfach erreichen können. Haben Menschen einmal ein derartiges System ausprobiert, dann sind neue Standards gesetzt. Mit weniger *User Experience (UX)* und *Usability* geben sie sich als Kunden nicht mehr zufrieden.

Die meisten Menschen verwenden mobile Geräte mit derartig komfortablen Apps, dass sie nicht mehr bereit sind, Software oder ganz allgemein technische Geräte, die in der Bedienung Probleme machen, zu akzeptieren. Das betrifft sowohl das berufliche als auch das private Umfeld.

Bei den meisten Softwareanwendungen gibt es mittlerweile leicht verfügbare alternative Angebote. Daher ist die Messlatte für jede einzelne davon ein gutes Stück höher gesetzt worden. Sowohl Kunden als auch Mitarbeiter bestehen immer häufiger darauf, dass *Usability* bzw. *User Experience* bei der Auswahl einer Software im Vordergrund stehen.

User Experience und ***Usability*** sind dadurch zu den **wichtigsten nicht formalen Qualitätsmerkmalen** für **Software** geworden. Unternehmen, die dieses Faktum heute ignorieren, können morgen bereits in schwerwiegende Probleme schlittern.

Zertifizierungsprogramme für UX und Usability

In allen Bereichen, in denen Software entwickelt wird, ist Qualität der entscheidende Faktor für Kundenzufriedenheit geworden. Usability als nicht funktionales Qualitätsmerkmal ist dabei besonders kritisch. Was ist gute Usability und wie kann sie erreicht werden? Wie werden die Elemente beschrieben, die letztendlich nötig sind, damit Technologien entwickelt werden können, die Menschen zufriedenstellen? *User Experience* und *Usability* erfordern ausgesprochen interdisziplinäres Zusammenarbeiten. Um diese enge Zusammenarbeit effizient zu ermöglichen, sind ein gemeinsames Basiswissen und eine Einigung über die Bedeutung verwendeter Begriffe unerlässlich.

Formale Ausbildungsprogramme auf universitärer Ebene gibt es wenige. Personalabteilungen stehen häufig vor dem Problem, nicht zu wissen, was sich hinter Bezeichnungen wie „Senior Human Experience Designer", „UX-Experte" oder „Usability-Expertin" eines Bewerbers, einer Bewerberin tatsächlich verbirgt.

Eine sehr gute Methode, benötigtes Basiswissen oder Spezialwissen dokumentiert sicherzustellen, sind Zertifizierungsprogramme. Personen, die das Programm erfolgreich absolviert haben, zertifizierte Personen also, können den Nachweis erbringen, dass sie genau dieses Basiswissen und Verständnis besitzen. In jedem Bewerbungsgespräch oder Fachgespräch ist durch die Zertifizierung klargestellt, welches einheitliche Wissen bzw. welche Skills sich hinter einer Bezeichnung wie *„Certified Professional for Usability Engineering and User Experience Design – Foundation Level"* verbergen. Auf diese Weise helfen Zertifizierungen, Unternehmen die richtigen Schritte zu setzen, um anwenderfreundlichere Produkte herzustellen.

Die Zertifizierung **CPUE – FL** (Certified Professional for Usability Engineering and User Experience Design – Foundation Level) nach dem **UXQCC**-Standard (User Experience Quality Certification Center) vereinigt wichtige Ansätze auf mehreren entscheidenden Ebenen. Das Konzept basiert auf der Initiative der Global Association for Software Quality (GASQ), bei welcher Experten und Expertinnen aus unterschiedlichen Bereichen ein erstes Zertifizierungsprogramm entwickelt haben. Dieses Konzept wurde bereits 2010 veröffentlicht. In den folgenden Jahren wurde es kontinuierlich angepasst und erweitert. Feedback der Industrie und von akademischer Seite wurde eingeholt und umgesetzt. Komplexes Wissen über moderne Didaktik, Wahrnehmungspsychologie, Kognitionswissenschaften, Software Engineering, UX-Design und Usability-Tests floss in vielen Arbeitsschritten ein. Daraus wurde ein schlankes, aber dennoch umfassendes Zertifizierungsprogramm entwickelt.

8 Zertifizierungsprogramme für UX und Usability

Im Jahr 2018 wurde ein erweitertes internationales Board (siehe https://uxqcc.com/board/) ins Leben gerufen, um die Zertifizierung weltweit zu standardisieren. Dieser Prozess ist nun abgeschlossen. Damit hat die Zertifizierung CPUE nach dem UXQCC-Standard einen sehr hohen Reifegrad erreicht.

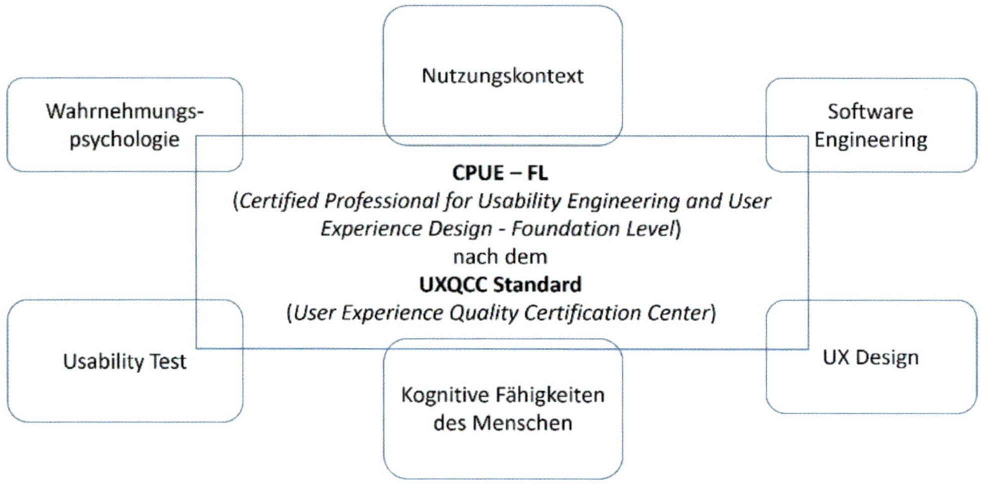

Abbildung 1: Die Zertifizierung CPUE – FL

Die Zertifizierung CPUE – FL (Certified Professional for Usability Engineering and User Experience Design – Foundation Level) nach dem UXQCC-Standard (User Experience Quality Certification Center) ist interdisziplinär, d. h. sie integriert auch psychologische Aspekte, die für Usability und User Experience wesentlich sind.

Die Struktur der Personenzertifizierung von UXQCC

Das Zertifizierungsprogramm CPUE von UXQCC besteht aus drei Stufen. Der Erwerb des Zertifikates einer höheren Stufe ist nur nach Abschluss der vorangehenden Stufe möglich. Das Programm startet mit dem Foundation Level (FL). Dieser Level garantiert ein gemeinsames Basiswissen und einen gemeinsamen Level von Fertigkeiten (Skills) aller zertifizierten Personen.

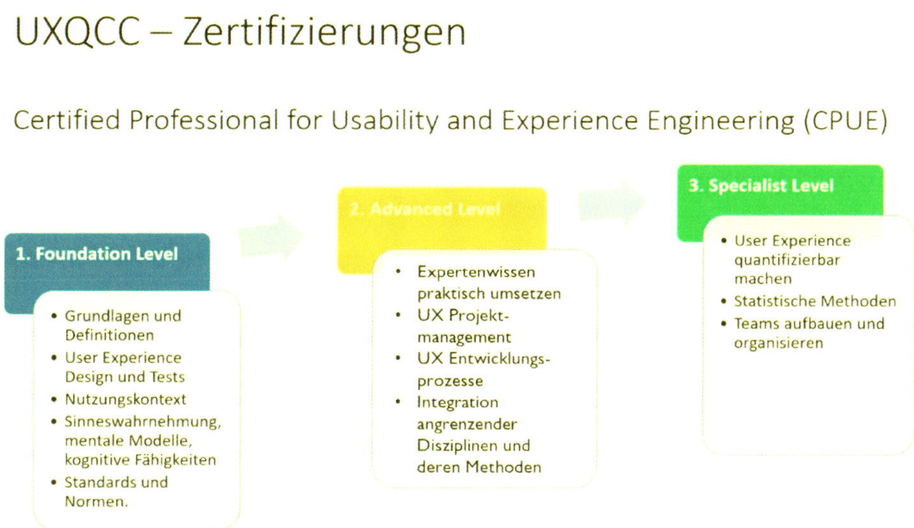

Abbildung 2: Die drei aufeinanderfolgenden Level des Certified Professional for Usability Engineering and User Experience Design (CPUE) nach dem UXQCC-Standard

Vorbereitung zur Prüfung für den Foundation Level

Mit dem vorliegenden Buch können sie sich perfekt auf die Prüfung zur Basisstufe (= Foundation Level) des Zertifizierungsprogramms zum *Certified Professional for Usability Engineering and User Experience Design* vorbereiten.

Dies spricht alle in das Thema Entwicklung von Software und mobilen oder Internetapplikationen involvierten Personen und Berufsfelder an. Das sind vor allem Softwareentwickler, UI-Programmierer, SCRUM Master, Projektleiter und Projektmitarbeiter, Mitarbeiter der Fachabteilungen, IT-Revisoren, Qualitätssicherungsbeauftragte, UX-Designer sowie die im Management mit Softwarequalität betrauten Personen.

Erste Erfahrungen in der Entwicklung von technischen Produkten, insbesondere von Software, werden vorausgesetzt. Das Foundation-Level-Zertifikat ist Voraussetzung, um die Zertifikatsprüfungen zum Usability and User Experience Professional Advanced Level (Aufbaustufe) zu absolvieren.

Für den Erfolg von Usability- und User-Experience-Projekten ist es wichtig, dass alle Beteiligten auf ein gemeinsames Vokabular und ein gemeinsames Verständnis von Schlüsselkonzepten zurückgreifen können. Andernfalls kann es zu Missverständnissen kommen, wenn identische Begriffe nicht mit denselben Konzepten verknüpft sind.

Das Basiswissen stellt sicher, dass Definitionen und grundlegende Kenntnisse sowohl über den Menschen (z. B. Wahrnehmung, mentale Modelle, Fehlerhandlungen) als auch über die Techniken für die Entwicklung interaktiver Systeme (z. B. Interaktionsstile, Modellierungsmethoden, Dialoggestaltung) erworben werden. Ebenso Bestandteil des Lehrplans zum Foundation Level sind allgemeingültige Standards und Normen.

Ein weiterer Schwerpunkt ist der UX-Entwicklungsprozess, eingebettet in die verschiedenen gängigen Verfahren zur Entwicklung von Software. Hier wird im Sinne der Begriffe Usability und User Experience Engineering deutlich, dass Ergonomie nicht punktuell entsteht oder nur am Ende, z. B. mithilfe von Benutzerbefragungen, nachgewiesen wird. Ein komplettes methodisch fundiertes Vorgehen muss angewendet werden, das vom Requirements Engineering über das Prototyping und die UX-Spezifikationen bis zur technischen Umsetzung und Evaluation (z. B. dem obligatorischen Usability-Test) reicht.

Advanced und Specialist Level

Der Advanced Level baut auf den Kenntnissen des Foundation Levels auf und umfasst die wichtigsten Aspekte der UX spezifischen Projekt- und Methodenplanung und der zielgerichteten Integration bzw. Verschränkung verschiedener Methoden aus angrenzenden Disziplinen in den bzw. mit dem Entwicklungs- bzw. UX Design Prozess. Dazu zählen insbesondere Design Thinking, Requirements Engineering, Agile Softwareentwicklung und Aspekte der Customer Experience. Je nach Art des Systems (z.B. Produktives Arbeitsmittel versus verkaufsorientierte Platform) liegen andere Anforderungen an die UX Designer vor. Diese Differenzierung und entsprechende Fokussierung werden thematisiert, an Hand von Case Studies veranschaulicht und in Übungsbeispielen ausprobiert.

Der höchste Level, der Specialist Level, erfordert praktische Erfahrung und sollte sinnvollerweise frühestens ein Jahr nach Absolvierung des Advanced Levels in Angriff genommen werden. Er umfasst die Organisationsweite Einführung von UX in interne Prozesse, Ausbildungspläne und Qualitätssysteme.

1 Grundlagen von Usability und User Experience

Dieses einleitende Kapitel erklärt die notwendigen Grundbegriffe und Definitionen sowie die verschiedenen Bereiche, in denen User Experience und Usability für technische Systeme, insbesondere Software, wichtig und bedeutungsvoll sind. Die Gefahren, die mit mangelhafter Usability einhergehen, werden genauso behandelt wie der wirtschaftliche Nutzen, den Unternehmen realisieren können, sobald das Augenmerk auf eine Verbesserung der User Experience ihrer Kunden gerichtet wird.

1.1 Notwendigkeit von Usability

Usability soll gewährleisten, dass Produkte und Applikationen gut nutzbar sind. Dabei sollen enthaltene Funktionen leicht erlernbar, verstehbar und leicht zu benutzen sein. Usability ist heute ein entscheidender Faktor in der Entwicklung und Gestaltung von Software- und Internetapplikationen. Oftmals sind zwar Funktionalitäten in Systemen vorhanden, können jedoch vom Anwender aufgrund komplizierter Bedienbarkeit oder fehlender Auffindbarkeit nicht oder nicht richtig genutzt werden.

Laut der Internationalen Organisation für Standardisierung (ISO) ist Usability „das Ausmaß, in dem ein Produkt von bestimmten Nutzern verwendet werden kann, um bestimmte Ziele mit Effektivität, Effizienz und Zufriedenheit in einem bestimmten Nutzungskontext zu erreichen“ (Standard 9241:2018, siehe https://www.iso.org/standard/63500.html). Damit werden die Gebrauchstauglichkeit und die Eignung eines Systems in einen spezifischen Nutzerkontext gestellt.

Darüber hinaus existiert eine Fülle von Definitionen zum Thema Usability und User Experience. Jakob Nielsen beispielsweise definiert 5 Zielgrößen, die als Maß für die Qualität von Nutzerinteraktion mit einem System herangezogen werden können. Diese Zielgrößen haben für fast jedes System Gültigkeit, wobei je nach System die Bedeutung der einzelnen Größen verschieden sein kann. Die Zielgrößen sind:

- ✓ **Erlernbarkeit**: Das System sollte möglichst leicht zu erlernen sein. Unnötiger Einarbeitungsaufwand wird verringert.
- ✓ **Effizienz**: Das System sollte zeitlich effizient zu nutzen sein und ein hoher Grad an Produktivität sollte möglich sein.
- ✓ **Einprägsamkeit**: Die Bedienung des Systems sollte leicht erinnerbar sein, sodass das System nach einer späteren Rückkehr nutzbar ist, ohne dass man sich wieder neu einarbeiten muss.
- ✓ **Fehler**: Das System sollte eine niedrige Fehlerrate besitzen.

- ✓ **Zufriedenheit**: Das System sollte den Benutzern ein Gefühl der Zufriedenheit geben. Sie sollten Bedürfnisse und Wünsche in Bezug auf das System mit ihren Fähigkeiten einfach verwirklichen können.

Aber das grafische Design darf nicht zu sehr vernachlässigt werden. Bei der Benutzung einer Webseite wird innerhalb der ersten Sekunden die Entscheidung angebahnt, ob sie gefällt oder nicht. Diese Entscheidung „gefällt" oder „gefällt nicht" erfolgt allerdings unbewusst und wird durch Erwartungshaltung, persönliche Präferenzen und Konformität zum Thema bestimmt. Bewusst beurteilen Menschen nur die faktischen Inhalte wie „diese Website passt zu meiner Fragestellung". Wenn die Webseite aber nicht gefällt, verlassen Benutzer trotz vorhandener Information die Webseite sehr rasch wieder – und dann kommen alle sonstigen Usability-Maßnahmen gar nicht mehr zum Tragen.

In einem weiteren Aspekt trägt die Ästhetik einer Webseite zusätzlich zur User Experience (UX) bei, denn sie fördert das Wohlbefinden des Benutzers und steigert damit dessen Zufriedenheit. Moderne Studien zeigen auch auf, dass subjektives Gefallen einer Software die Leistungsfähigkeit eines Benutzers steigern bzw. subjektives Missfallen die Leistungsfähigkeit senken kann.

Allerdings ist die Frage nach Ästhetik stark davon abhängig, in welchen Bereichen die Anwender tätig sind. Üblicherweise haben Softwareentwickler und Grafiker ein völlig unterschiedliches Empfinden von Ästhetik.

Letztendlich muss der Urheber der Webseite oder der Softwareapplikation selbst entscheiden, welchem Zweck das Produkt dient. Nicht zuletzt deshalb bevorzugen beispielsweise Webseiten zu Marketingzwecken Design vor Funktionalität. Usability muss sich immer auch auf den entsprechenden Benutzungskontext und Wirkungskontext einstellen, um ihre Ziele zu erreichen.

Kontrollfragen

1) Was ist keine Zielgröße für die Qualität von Nutzerinteraktion mit einem System?

A. Einprägsamkeit

B. Fehler

C. Effizienz

D. Grafisches Design

1.2 Perfekte User Experience entsteht durch interdisziplinäre Zusammenarbeit

Eine der großen Herausforderungen für erfolgreiches User-Experience-Design ist die hohe Interdisziplinarität, die es fordert. Tatsächlich ist dies einer der wichtigsten Gründe, warum das Thema User Experience und Usability so häufig vernachlässigt wird oder Bemühungen einfach scheitern.

Methoden des Software Engineering sind absolut notwendig, um gute Software zu erstellen. Aber perfektes Wissen und perfekte Prozesse im Bereich des Software Engineering allein führen zumeist zu Software, die nur technikaffine Menschen verstehen können. Ganz abgesehen davon, dass der Fokus auf Software Engineering dazu führt, dass Funktionalitäten meistens völlig unbefriedigend und komplex realisiert werden.

User Experience Design allein führt zu einem Design, das von den Softwareentwicklern nicht verstanden und daher auch nicht umgesetzt wird. Häufig ist auch der eingesetzte Softwareentwicklungsprozess ungeeignet, UX zu optimieren. Ein Satz, den wir immer wieder hören, wenn wir auf UX-Probleme hinweisen, ist: „Wir wissen das, aber es ist anders spezifiziert und wir setzen die Spezifikation um. Punkt."

Leider ist es nur allzu menschlich, die Bedürfnisse, Eigenheiten und Absichten anderer Menschen nicht oder nur unzureichend zu verstehen. Sehen wir uns einmal ein System an, in dem Software erstellt wird.

Abstrakt gesehen, wird *Software* von einer Gruppe von Menschen erstellt. Nennen wir diese Gruppe von Menschen, die das System in allen Details entwerfen müssen, *„Entwickler"*. Die Menschen, die das System verwenden, gehören im Allgemeinen einer völlig anderen Gruppe von Menschen an; nennen wir diese Gruppe *„Anwender"*. Die *Entwickler* von Software kennen die besonderen Eigenschaften, Bedürfnisse und Umgebungen, in denen die erstellte *Software* von den *Anwendern* verwendet wird, nicht oder zumindest nicht besonders genau. Hier beginnt nun das grundsätzliche Problem von Usability.

Wenn *Entwickler* in den Entwicklungsprozess keine *Anwender* integrieren, kann es bestenfalls gelingen, ein Softwaresystem zu erstellen, das genau dem Wissensstand entspricht, den die *Entwickler* über die Wünsche, psychologischen Eigenschaften und Bedürfnisse sowie den Anwendungskontext der *Anwender* besitzen. Dieses Wissen ist völlig unzureichend, wird aber von den *Entwicklern* subjektiv als ausreichend wahrgenommen.

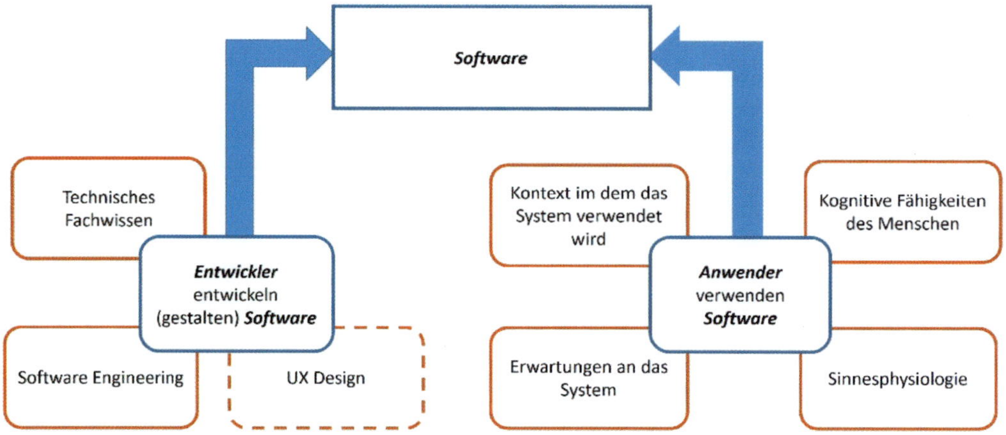

Abbildung 3: Entwickler- versus Anwendersicht

Erklärung zu Abbildung 3: Software wird von Entwicklern gestaltet und von Anwendern genutzt. Entwicklern fehlen häufig wesentliche Informationen über die Arbeitsweise und die Bedürfnisse von Anwendern. Dieses fehlende Wissen führt unmittelbar zu schlechter User Experience.

Die entscheidende Frage ist nun, was Entwickler wissen müssen, um ein optimal nutzbares System zu erstellen. Oder, falls dieses Wissen fehlt, mit welchen Methoden kann dieses Wissen erworben werden und in die zu erstellende Anwendung einfließen?

In den meisten Fällen überschätzen Menschen ihre Kenntnisse über die Arbeitsweisen anderer, sie schließen schnell von den eigenen Erfahrungen auf die anderer. Ironischerweise ist diese Fehleinschätzung besonders unter Menschen verbreitet, die sich gern mit abstrakten logischen Elementen auseinandersetzen. Gerade Entwickler von Software gehören nahezu immer zu diesem Personenkreis. Dieses Problem des unterschiedlichen Wissens der beiden Gruppen ist in Abbildung 4 auf folgender Seite dargestellt.

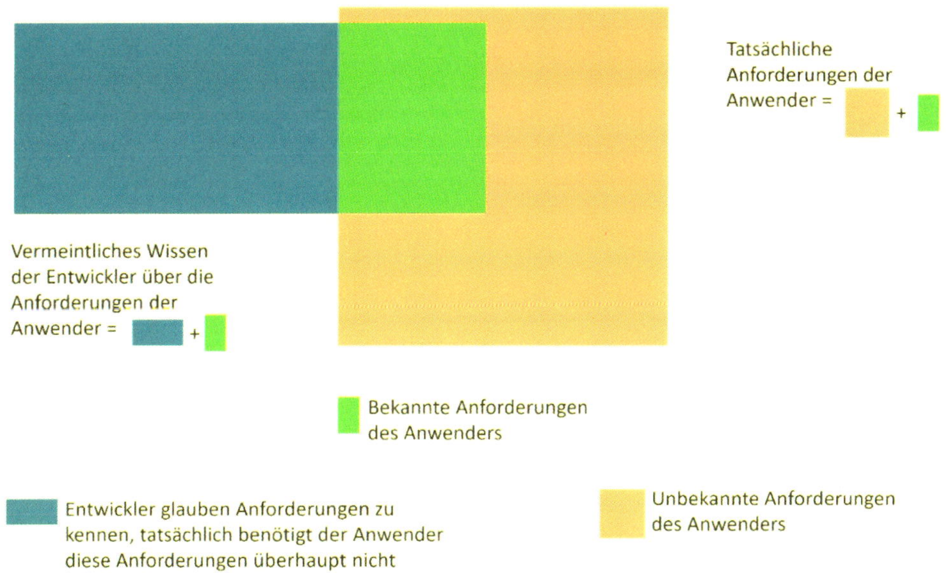

Abbildung 4: Das Wissen der Entwickler über die tatsächlichen Anforderungen der Anwender

Erklärung zu Abbildung 4: Das Wissen der Entwickler und die wahren Bedürfnisse der Anwender decken sich nur im grünen Bereich - dieser kann entsprechend berücksichtigt werden. Je größer also diese Deckung ist, desto besser kann die Anwendung im Sinne der Benutzer gestaltet werden.

Der blaue Bereich ist sehr problematisch, es wird oft viel Aufwand betrieben, diesen Bereich zu realisieren, aber tatsächlich benötigen ihn die Anwender gar nicht.

Der orangene Bereich ist besonders geeignet, um Frustration der Anwender zu erzeugen. Die Anwender meinen häufig, sie bekämen diese Funktionalität, finden sie aber nicht vor, oder nur in einer Form, die sie kaum benutzen können.

Die Größe des wichtigen überlappenden grünen Bereiches, der Zufriedenheit erzeugt, ist von vielen Faktoren abhängig.

Die wichtigsten davon sind:

- ✓ Erfahrung der Entwickler,
- ✓ Fähigkeit der Entwickler zur Perspektivenübernahme,
- ✓ Kenntnisse der Entwickler von prinzipiellen UX-Prinzipien,
- ✓ Domänenwissen, die Vertrautheit der Entwickler mit den spezifischen Anforderungen der Zielanwendungen (z. B. medizinische Anwendungen in Krankenhäusern).

Diese fördern natürlich die Usability der entstehenden Software, reichen aber nicht aus, um den Anwender nachhaltig zufriedenzustellen.

Besondere Probleme werden durch den rosafarbenen Bereich der „unbekannten Anforderungen des Anwenders“ verursacht. Diese sind dem Entwickler der Software nicht zugänglich.

Die meisten Menschen nehmen an, sie hätten ein gutes „Gefühl“ für andere Menschen und sie wüssten schon, was diese (ungefähr) bräuchten. Dieses „Gefühl“ entspringt unmittelbar einer spannenden Eigenart des Gehirns. *Das Gehirn des Menschen versucht aufgrund seiner verfügbaren Sinneswahrnehmungen, Annahmen über die Realität seines Umfelds zu treffen.* Diese Annahmen werden völlig unbewusst getroffen und erzeugen den subjektiven, individuellen Eindruck einer Realität. In der ursprünglichen, gleichbleibenden und sehr naturnahen Umgebung hat diese Methode ihren Zweck erfüllt und für das Überleben und den Fortbestand der Menschheit gesorgt.

Allerdings leben wir heute in einem Umfeld, das den Bedingungen, anhand derer unser Gehirn gelernt hat, Annahmen zu treffen, nicht mehr entspricht. Unser Umfeld ist höchst variabel, ändert sich ständig und fixe, verlässliche Konzepte verschwinden aus Sicht unseres Gehirns zunehmend. Dies liegt daran, dass unser Gehirn „echte Realität/Natur“ und „erschaffene Realität/Technologie“ nicht intuitiv unterscheiden kann, es muss dies erst lernen. Und jedes individuelle Gehirn lernt anders, seine Realität zu schaffen! Das ist der Grund, warum es nicht möglich ist, intuitiv zu verstehen, wie Software zu erstellen ist, die dem Anwender Freude bereitet.

Ganz besonders häufig ist es im Bereich der Softwareerstellung notwendig, Annahmen über die Bedürfnisse der späteren Anwender zu treffen. Hier sind die Annahmen, die das Gehirn über die „unbekannten Anforderungen des Anwenders“ entwirft, in vielen Fällen eben völlig falsch. Der Mensch aber, dessen Gehirn die Annahme entworfen hat, empfindet diese Annahme als korrekte Realität. Genau hier liegt der Grund, warum Usability und User Experience nicht von selbst entstehen können. Es ist nahezu unmöglich, dass – ohne dafür ausgelegte Verfahren im Softwareentwicklungsprozess anzuwenden – eine Software entsteht, die dem Anwender Freude bereitet bzw. ihn effektiv und effizient arbeiten lässt. Ein wesentliches Element dieser Verfahren ist der „Usability-Test“, der aufzeigt, wie die Software tatsächlich empfunden wird.

Subjektiv sind Menschen nahezu immer der Meinung, sie bräuchten diese Tests nicht. Daher ist einer der ersten, aber auch einer der wichtigsten Schritte zu einer perfekten Usability, diese Fehleinschätzung zu erkennen und daraus ein Handlungsbedürfnis zu erzeugen. Hier ist oft zu Beginn eine entschiedene Anstrengung nötig, damit alle Betroffenen einmal erleben, wie Anwender tatsächlich mit der Software umgehen. Sobald die Entwickler und Entscheidungsträger erkannt haben, wie einfach es ist, konkrete Usability-Probleme mittels Usability-Tests zu erheben und entsprechenden Mehrwert für die Entwicklung zu generieren, wird in keinem Projekt darauf verzichtet.

Fallbeispiel 1: “Abnehmen mithilfe von Software“

Ein Unternehmen entwickelt eine Software, mit deren Hilfe Menschen ein sehnlich erwünschtes Ziel erreichen sollen: ganz einfach ein paar Kilo verlieren. Die Software ist gut durchdacht und wird von den Kunden gut angenommen. Um Verbesserungspotenziale zu finden und auszuschöpfen, werden dennoch Usability-Tests durchgeführt.

Bereits die ersten Ergebnisse zeigen, dass viele Anwenderinnen und Anwender auf der Einstiegsseite abgeschreckt werden. Ohne Usability-Tests wäre es nicht möglich gewesen, dies zu entdecken, da die Personen nach wenigen Augenblicken einfach die Seite verlassen. Nach den Ursachen für den frühen Abbruch befragt, werden aus den Antworten der Anwender zwei hauptsächliche Gruppen von Ursachen identifiziert. Das Problem ist einigermaßen komplex und für die Betreiber der Website erst nach einiger Zeit nachvollziehbar. Die folgende Abbildung zeigt eine Darstellung, die der ursprünglich verwendeten Darstellung auf der Startseite der Webapplikation nachempfunden ist.

Abbildung 5: Die Startseite einer Applikation für Menschen, die abnehmen wollen. Die Kombination des Textes mit dem Bild führt zu Missverständnissen und einer starken emotionalen Ablehnung.

Potenzielle Kunden, welche die Site zum ersten Mal sehen, drücken häufig folgendes aus:
‚Wie … 36 kg soll die Frau im Bikini abgenommen haben, das glaube ich nicht. Nein, jetzt verlasse ich die Seite.“
„Die Frau hat wohl noch nie abnehmen müssen, ich glaube dem Angebot nicht, das ist sicher nicht seriös. Ich würde nicht weitermachen.“
„Die haben ja keine Ahnung von Abnehmen, 36 kg abnehmen und dann so aussehen, das gibt es nicht. Ich glaube nicht, dass es Sinn macht, weiterzusuchen.“
Zwei Ursachen für die schnellen Abbrüche sind hier klar sichtbar:

Wahrnehmungspsychologie: Menschen, die auf die Seite kommen, haben die Vorstellung „Ich will abnehmen“. Diese Vorstellung führt dazu, dass der Text nach passenden Hinweisen gescannt wird. Die sehr prominente Darstellung der Zahl 36.245 zusammen mit der Maßeinheit kg wird fehlerhaft interpretiert. Da ein persönlicher Wunsch nach „Ich möchte kg verlieren“ und kein kollektiver Wunsch vorliegt, wird vom Wahrnehmungsapparat aus der Zahl „sechsunddreißigtausend-zweihundertvierundfünzig“ kurzerhand „sechsunddreißig“ interpretiert.
Der komplexe Zusammenhang „… haben unsere Anwender in Summe …“ wird nicht erkannt. Übrig bleibt „36 kg abgenommen“. Diese 36 kg abgenommen werden auf das Foto der schlanken Dame projiziert. Natürlich ist es unwahrscheinlich, dass diese Dame gerade 36 kg abgenommen

hat. Damit erscheint das Angebot selbst unseriös.

Keine persönliche Identifikation mit dem visuellen Stimulus: Menschen versuchen sich selbst im Angebot zu entdecken. Meint das Angebot mich? Diese Frage wird sofort mit einem klaren „Nein, das Angebot richtet sich an schlanke, schöne Menschen, die es gar nicht nötig haben abzunehmen" beantwortet.
Beide Probleme zusammen führen dazu, dass viele Anwender die Webseite verlassen. Interessant dabei ist, dass der Abbruch sofort erfolgt; es wurde gar nicht versucht, weiterzumachen. Erst Usability bzw. User-Experience-Tests legten die Ursachen für das Problem offen und ermöglichten eine Verbesserung.

Kontrollfragen

2) Welche Aussage zur Perspektivenübernahme ist richtig?

A. Mit ihr kann der Abstand zum Bildschirm für die optimale Lesbarkeit bestimmt werden.

B. Sie beschreibt die Wahrnehmung des Bildschirms von einer seitlichen Position aus.

C. Sie beschreibt die Schattenverschiebung bei einem Icon.

D. Sie beschreibt die Fähigkeit, etwas aus der Perspektive eines anderen zu verstehen.

1.3 Der Nutzen von Usability

Bessere Usability bringt unmittelbaren Nutzen, wie obige Beispiele zeigen. Bessere Usability und User Experience führen direkt und auch indirekt zu Produktivitätssteigerung, Wettbewerbsvorteilen, Kostenreduktionen und in kritischen Fällen auch zu mehr Sicherheit.

Applikationen und Anwendungen müssen heute den Kundenerwartungen entsprechen und leicht und intuitiv nutzbar und verständlich sein. Wie lange versuchen Sie eine Anwendung auf Ihrem Smartphone zu verstehen? In den meisten Fällen verstehen Sie die Anwendung sofort, oder Sie benutzen sie nicht und suchen nach einer anderen Möglichkeit, Ihr Ziel zu erreichen.

Usability ein äußerst effektives Werkzeug, um Kosten zu reduzieren. Usability hilft den Entwicklern, einfachere Produkte herzustellen. Einfachere Produkte sind wiederum einfacher zu verkaufen und für den Kunden einfacher zu handhaben. Usability- bzw. User-Experience-Tests sind hier ein effektiver Weg, um bei der Entwicklung und Umsetzung von Software oder Webseiten Zeit zu sparen und den Druck auf das Entwicklerteam zu verringern. Durch entsprechende Tests kann schon frühzeitig festgestellt werden, welche Aspekte eines Systems für die Benutzer wichtig bzw. weniger wichtig sind. Außerdem kann das frühzeitige Aufspüren von Schwachstellen und Fehlern verhindern, dass sich diese in späterer Folge zu massiven Problemen entwickeln. Je früher ein Fehler erkannt wird, desto weniger Aufwand ist mit der Behebung verbunden.

Durch den Einsatz von Usability Engineering – einem iterativen Prozess zur Verbesserung der Usability von Systemen, Produkten und Dienstleistungen – entsteht eine Vielzahl von monetären und nichtmonetären Vorteilen. Diese lassen sich für drei grundsätzliche Bereiche angeben:

1. Steigerung der Produktivität,
2. Reduktion anfallender Kosten,
3. Bessere Wettbewerbsfähigkeit.

Ermöglicht wird dieser unmittelbare Nutzen durch eine Reihe von Einzelelementen. Die wichtigsten davon sind:

- ✓ zielgruppengerechte Entwicklung von Anfang an, verringert die Notwendigkeit späterer teurer Nachbesserungen,
- ✓ Vermeidung von überflüssigen Designiterationen,
- ✓ Vermeidung der Entwicklung nicht notwendiger Funktionen,
- ✓ frühzeitige Klärungs- und Kommunikationsmöglichkeiten über das Design mit dem Auftraggeber,
- ✓ zufriedenere Kunden,
- ✓ spätere Schulungskosten der Anwender werden gesenkt,

- ✓ Usability-Testergebnisse können helfen, strategische Unternehmensentscheidungen, ob und wie eine Entwicklung fortgesetzt werden soll, zu fällen,
- ✓ effizientere Lösungen,
- ✓ reduzierter Trainingsaufwand durch leicht zu nutzende Lösungen,
- ✓ reduzierter Support- und Callcenter-Aufwand für leicht zu nutzende Lösungen,
- ✓ weniger Benutzerfehler und weniger Aufwand zur Fehlerbeseitigung bei leicht zu bedienenden Lösungen,
- ✓ das optimale Mapping der benötigten Arbeitsabläufe im Softwaresystem in Bezug auf die Bedürfnisse der Anwender macht Kunden zufriedener,
- ✓ die Ausrichtung erfolgt auf die tatsächlichen Benutzerbedürfnisse (und nicht nur auf die meist unscharf formulierten Erwartungen der Käufer),
- ✓ Einbeziehung relevanter industrieller Standards und Normen,
- ✓ Entwicklung zielorientierter, innovativer Lösungen auf Basis der Kenntnis der wirklichen Bedürfnisse der Nutzer,
- ✓ Anwendung interdisziplinären Wissens und interdisziplinärer Methoden,
- ✓ Einbeziehung von Erfahrungen und Know-how aus anderen Domänen,
- ✓ Techniken zur Potenzierung von Innovationen unter Einbezug der Benutzer oder auf Basis von Expertenwissen.

Aufgrund dieser wesentlichen und oft leicht zu erreichenden Vorteile wird ein immer stärkeres Augenmerk auf die Usability und User Experience von Produkten gelegt.

Fallbeispiel 2: „Einfahrt erlaubt oder nicht?“

In einer Einfahrt in einer Tiefgarage werden häufig Verkehrslichter verwendet, die den Verkehrsampeln im Straßenverkehr nachempfunden werden. Rotes Licht bedeutet „Einfahren nicht gestattet oder nicht möglich“. Grünes Licht bedeutet „Einfahrt ist erlaubt“ – eigentlich ein sehr einfacher Sachverhalt.

Bei der Garageneinfahrt in Abbildung 6 wurde vermutlich aus Platzgründen nur ein Licht installiert. Dieses Licht wechselt die Farbe. Leuchtet die Lampe rot, muss gewartet werden, leuchtet die Lampe grün, kann eingefahren werden. Rot-grün-schwache Menschen können diesen wichtigen Unterschied nur sehr schwer wahrnehmen.

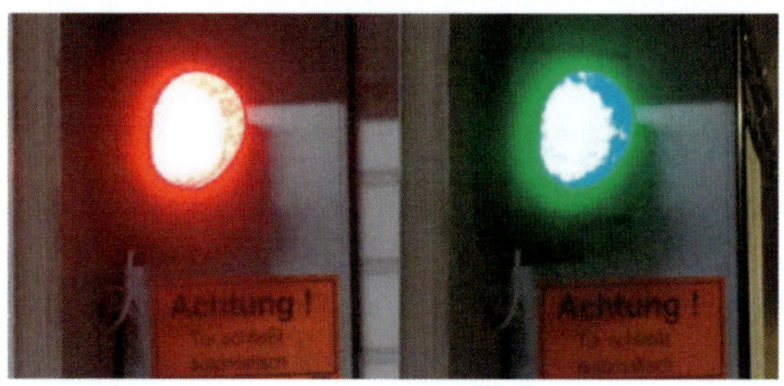

Abbildung 6: Ist die Ampel rot oder grün?

Ganz anders ist es, wenn ein übliches Ampelsystem (Abbildung 7) verwendet wird:
Menschen mit Rot-Grün-Schwäche wissen aufgrund der Lage des Lichtes, welchen Zustand die Ampel zu gegebenem Zeitpunkt anzeigt. Sie benötigen die Farbe nicht als zusätzlichen Hinweis und können die inhaltliche Signalwirkung problemlos erfassen. Das System hat sich weltweit bewährt.

Abbildung 7: Das rote Licht unterscheidet sich in der Lage deutlich

1.4 Katastrophale Probleme können durch unzureichende Usability entstehen

Umgekehrt hat fehlende Usability und User Experience ganz unmittelbar eine ganze Reihe von massiv negativen Konsequenzen. Folgende Beispiele zeigen, dass diese Konsequenzen im ungünstigsten Fall, wie im Kernkraftwerk Fukushima, dazu beitragen können, Katastrophen zu verursachen.

Fallbeispiel 3: „Nuklearkatastrophe Fukushima“

Abbildung 8: Kühltürme eines Atomkraftwerks

Eine Reihe katastrophaler Unfälle und schwerer Störfälle im japanischen Kernkraftwerk Fukushima Daiichi in Ōkuma ab dem 11. März 2011 ging als „Nuklearkatastrophe von Fukushima“ in die Geschichte der zivilen Nutzung der Kernenergie ein.
Im Reaktorblock 1 des Kraftwerkes kam es zu einer völligen Kernschmelze. Die genaue Untersuchung des Unfallherganges zeigte, dass Usability-Probleme eine wesentliche Rolle gespielt hatten. Eine Anzeige, die den Füllstand des Reaktorkernes mit Wasser anzeigen sollte, war unter den gegebenen Umständen unzuverlässig und zeigte fälschlicherweise eine Bedeckung der Brennelemente mit Wasser an. Dieser Umstand war dem Bedienungspersonal bekannt! Trotzdem wurde über Stunden die Anzeige abgelesen und notiert, dass die Brennelemente mit Wasser bedeckt seien und daher keine unmittelbare Gefahr vorhanden wäre.
Aus psychologischer Sicht ist dieser gravierende Fehler völlig verständlich. Menschen unter größter Anspannung sind kaum mehr in der Lage, korrekte Schlussfolgerungen zu treffen. Auch wenn Zweifel an der Richtigkeit der Ablesung vorhanden waren, wurden diese unter dem Druck der Ereignisse übersehen und als „korrekt“ interpretiert. Dieses Phänomen ist bekannt, wird aber immer wieder übersehen.
Umso wichtiger ist es daher, dass die Anzeige entweder richtige Werte liefert oder anzeigt, dass kein gültiger Wert gemessen wird. Auf keinen Fall darf in einer derartigen Situation ein fehlerhafter

Wert angezeigt werden. Ingenieure müssen dieses psychologische Phänomen kennen und beim Design der Anzeigen berücksichtigen.

Im günstigsten Fall sind die Menschen zwar gezwungen, mit der Software zu arbeiten, schätzen die Arbeit damit aber nicht. Sehr häufig ist dies bei Software der Fall, die in Unternehmen selbst von der eigenen IT-Abteilung entwickelt wird. Paradoxerweise wird Unzufriedenheit der Mitarbeiter erzeugt, obwohl der genau gegenteilige Effekt geplant war, nämlich die Zufriedenheit und Produktivität zu steigern.

Usability ist leider noch immer oftmals ein Streichungskandidat in einem Projektbudget. Häufiger noch als bei Dokumentationen, Tests oder bei der Qualitätssicherung wird die Usability als ein „Nice-to-have"-Faktor im Entwicklungsprozess gesehen und deshalb vonseiten des Managements auch nachrangig gewertet.

Dabei trägt eine gute Usability unmittelbar zum Erfolg oder Misserfolg einer Softwareapplikation oder einer Webseite bei. Insbesondere im Onlinehandel wirkt sie sich direkt auf die Umsätze der Shops aus. Nicht gefundene zentrale Shop-Funktionalitäten wie Warenkorb und Weg zur Kasse oder unzureichend beschriebene respektive versteckte Produkte im Warensortiment sorgen für Umsatzeinbußen.

Gefährlicher wirken sich Usability-Probleme beispielsweise bei medizinischen Geräten aus, deren falsche Einstellung zur Schädigung von Patienten führen kann. Auch Schalter und Knöpfe in Cockpits von Flugzeugen müssen selbst in Stresssituationen verständlich und einfach bedienbar sowie Zustandsanzeigen nahezu intuitiv erfassbar sein.

Die Anordnung der komplexen Anzeigen im Cockpit eines heutigen modernen Verkehrsflugzeugs sind ein Musterbeispiel von UX-Design und Usability Engineering. Der Weg dorthin war allerdings ein steiniger. Nur durch konsequente Entwicklungen konnten die heutigen Standards erreicht werden.

Fallbeispiel 4: „Anzeigen im Cockpit eines Verkehrsflugzeugs"

Ein sehr wichtiger Parameter für Piloten ist der aktuelle Zustand der Triebwerke ihres Flugzeuges. Ohne Schub verwandelt sich jedes Passagierflugzeug in ein Segelflugzeug mit schlechter Performance. Solange innerhalb der Reichweite dieses „Segelflugzeuges" ein Flughafen liegt, an dem das Flugzeug landen kann, ist die Situation beherrschbar. Liegt aber kein Flughafen in Reichweite, droht allen Personen an Bord der Tod. Am 8. Januar 1989 verunglückte der British Midland Flug 92, eine Boeing B-737-400, knapp vor der Landebahn des Flughafens East Midlands (IATA-Code: EMA) in der Grafschaft Leicestershire in England. Die Ursache für den Absturz war ein Problem im linken Triebwerk. Die Piloten schalteten allerdings irrtümlich das intakte rechte Triebwerk ab. Durch eine fatale Kombination von Faktoren meinten die Piloten dadurch das Problem gelöst zu haben. Erst als die Piloten kurz vor der Landung in Bodennähe mehr Schub benötigten, versagte das laufende defekte Triebwerk völlig. Die Zeit reichte nicht, um das intakte, aber abgeschaltete Triebwerk wieder zu starten. Das Flugzeug stürzte vor der Landebahn in die Böschung einer Autobahn; von 126 Personen an Bord verloren 47 ihr Leben.[1]

Aber warum nur hatten die sehr erfahrenen Piloten das intakte Triebwerk abgeschaltet? Aus UX-Sicht waren hier einige wesentliche Probleme zu finden. Diese Probleme haben den Absturz zwar nicht direkt verursacht, aber besseres UX-Design hätte wahrscheinlich den Absturz verhindern können. Ein wichtiges Element im gesamten Hergang waren fehlerhafte mentale Modelle im Kopf der beiden Piloten. Der Kapitän und der Copilot des Flugzeuges waren überzeugt, dass die Luft im Cockpit vom rechten Triebwerk angesaugt wird (= mentales Model). Da starker Rauchgeruch wahrnehmbar war, nahmen beide an, das rechte Triebwerk brenne.

Dieses unbewusste mentale Modell führte zu dieser fatalen falschen Annahme. Die Annahme war deshalb falsch, da bei der brandneuen Boeing 737-400 die Luftversorgung abweichend von früheren Modellen konstruiert war: Die Luft im Cockpit wurde von beiden Triebwerken geliefert. Der starke Brandgeruch beinhaltete daher keinerlei Hinweise darauf, welches Triebwerk brannte. Dieses Faktum war den Piloten im Stress der Ereignisse nicht zugänglich.

Auf die sofortige Frage des Kapitäns an den Copiloten, welches Triebwerk brenne, antwortete dieser: „Das linke. Uh, nein, das rechte ...“. Tatsächlich war es aufgrund der Vibrationen schwierig, die Instrumente korrekt abzulesen, und sehen konnten die Piloten die Triebwerke vom Cockpit aus auch nicht.

Das schwerwiegendste Problem lag allerdings im neuen abweichenden Design der Instrumente: die Anzeigen waren nicht auffällig genug, sehr ungewohnt und nur sehr schwer ablesbar. Unter starkem Stress sind die kognitiven Fähigkeiten immer stark eingeschränkt. Die fatale Fehlablesung wurde nun durch diese Umstände sehr wahrscheinlich.

Die Anzeige für die Vibrationen war für das moderne Flugzeug völlig neu entwickelt worden. Der leuchtende Zeiger befand sich jedoch abweichend vor früheren Anzeigen außerhalb des Displays (siehe Abb. 9).

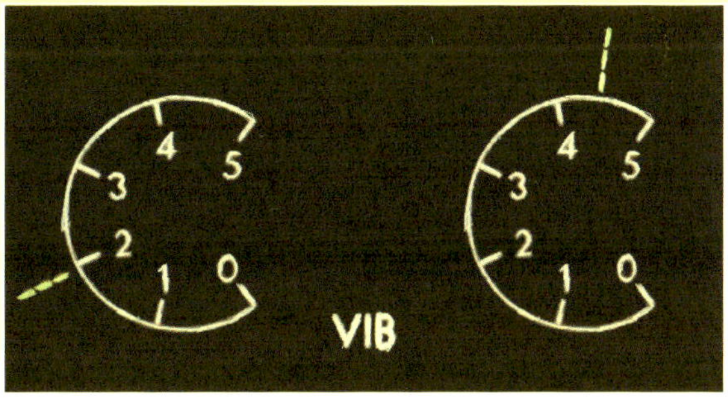

Abbildung 9: Schema der Anzeige für Vibrationen der Triebwerke der Boeing 737

[1] https://assets.publishing.service.gov.uk/media/5422feffe5274a131400097f/4-1990_G-OBME_Append.pdf

https://assets.publishing.service.gov.uk/media/5422fefeed915d13710009ed/4-1990_G-OBME.pdf

https://livingsafelywithhumanerror.wordpress.com/2016/08/15/lessons-learned-from-british-midland-flight-92-boeing-b-737-400-january-8-1989/

Diese völlig ungewohnte Anzeige war offensichtlich nicht auffällig genug. Das mentale Modell behielt die Oberhand über die Anzeige. Beide Piloten meinten in ihrer Erinnerung, sie hätten gesehen, dass es das rechte Triebwerk sei, das die Probleme verursachte. Sie gaben außerdem an, sie seien überzeugt gewesen, die Luft und damit der Brandgeruch stamme vom rechten Triebwerk.
Dieses Beispiel zeigt deutlich, dass Vorannahmen von Menschen, vor allem unter Stress bzw. Zeitdruck, in vielen Fällen stärker wirken als der aktuelle Sinneseindruck an sich. Was gesehen wird, wird durch Erinnerung an frühere Wahrnehmungen (man meint zu wissen !) einfach uminterpretiert. Verstärkt wird dieser Effekt, wenn die wahrzunehmenden Elemente wenig vertraut sind und dadurch mehr Verarbeitungsleistung des Gehirns fordern. Im Bewusstsein der betroffenen Menschen wird der Konflikt der Vorannahme mit ihrer Wahrnehmung nicht abgebildet, er wird lediglich gelöst. Im Bewusstsein erscheint eine klare, aber falsche Vorstellung. Dies ist aus psychologischen Gründen auch notwendig, denn nur bei klaren, bewussten Vorstellungen sind rasche Handlungen möglich.
Zusätzliche scheinbare Bestätigungen lösten nun im Unfallhergang eine Reihe von falschen Handlungen aus. Das mentale Modell des Kapitäns stimmte mit der falschen Aussage des ersten Offiziers überein, es wurde das intakte Triebwerk auf der rechten Seite abgeschaltet. In weiterer Folge führte eine fatale Verkettung von wichtigen Parametern dazu, dass gleichzeitig die Leistung des defekten noch laufenden Triebwerks reduziert wurde. Dadurch verringerten sich die Vibrationen, aber verschwanden nicht.

Beispiele wie dieses zeigen die komplexen Zusammenhänge bei dem Thema Usability. Menschliche Faktoren müssen als Ausgangspunkt genommen werden. Werden die menschlichen Rahmenbedingungen nicht berücksichtigt, führt dies immer zu gravierenden Problemen, die im Extremfall –wie hier – sogar tödlich sein können.

Was wurde anschließend verbessert? Es wurden die Instrumente überarbeitet, um eine einfachere und klarere Ablesung zu ermöglichen. Weiter wurde die Schulung der Piloten bei einem Wechsel des Flugzeugtyps modifiziert und es wurde ein Check der Triebwerke vom Passagierraum aus vorgesehen. Ein Unglück wie beim Midland-Flug 92 wird aller Wahrscheinlichkeit nicht mehr geschehen können.

Fallbeispiel 5: Vermeidbare Verärgerung von Kunden

Seit vielen Jahren wird die Möglichkeit eines Online-Check-in von Fluglinien als Service angeboten. Der dahinterliegende Prozess ist sehr komplex und muss in einer Form aufbereitet werden, die für Millionen von Passagieren geeignet ist („Universal Usability"). Für Fluggesellschaften bietet das Verfahren wesentliche Kostenersparnis, für Passgiere mehr Flexibilität und Bequemlichkeit. Umso merkwürdiger ist es, dass genau dieser Prozess auch noch im Jahre 2018 eine Quelle von Ärgernissen sein kann, die völlig unnötig wären, wie nachfolgendes Beispiel einer großen europäischen Fluglinie zeigt.
Wird der Online-Check-in dieser Fluglinie in einem bestimmten europäischen Land geöffnet, erscheint ein sehr übersichtliches Formular, in dem, wie üblich, der Buchungscode sowie der Nachname abgefragt werden. Dabei wird darauf hingewiesen, dass der Online-Check-in erst 48 Stunden bzw. in manchen Fällen 24 Stunden vor Abflug möglich ist. Wird nun das Formular mehr als 24 Stunden vor Abflug ausgefüllt und abgeschickt, erscheint folgende verwirrende Fehlermeldung:

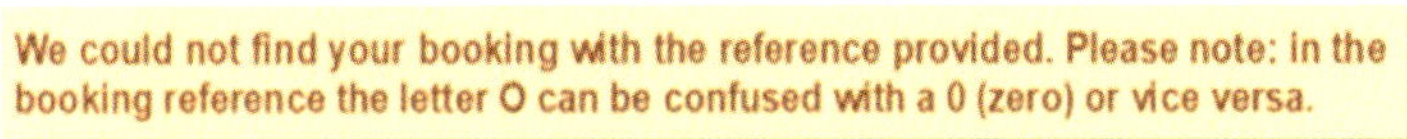

Abbildung 10: Fehlermeldung bei verfrühtem Check-In

Dazu wird ein leeres Feld angezeigt, in dem nochmals die Buchungsreferenz bzw. die Ticketnummer abgefragt wird:

Abbildung 11: Benutzer muss erneut die Buchungsreferenz eingeben

Die ursprüngliche Seite verschwindet, ist nicht mehr sichtbar, auch über den „Zurück"-Button des Browsers kann sie nicht mehr aufgerufen werden. Es wird die bereits eingegebene Zeichenfolge verworfen, im neuen Formular erscheint ein leeres Feld.
Der Benutzer stellt sich nun die Frage, ob er die Information falsch eingegeben hat und wird es aller Wahrscheinlichkeit nach noch einmal versuchen. Das Ergebnis bleibt jedoch immer das gleiche, die Buchung scheint unauffindbar. Was tun? Möglicherweise wird vom nervösen Fluggast nun die Fluglinie telefonisch kontaktiert. In jedem Fall wird eine Verärgerung da sein, die emotionale Beziehung zur Fluglinie wird negativ eingefärbt.
Der Fall wird noch unverständlicher, wenn man Folgendes herausfindet: Im konkreten Fall hatte die Fluglinie alle nötigen Informationen für eine korrekte Fehlermeldung auf ihrem Webportal sehr wohl zur Verfügung. Wird nämlich die Buchung über dieses Portal unter einem anderen Menüpunkt, dem Menüpunkt „Buchungen", aufgerufen, dann erscheint folgende Meldung:

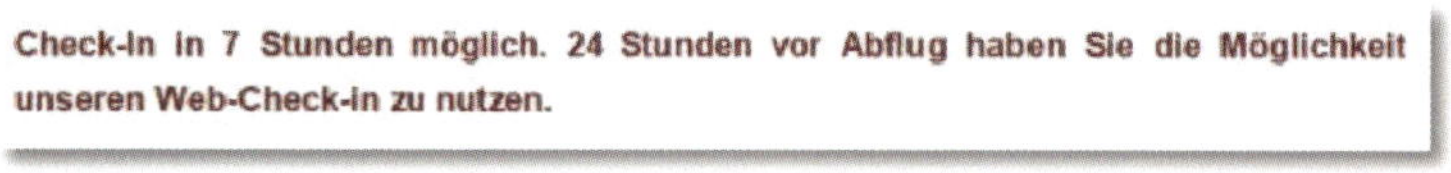

Abbildung 12: hilfreiche Information

Technisch gesehen wäre es also ganz einfach möglich gewesen, die korrekte Meldung anzuzeigen. Die Site müsste lediglich die Buchung zuerst aufrufen. Damit wäre bekannt, dass zurzeit noch kein Web-Check-in möglich ist. Diese Änderung wäre während der Entwicklung mit minimalem Aufwand möglich gewesen. Ganz offensichtlich hatte dies aber niemand berücksichtigt.
Was hätte im Entwicklungsprozess dieser Website geschehen müssen, um diesen Ärger zu vermeiden? Die Antwort ist ganz einfach: ein Usability-Test, an der richtigen Stelle durchgeführt, hätte das Problem offengelegt. Damit wären sowohl Kosten gespart als auch die Zufriedenheit der Kunden gewährleistet worden.
Dieses Beispiel zeigt deutlich, wie durch einen kleinen, scheinbar unbedeutenden Fehler Kunden verärgert werden können, obwohl alles Notwendige technisch möglich gewesen wäre! Genau diese Art der Usability-Probleme sind unserer Erfahrung nach mit großem Abstand die häufigsten. Hätten die Entwickler im vorliegenden Fall gewusst, was zu tun ist, und die Möglichkeiten gehabt, es zu tun, dann wäre der Fluglinie viel Ärger erspart geblieben.

Kontrollfragen

3) Was ist KEIN direkter Benefit von Usability Engineering?

A. Bessere „Conversion Rate“

B. Zufriedenere Anwender

C. Steigerung des Gewinns

D. Steigerung der Produktivität

4) Welche Probleme kann eine unzureichende Usability mit sich bringen und wie sind die Probleme einzuordnen?

A. Unzureichende Usability ist nur für ungeübte Anwender ein Problem.

B. Usability ist nur bei großen Projekten wichtig.

C. Usability-Probleme treten ausschließlich in Stresssituationen auf.

D. Usability-Probleme besitzen höchstes Gefahrenpotenzial, da eine unzureichende Usability im schlimmsten Fall sogar Menschenleben gefährden kann.

1.5 Was versteht man unter User Experience im Gegensatz zu Usability?

User Experience und Usability werden oft nahezu als Synonyme verwendet. An dieser Stelle ist es wichtig zu bedenken, dass der subjektive Eindruck einer Software oder eines Produktes für die Entscheidung des Nutzers, sie zu erwerben, eine sehr entscheidende Rolle spielt. Im Begriff User Experience ist nun zusätzlich zu Usability dieses sehr subjektive Erleben eines Produkts oder Systems angesprochen. Unter User Experience versteht man daher in Ergänzung zur Usability nicht nur die Erfahrung des Nutzers mit dem Produkt selbst, sondern einen ganzheitlichen Ansatz mit allen Erfahrungen, die in irgendeinem Zusammenhang mit diesem Produkt stehen.

Vom Wunsch, dieses Produkt besitzen zu wollen, bis hin zum letzten Gebrauch werden alle Erlebnisse und die damit verbundenen Empfindungen mit in die Beurteilung der User Experience einbezogen. Somit werden neben der eigentlichen Gebrauchstauglichkeit eines Produkts beispielsweise auch Faktoren wie Vertrauenswürdigkeit, Emotion oder Ästhetik berücksichtigt. Die Benutzung eines Produkts soll ein Gefühl des „Joy of Use" auslösen. Damit sublimiert die User Experience in ihrer Bedeutung zusätzlich die emotionale Ansprache von Software. Die wichtigsten Faktoren, die dies bewirken, sind dabei psychologischer Natur. Menschen bewerten Maschinen ähnlich, wie sie andere Menschen bewerten würden. Daher wird eine Software grundsätzlich abgelehnt, sobald diese ein Gefühl auslöst wie „Bin ich etwa zu dumm, um zu verstehen, was ich jetzt tun soll?".

1.6 Ergonomie und andere Begriffserklärungen

Die Begriffsvielfalt, die rund um das Thema Usability herrscht, ist durchaus verwirrend. Insbesondere gibt es Unklarheiten zu älteren Begriffen, die aus den Anfangszeiten der Thematik stammen. So wird der Begriff Softwareergonomie oftmals synonym mit Usability verwendet, was streng genommen nicht korrekt ist, da Usability eine Eigenheit eines Systems und Softwareergonomie eine Disziplin ist.

Daher hier eine kurze Abgrenzung bzw. Darstellung: In der Literatur ist der Begriff *MMI, Mensch-Maschine-Interaktion* (englisch: HMI, Human Machine Interface) oftmals zu finden, der das Zusammenspiel des Menschen mit Maschinen im Allgemeinen umfasst. Betrachtet man speziell den Bereich der Computersysteme, ist der in der wissenschaftlichen Literatur übliche Begriff *MCI, Mensch-Computer-Interaktion* (englisch: HCI, Human Computer Interaction) und umfasst Software (Softwareergonomie) und Hardware (Hardwareergonomie).

Während die Hardwareergonomie Werkzeuge (Ein- und Ausgabegeräte) zur Mensch-Computer-Interaktion an die physiologischen Eigenschaften des Menschen anpasst, will die Softwareergonomie eine Anpassung an die kognitiven Fähigkeiten des Menschen, nämlich die Möglichkeit zur Verarbeitung von Informationen, erreichen. Sie beschreibt und bewertet Benutzungsschnittstellen, was folgende Bestandteile umfasst:

- ✓ die Regeln der Ein- und Ausgabevorgänge an der Bedienoberfläche,
- ✓ die Bedienoberfläche mit den Eingabemöglichkeiten des Benutzers und den Ausgabemöglichkeiten des Computersystems,
- ✓ weitere Systeme zur Unterstützung der Mensch-Computer-Kommunikation.

Die Softwareergonomie versteht unter „Ein- und Ausgabevorgänge" nicht die Nutzung technischer Geräte wie Maus oder Tastatur, sondern softwareseitige Vorgänge der Dialoggestaltung wie Menüs, Kommandodialoge oder Eingabeformulare. Hierdurch wird die wechselseitige Beeinflussung von Mensch und Computer (Interaktion) betrieben. Sie liefert Leitlinien zur benutzergerechten Gestaltung von Software und interaktiven Systemen. Im Themenfeld Softwareergonomie sind in jedem Fall interdisziplinäre Ansätze miteinzubeziehen. Das Feld umfasst hauptsächlich die nachfolgend beschriebenen Bereiche:

- ✓ Computerwissenschaften (Applikationsgestaltung und Entwicklung von Mensch-Maschine-Interfaces),
- ✓ Biologie, Sinnesphysiologie (biologische Grundlagen wie die visuelle Farb- und Sinneswahrnehmung, die auditive Wahrnehmung von Tönen oder die haptische Wahrnehmung – das aktive Erfühlen eines Objekts durch Integration aller Hautsinne und der Tiefensensibilität),
- ✓ Psychologie (Anwendung der Theorien kognitiver Prozesse, Gestaltpsychologie und empirische Analyse von Benutzerverhalten),
- ✓ Soziologie und Anthropologie (Interaktion zwischen Technologie, Arbeit und Organisation),
- ✓ Design (Gestaltung interaktiver Applikationen, wichtige formale Richtlinien zur Softwareergonomie sind in der Bildschirmarbeitsverordnung sowie in der Norm ISO 9241 festgehalten).

1.7 Universelles Design

Universelles Design (auch Universal Design oder Universal Usability) verfolgt das Ziel, Produkte und Dienstleistungen in einer Weise zu gestalten, dass diese für möglichst alle Menschen gut benutzbar sind. Die Benutzbarkeit soll dabei weitgehend unabhängig von Alter, Fähigkeiten und Nutzungssituation der entsprechenden Nutzer sein. Stellen Sie sich eine Applikation vor, die Menschen erlaubt, online für einen Flug einzuchecken. Eine derartige Anwendung erfordert einen Ansatz, der alle potenziellen Nutzer erreicht.

Wichtige Prinzipien des Universal Design sind demzufolge:

- ✓ breite Nutzbarkeit,
- ✓ Flexibilität in der Benutzung,
- ✓ einfache und intuitive Benutzung,
- ✓ sensorisch gut wahrnehmbare Informationen,
- ✓ Fehlertoleranz bei Eingabefehlern,
- ✓ niedriger körperlicher Aufwand,
- ✓ Größe und Platz für Zugang und Benutzung.

Die Unterschiede zwischen Europa und den USA sind hier teilweise erheblich. Universelles Design stammt aus den USA. In Europa wird häufiger der Begriff *Design für Alle* verwendet. *Design für Alle* als europäische Strategie meint aus diesem Grund, verschiedene Gruppen von Menschen zu integrieren, ohne jedoch eine Einheitlichkeit zu erzwingen. Soweit benötigt, beinhaltet Universelles Design auch Hilfsmittel für bestimmte Gruppen von Menschen mit Behinderungen.

Gemäß der Europäischen Richtlinie 2004/18/EG ist beabsichtigt, *Design für Alle* (englisch design for all) auch im Vergaberecht der einzelnen Mitgliedstaaten zu berücksichtigen. Von der EU-Kommission wird darin die Empfehlung ausgesprochen, *Design für Alle* als Bedingung in öffentlichen Ausschreibungen im EU-Raum einzuführen.

1.8 Soziale Regeln und User Experience

Menschen sind soziale Wesen. Für jede Mensch-Maschine-Interaktion bedeutet dies, dass der Mensch von der Maschine eine bestimmte soziale Verhaltensweise erwartet. Dies kann am einfachsten mit folgendem Satz beschrieben werden: „Software soll sich wie eine gute Freundin oder ein guter Freund verhalten." Aus dieser einfachen Gegebenheit lassen sich folgende wichtige allgemein gültige Regeln ableiten:

Gute Freunde …

- ✓ versuchen Vorschläge zu machen, wie es weitergehen kann, wenn man mal nicht weiß, was man nun zu tun hat.
- ✓ achten darauf, dass sich das Gegenüber niemals inkompetent oder dumm fühlt.
- ✓ kennen die Bedürfnisse einer Freundin oder eines Freundes.
- ✓ sprechen eine Sprache, die verständlich ist.
- ✓ schlagen nur vor, was im Augenblick benötigt wird (und wissen, was das sein könnte).
- ✓ stellen keine sinnlosen oder unverständlichen Fragen.

Kontrollfragen

5) Was ist das Ziel von Universal Design?

A. ein grundlegendes Design für das ganze Internet zu definieren.

B. Produkte zu schaffen, die optisch ansprechend sind.

C. Produkte und Dienstleistungen in einer solchen Weise zu gestalten, dass diese für möglichst alle Menschen gut benutzbar sind.

D. Produkte herzustellen, die besonders einfach in einer bestimmten Region verkauft werden können.

6) Welche Aussage hinsichtlich Mensch-Maschine-Kommunikation ist falsch?

A. Menschen sind soziale Wesen und erwarten von einer Maschine ein Verhalten, das dem Verhalten von Freunden ähnlich ist.

B. Bei der Arbeit mit Software spielen Gefühle wie etwa sich „dumm" oder „unfähig" fühlen eine sehr große Rolle.

C. Menschen erwarten von einer Maschine ein von menschlichem Verhalten völlig verschiedenes Verhalten.

D. Menschen lesen selten im Handbuch nach, bevor sie etwas ausprobieren.

2 Wahrnehmung und Informationsverarbeitung

Menschen müssen, wie alle Lebewesen, mit ihren Sinnesorganen Informationen aus der Umwelt aufnehmen. Die Aufnahme der Information in den Sinnesorganen ist bereits ein sehr komplexer Vorgang und produziert immense Mengen an Information. Beim Menschen sind dies etwa 10^9 bit/s. Alle Lebewesen haben nun im Laufe der Evolution Strategien in der Informationsverarbeitung entwickelt, um aus dem riesigen Datenfluss der Sinnesorgane nur diejenigen Informationen herauszufiltern, die für die weiteren Absichten des Lebewesens wichtig sind. Dazu werden die Informationen komprimiert, in komplexe Schemata kodiert und auch massiv aus dem Gedächtnis ergänzt.

Diese Informationen, die dann im Bewusstsein aufscheinen, werden zielgerichtet verarbeitet und daraus werden letztendlich physische Aktivitäten abgeleitet. Diese Aktivitäten beinhalten beispielsweise Sprechen, Sich-Bewegen oder auch bewusst Nichtstun. Das gesamte Wahrnehmungssystem des Menschen ist auf seine natürliche Umwelt optimiert. Dieser Prozess der Optimierung erfolgte über Jahrmillionen im Rahmen der Evolution und hat ganz spezifische Eigenschaften hervorgebracht. Will man nun Menschen optimal erreichen, ist es notwendig, einige relevante Eigenschaften dieses Wahrnehmungssystems und des Gehirns zu kennen.

2.1 Visuelle Wahrnehmung

2.1.1 Subjektivität der Wahrnehmung

Der Mensch besitzt ein recht gut ausgeprägtes visuelles Wahrnehmungssystem. Dieses System besteht aus den Augen, den beiden Sehnerven und denjenigen Nerven des Gehirns, die optische Eindrücke verarbeiten.

Abbildung 13: Einflussfaktoren auf die visuelle Wahrnehmung

Die visuelle Wahrnehmung wird nicht nur von den physischen Eigenschaften der Augen bestimmt, vielmehr entsteht der stärkste Einfluss durch die Verarbeitung der Information in den dafür zuständigen Zentren im Gehirn. Dabei spielen sowohl erlernte Eigenschaften oder Gewohnheiten als auch aktuelle psychische Gegebenheiten eine große Rolle. Mit anderen Worten wird der subjektive Sinneseindruck, also die Information, die vom Bewusstsein letztendlich realisiert wird, von den Eigenschaften der Augen und auch von der aktuellen psychischen Situation, in der sich der Mensch gerade befindet, maßgeblich beeinflusst.

Nur etwa 10 % der wahrgenommenen Umwelt stammt direkt von den Augen. Die restlichen 90 % der als Realität erlebten Welt wird durch die Verarbeitung der Information im Gehirn bestimmt.

Nur im Punkt des schärfsten Sehens wird die maximale Auflösung des Auges erreicht. Dies erfolgt in der Fovea centralis. Diese Fovea centralis (oder deutsch *Sehgrube*) befindet sich in der Sehachse des Auges. Sie repräsentiert den Bereich des schärfsten Sehens und hat beim Menschen einen Durchmesser von etwa 1,5 mm. Optisch entspricht dies der Fläche eines Daumennagels, etwa eine Armlänge (ausgestreckter Arm) vom Auge entfernt.

Abbildung 14: Darstellung der Fläche, die mit maximaler Sehschärfe gesehen wird, entspricht in etwa der Größe eines Daumennagels des ausgestreckten Arms

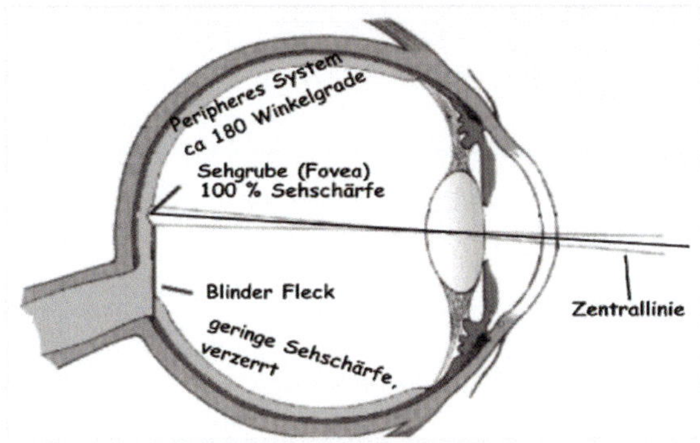

Abbildung 15: Schematische Darstellung des Auges und des fovealen Sehens, nach Hans-Werner Hunziker, Im Auge des Lesers, foveale und periphere Wahrnehmung: vom Buchstabieren zur Lesefreude, ISBN-13: 978-3-7266-0068-6

Einigermaßen detailreich sieht der Mensch noch im Hauptsichtfeld, das ist ein Bereich, der etwa 30° um die optische Achse reicht. Der restliche Bereich des Sehfeldes bis ca. 110° wird als peripheres Sehfeld bezeichnet. In diesem Bereich werden keine Details mehr erkannt, allerdings werden Bewegungen hier besonders sensibel wahrgenommen.

Als Erster erkannte vermutlich Leonardo da Vinci (1452–1519) eine optische Besonderheit des menschlichen Auges, nämlich den Unterschied zwischen fovealem und peripherem Sehen. Er schrieb: „Das Auge hat eine einzige Zentrallinie, und alle Dinge, welche durch diese Linie zum Auge gelangen, werden gut gesehen. Um diese Linie gibt es eine unendlich große Anzahl anderer Linien, die mit der Zentrallinie in Berührung kommen und die umso wirkungsloser sind, je weiter sie von besagter Zentrallinie entfernt sind." Mithilfe von optischen Experimenten und Beobachtungen begründete er diese sehr moderne Ansicht.

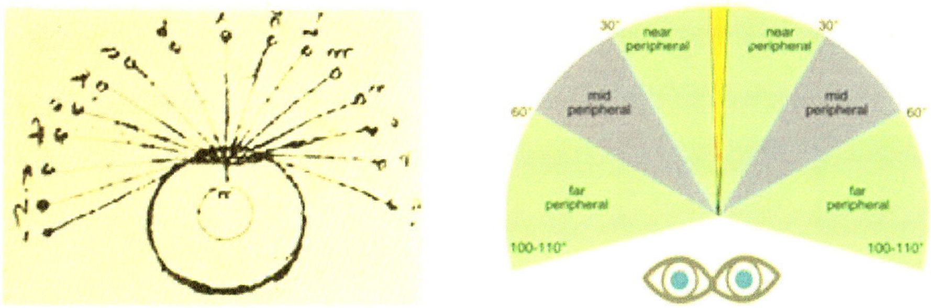

Abbildung 16: Darstellung der optischen Achse mit fovealem Sehen von Leonardo da Vinci im Vergleich mit heutigem Wissen

Hermann von Helmholtz wird häufig als Vater der modernen visuellen Wahrnehmungstheorie betrachtet. Er fand die Konstruktionsmerkmale des Auges verglichen mit optischen Geräten sehr primitiv. Theoretisch konnte das Auge gar keine brauchbaren Sehresultate liefern. Er schloss daraus, dass die Wahrnehmung nur durch „unbewusste Schlüsse“ zustande kommen kann, die durch bereits vorhandene Wahrnehmungserfahrungen ermöglicht werden.

Die Details von peripher liegenden Objekten werden tatsächlich nach heutigem Wissen fast immer aus dem Gedächtnis ergänzt. Häufig wird sogar das gesamte Objekt aus dem Gedächtnis entnommen und nicht wahrgenommen! Wir können davon ausgehen, dass im Durchschnitt nur etwa 10 % des vermeintlich bewusst „Gesehenen“ tatsächlich gesehen wird, etwa 90 % dessen, was wir zu sehen meinen, wird in Wahrheit dem Gedächtnis entnommen.

In einer komplexen Szene, etwa bei der Betrachtung eines Bildes, wird in einer schnellen Folge von Augenbewegungen das Bild sozusagen abgetastet. Allerdings wird nicht das gesamte Bild angesehen, sondern nur einige Punkte. Nur innerhalb des Bereiches der Sehgrube (1°–2°) wird mit voller Auflösung gesehen, der Rest des Bildes wird durch Informationen aus dem Gedächtnis vervollständigt.

Die Augenbewegung in den ersten zwei Sekunden der Betrachtung eines Bildes kann so erfolgen wie in Abbildung 17 auf der folgenden Seite dargestellt. Der größte Teil des Bildes ist durch peripheres Sehen unscharf, es werden keine Details erkannt. Die erste Augenfixation zeigt ein Paar Männerschuhe, wahrscheinlich erfolgte diese Auswahl zufällig. Alle folgenden Fixationen springen jedoch von Gesicht zu Gesicht. Gesichter beinhalten Informationen, die für Menschen wichtig sind. Der Rest des Bildes wird aus dem Gedächtnis ergänzt.

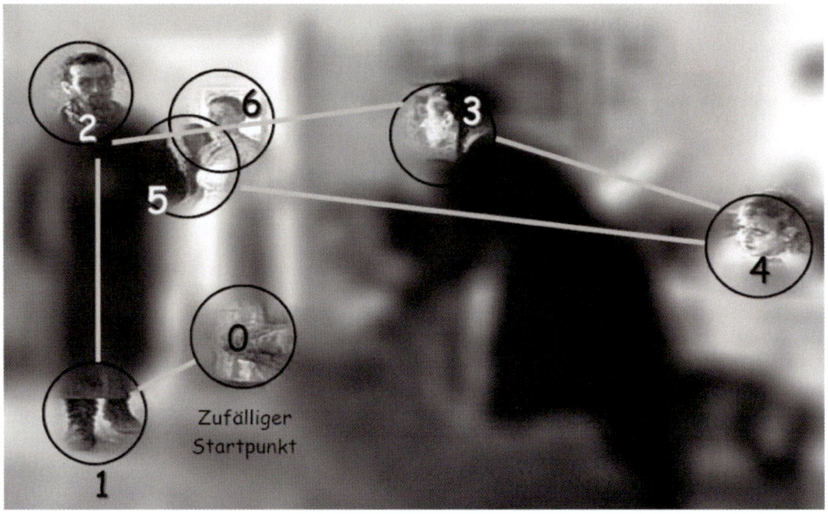

Abbildung 17: Foveales Sehen und Ergänzung der Informationen aus dem Gedächtnis, nach Hans-Werner Hunziker Eye movements during the first 2 seconds of viewing a picture, based on data by Yarbus, A. L. (1967), Eye movements and vision, Plenum Press, New York, Lizenz: CC BY 3.0

Das Erkennen von Gesichtern und deren Mimik zählt zu den wichtigsten Wahrnehmungsleistungen des Menschen. Die Mimik des Menschen kodiert wichtige Informationen wie Freude, Aggression oder Wut. Gesichter müssen daher im Gegensatz zu vielen Alltagsobjekten rasch und wiederholt identifiziert werden und sind daher eine besondere Art von Wahrnehmungsschemata.

Bei Verletzung oder Schädigung bestimmter Areale des Großhirnes ist die Identifikation von bekannten Gesichtern nicht mehr möglich. Dies zeigt, dass die Wahrnehmung von Gesichtern durch spezialisierte Areale der Großhirnrinde wesentlich unterstützt wird.

Da Gesichtern eine besondere Bedeutung zukommt, können diese (hier vor allem unvollständige Porträts, in eher rundem Rahmen) als Schlüsselelement verwendet werden, um die Aufmerksamkeit auf sich zu ziehen. Andererseits wiederum lenken Gesichter von kognitiven Aufgaben wie der Eingabe von Zahlungsinformationen ab und sollten daher auf solchen Seiten vermieden werden.

Diese ungleichmäßige Verteilung der Sehschärfe hat weitreichende Auswirkungen für das Lesen von Text: Nur wenn Text direkt angesehen wird, kann er auch gelesen werden. Wichtig ist aber auch, dass der Umkehrschluss nicht gilt: Wenn Text direkt angesehen wird, muss er noch lange nicht gelesen werden.

Kontrollfragen

7) **Welche Aussage hinsichtlich der biologischen Grundlagen der visuellen Wahrnehmung ist korrekt?**

A. Das Hauptsichtfeld beträgt ca. 75° um die optische Achse.

B. Die visuelle Wahrnehmung wird von Erfahrungen und Erwartungen NICHT beeinflusst.

C. Im menschlichen Auge findet man 7 Arten von Sinneszellen.

D. Es gibt insgesamt 2 Primärgrundfarben, aus denen sich gemischt alle sichtbaren Farben erstellen lassen.

8) **Welche Aussage zum Punkt des schärfsten Sehens (Fovea centralis) ist korrekt?**

A. Der Punkt des schärfsten Sehens dient vor allem zur Bewegungswahrnehmung.

B. Die höchste Sehschärfe findet sich beim Menschen in der Peripherie des Sehfeldes.

C. Die höchste Sehschärfe findet sich beim Menschen in einem Winkelbereich von etwa 1°–2° zur Hauptsehachse.

D. Im Punkt des schärfsten Sehens befinden sich sehr wenig Rezeptoren im Vergleich zur übrigen Netzhaut (Retina).

2.1.2 Der Lesevorgang

Während des Lesens wird das Auge für etwa 0,3 Sekunden auf den zu lesenden Text fixiert, dann in einer sprunghaften Bewegung weiterbewegt und wieder für etwa 0,3 Sekunden fixiert. Das Lesen selbst erfolgt während der kurzen Fixierungen. Dieser Vorgang ist aus Sicht des Lesenden kaum wahrnehmbar, da die gesamte Steuerung des Auges unbewusst erfolgt.

Sie können diesen Vorgang der sprunghaften Augenbewegung und der Fixationen bei sich selbst beobachten während sie gerade diesen Text lesen.

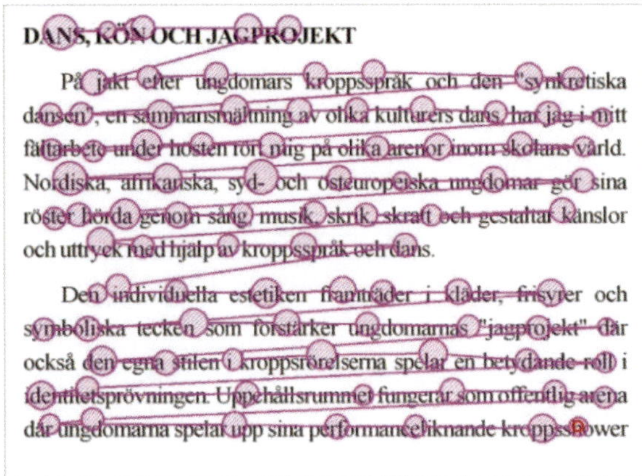

Abbildung 18: Beim Lesen werden die Augen sprunghaft über den zu lesenden Text bewegt, das eigentliche Erfassen des Textes erfolgt während kurzer Fixierungen der Augenbewegung, Bildquelle: Lund University 2005, gemessen mit SMI iView X 240 Hz

Unterschiede zwischen geübten Lesern und solchen, die selten lesen, treten auf, sind aber aus Usability-Sicht eher von geringer Bedeutung. Wichtig ist vor allem die Problematik, dass nur Texte, die direkt angesehen werden, auch gelesen werden können. Aber nicht einmal das direkte Ansehen garantiert dabei, dass ein Text auch gelesen und verstanden wird. Besonders problematisch ist dies, wenn ein statischer Text, der sich längere Zeit nicht verändert hat, verändert wird. In diesem Fall wird auch bei direktem Ansehen in vielen Fällen der Text aus dem Gedächtnis ergänzt, die Veränderung bleibt unbemerkt!

Besonders anzuwenden sind diese Prinzipien des Lesens z. B. auf den Vergleich von Werten am Bildschirm. Nur wenn diese während einer Fixation erfasst werden können, also sehr, sehr nahe beieinanderliegen, dann können sie gut verglichen werden.

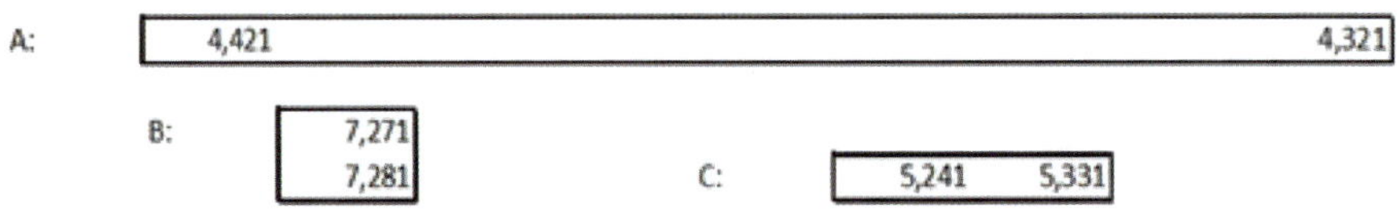

Abbildung 19: Vergleich von Werten ist einfach, wenn diese mit einer Fixation wahrgenommen werden können.

In Abbildung 19 fällt es am schwersten, die Zahlen in Kasten A miteinander zu vergleichen. Am einfachsten fällt der Vergleich in Kasten B, hier können die direkt untereinanderliegenden Werte mit einer Fixation gesehen werden. Irgendwo dazwischen liegt die Empfindung im Kasten C: Die Werte können zwar verglichen werden, aber es macht Mühe.

Kontrollfragen

9) Welche der folgenden Aussagen ist RICHTIG?

A. Lesen erfolgt mit der peripheren Wahrnehmung.

B. Wenn Anwender einen Text ansehen, ist nicht sicher, ob sie den Text auch lesen.

C. Menschen verstehen immer unter einer klaren Wortfolge (z. B. „Check-out") dasselbe.

D. Die Wortwahl in einem User Interface kann nicht auf die Zielgruppe abgestimmt werden.

2.1.3 Das örtliche Auflösungsvermögen des menschlichen Auges

Im Bereich des fovealen Sehens hat das Auge die größte Auflösung. Das Auflösungsvermögen ist ein Maß dafür, ob zwei eng benachbart liegende Gegenstandspunkte noch als getrennte Punkte wahrgenommen werden können. Für das Auflösungsvermögen gelten recht komplexe physikalische Beziehungen. Das Auflösungsvermögen ist unter anderem von der Beleuchtungsstärke und vom Abstand vom Auge abhängig. Als Faustregel kann angenommen werden, dass die meisten normalsichtigen Menschen zwei Punkte (oder Linien), die durch eine Winkelminute oder 0,017° voneinander getrennt sind, gerade noch als getrennte Strukturen wahrnehmen können. Bezieht man den Wert auf eine Entfernung von 1 m, dann können Menschen zwei Punkte gerade noch als getrennte Punkte wahrnehmen, wenn sie einen Abstand von 0,2 mm voneinander haben.

Dieser Wert ist ausschlaggebend für die Frage, aus welcher Entfernung Texte gerade noch gelesen werden können. Es sind einfache Tools verfügbar, mit denen die optimale Schriftgröße näherungsweise für verschiedene Anforderungen bestimmt werden kann. Die Verwendung dieser Tools hilft bei der Wahl der richtigen Schriftgröße.

(siehe http://www.leserlich.info/werkzeuge/schriftgroessenrechner/index.php).

2.1.4 Das zeitliche Auflösungsvermögen des menschlichen Auges

Das menschliche Auge kann schnell aufeinanderfolgende Bilder nicht getrennt wahrnehmen. Als zeitliches Auflösungsvermögen bezeichnet man die Anzahl der Lichtreize oder Bilder je Zeiteinheit, die durch das Auge noch als getrennt wahrgenommen werden können.

Ist die Anzahl der Lichtreize (oder Bildwechsel) je Zeiteinheit niedriger als das zeitliche Auflösungsvermögen des Auges, werden ein Flimmern oder ruckelnde Bewegungen wahrgenommen.

Diese Effekte werden durch eine geeignet hohe Anzahl von Reizen je Zeiteinheit weitgehend ausgeglichen. Als Faustregel gilt: Das menschliche Auge hat ein zeitliches Auflösungsvermögen von etwa 20 Lichtreizen pro Sekunde im Bereich des schärfsten Sehens. In der Peripherie des Auges, in der ja Bewegungen besonders stark wahrgenommen werden, liegt dieser Wert jedoch bei bis zu 70 Lichtreizen pro Sekunde. Ab etwa 100 Bildern pro Sekunde kann das Auge die eintreffenden Reize zeitlich nicht mehr auflösen und es wird kein Flimmern mehr wahrgenommen.

In verschiedenen Videonormen wird eine relativ geringe Anzahl von Bildern pro Sekunde (= Zeiteinheit) dargestellt. Manchmal liegt diese Zahl bei 30 Bildern pro Sekunde oder sogar darunter. Um das hier stark wahrnehmbare Flimmern zu verringern, wird das Bild in zwei Halbbilder zerlegt und diese Halbbilder werden übertragen bzw. angezeigt. Dadurch werden nicht 30, sondern 60 Bilder pro Sekunde angezeigt und das wahrgenommene Flimmern wird stark verringert.

2.1.5 Wahrnehmung von Helligkeitswerten und Farben

Der Sehsinn wird von zwei verschieden Typen von lichtempfindlichen Sinneszellen gebildet. Diese werden entsprechend ihrer Form als **Stäbchen** bzw. **Zapfen** bezeichnet. Stäbchen können nur Helligkeitsunterschiede wahrnehmen, sind aber wesentlich lichtempfindlicher als Zapfen und funktionieren daher auch bei sehr schwacher Beleuchtung. Die Stäbchen befinden sich in der gesamten Netzhaut, mit Ausnahme der Sehgrube. Die Zapfen hingegen befinden sich vor allem im und in der Nähe des Punktes des schärfsten Sehens und sind für die Farbwahrnehmung verantwortlich. Der Mensch besitzt drei verschiedene Typen von Zapfen, die für unterschiedliche Wellenlängen unterschiedlich empfindlich sind.

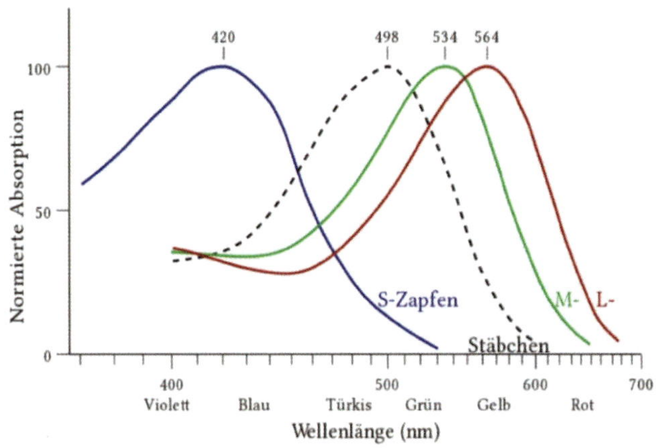

Abbildung 20: Farbwahrnehmung des menschlichen Auges, normierte Pigmentabsorption der menschlichen Fotorezeptoren in Stäbchen (schwarz gestrichelt) und den drei Zapfenarten (blau, grün, rot), Grafik verändert nach Wikipedia, Cone-response.svg, Urheber Sakurambo

Andere Tiere, wie z. B. viele Vögel, besitzen vier verschiedene Zapfentypen und können wesentlich mehr Farben unterscheiden als wir Menschen. Wichtig ist: Stäbchen können nur Helligkeitswerte unterscheiden und drei Typen von Zapfen sind für die Farbwahrnehmung verantwortlich.

Um korrekt arbeiten zu können, brauchen Zapfen um einen Faktor 1000 bis 10 000 höhere minimale Lichtintensität als Stäbchen. Daher werden bei schwachem Licht nur Grauwerte, aber keine Farben, wahrgenommen. Farben, die bei diesen schwachen Beleuchtungsverhältnissen dennoch scheinbar wahrgenommen werden, werden immer dem Gedächtnis entsprechend der Erwartungshaltung entnommen.

Farben werden also vom Menschen mit drei verschiedenen Rezeptortypen wahrgenommen. Diese sind für verschiedene Wellenlängen empfindlich. Farben, die der maximalen Empfindlichkeit des jeweiligen Rezeptors entsprechen, werden Grundfarben oder Primärfarben genannt.

Bei einer bestimmten Frequenz des einfallenden Lichtes werden die drei Zapfentypen unterschiedlich angesprochen. Das Gehirn erzeugt alle wahrgenommenen Farben durch Mischung aus den drei Signalen der drei Zapfentypen.

Ein besonderes Problem tritt bei geringer Helligkeit auf, wenn die Farben am Rand des Spektrums gleichzeitig dargestellt werden. Abbildung 21 zeigt das Display eines Autoherstellers, in dem dieses Problem auftritt. Das Display ist sehr lichtschwach gehalten: die blauen und roten Elemente befinden sich in weniger als einem Meter Entfernung vom Auge des Fahrers.

Da nun rotes und blaues Licht unterschiedliche Wellenlängen haben und unterschiedlich stark in der Linse des Auges gebrochen werden, kann das Auge nicht auf beide Elemente gleichzeitig scharf stellen. Das Display ist sehr schlecht abzulesen, eine längere Konzentration auf das Display ermüdet die Fahrer des Autos. Dieser Effekt muss bei schwacher Beleuchtung und bei schwachen Schriften berücksichtigt werden. Er tritt bei größerer Helligkeit und stärker leuchtenden Flächen jedoch kaum auf.

Abbildung 21: Die Farben Rot und Blau können bei schwacher Beleuchtung und geringem Abstand nicht gleichzeitig scharf gestellt werden

Die Lesbarkeit des Displays leidet darunter. Durch die ständigen Versuche, das Gesehene scharf zu stellen, ermüdet das Auge. Die visuelle Wahrnehmung des Menschen ist evolutionär entstanden. Die Eigenschaften des Wahrnehmungssystems sind keinesfalls auf eine möglichst exakte fotografische Abbildung von Objekten optimiert. Das Wahrnehmungssystem versucht vielmehr eine Erkennung von wichtigen Objekten und deren Eigenschaften mit ihren gerade aktuellen Bedeutungen zu ermöglichen. Gleichzeitig werden vom Gehirn verschiedene komplexe Verfahren angewandt, um die riesige Menge an Daten, die vom Auge geliefert werden, auf ein bearbeitbares Maß zu reduzieren.

2.1.6 Die Wahrnehmung von Formen

Objekte werden vor allem dann gut erkannt, wenn sie direkt angesehen werden und der Beobachter eine gewisse Zeit (>1 Sekunde) einen konstanten Sinnesreiz hat. Diese Art der Wahrnehmung wird auch statisches Sehen genannt. Statisches Sehen erfolgt vor allem im Punkt des schärfsten Sehens und in zweiter Linie im Hauptsichtfeld von etwa 30° um die optische Achse.

Charakterisiert wird das statische Sehen vor allem durch folgende Eigenschaften:

- ✓ Fokussierung auf einen Gegenstand,
- ✓ scharfes Sehen,
- ✓ Nuancen in Helligkeit und Farbe sind erkennbar.

2.1.7 Die Wahrnehmung von Kontrast

Kontraste ermöglichen die Erkennung von Kanten und damit von Objekten. Es ist daher nicht verwunderlich, dass das menschliche Auge Kontraste ganz besonders verarbeitet. Kontraste werden durch Vorverarbeitung der Sinnesrohdaten stärker wahrgenommen als sie in Realität sind. Dies geschieht unter anderem direkt im Auge durch eine Verschaltung der Sinneszellen.

Abbildung 22: grauer Balken wird auf weißem Hintergrund

Der graue Balken wird auf weißem Hintergrund als gleichförmig grau wahrgenommen. Wird jedoch der identische graue Balken auf einem Hintergrund dargestellt, der von rechts nach links heller wird, dann entsteht der subjektive Eindruck eines von links nach rechts dunkler werdendem Balken.

Abbildung 23: Derselbe Balken auf anderem Hintergrund erscheint links heller als rechts, obwohl die Helligkeitswerte ident sind

2.1.8 Die Wahrnehmung von Bewegung

Bewegung ist ein wesentliches Element in der Wahrnehmung. Im Gegensatz zur Erkennung von Objekten findet eine Bewegungswahrnehmung vor allem sehr gut in den Bereichen des peripheren Sehens statt. Diese Art des Sehens wird auch dynamisches Sehen genannt.

Evolutionär ist diese Art der Wahrnehmung von großer Bedeutung. Eine Gefahr, die sich nähert, wie z. B. eine Raubkatze, muss in jedem Fall erkannt werden, auch dann, wenn gerade etwas anderes direkt angesehen wird und die volle Aufmerksamkeit auf dem direkt angesehenen Objekt ruht. Auch heute in unserer modernen Gesellschaft ist dies wichtig, wenn wir eine Straße überqueren und sich von der Seite ein Fahrzeug nähert.

Aus Usability-Sicht hat diese Eigenschaft eine sehr große Bedeutung. Blinkende und sich bewegende Elemente am Rande des Displays ziehen sofort die Aufmerksamkeit auf sich. Der Blick wird völlig automatisch auf das sich bewegende Objekt gerichtet und eine gerade aktuelle Tätigkeit leidet.

Dieser Effekt ist positiv, falls es sinnvoll ist, die Aufmerksamkeit auf etwas zu lenken. So kann beispielsweise ein Feld, in dem sich ein Eingabefehler befindet, leicht bewegt werden, um klar zu machen, wohin geblickt werden soll. In anderen Fällen kann aber der Verlust der Aufmerksamkeit problematisch werden. Eine Fluglinie hatte ein startendes Flugzeug genau auf der Seite, auf der die Buchung abgeschlossen werden sollte. Als das sich bewegende Flugzeug entfernt wurde, sanken die Fehler auf der Buchungsseite um ca. 17 % und die mittlere Zeit, die für den Task benötigt wurde, verringerte sich um etwa 23 %.

Blinkende Elemente spielen eine große Rolle in der Wahrnehmungssteuerung. Blinkende Lichter in der Nacht lenken sofort die Aufmerksamkeit auf sich. Dieser Effekt wird in der Luftfahrt seit langem verwendet, um Gefahren zu markieren.

Charakterisiert wird das dynamische Sehen vor allem durch folgende Eigenschaften:

- ✓ findet überwiegend im peripheren Sichtfeld statt,
- ✓ selbst kleinste Bewegungen sind sichtbar,
- ✓ Details sind eher unwichtig, eine potenzielle „Gefahr“ muss erkannt werden,
- ✓ die Aufmerksamkeit und damit der direkte Blick werden rasch auf eine wahrgenommene Bewegung gelenkt,
- ✓ die Aufmerksamkeit und damit der direkte Blick werden rasch auf ein blinkendes Element gelenkt.

Kontrollfragen

10) Welche Aussage hinsichtlich der anatomisch-physiologischen Einschränkungen der menschlichen Wahrnehmung ist FALSCH?

A. Bewegungen in der Peripherie ziehen die Aufmerksamkeit auf sich und können daher von der zu erfüllenden Aufgabe ablenken.

B. 18 Hz Bildwiederholfrequenz sind für eine flimmerfreie Wahrnehmung von Bewegung ausreichend.

C. Die Möglichkeit zur Wahrnehmung von kleinen Details ist in der Mitte des Sichtfeldes viel höher als in der Peripherie.

D. Nur wenn etwas direkt angesehen wird, kann es auch gelesen werden

11) Welche Aussage ist für die Betrachtung eines Bildschirmes RICHTIG?

A. Wenn ein Menüpunkt an einer Stelle, an der bisher ein statisches Element war, neu eingefügt wird, dann ist die Wahrscheinlichkeit hoch, dass Anwender diesen Menüpunkt wahrnehmen.

B. Es wird ca. 50 % der Information über die visuelle Wahrnehmung erfasst und 50 % der Information aus dem Gedächtnis ergänzt.

C. Es wird ca. 10 % der Information über die visuelle Wahrnehmung erfasst und 90 % der Information aus dem Gedächtnis ergänzt.

D. Wird ein Detail eines Interfaces verändert, fällt dies beim Betrachten sofort auf.

2.1.9 Wirkungen von Farben

Farben sind ein wichtiges gestalterisches Element und können beispielsweise zur Hervorhebung von Elementen und zur besseren Unterscheidung von Elementen oder Zuständen verwendet werden. Farben haben aber eine weitere Wirkung auf den Betrachter: Sie rufen Assoziationen hervor und erzeugen eine emotionale und psychologische Wirkung. Farben können Botschaften verstärken oder auch einen Empfänger verwirren. Ganz grundsätzlich gilt: Farben können eine ausgeprägte Auswirkung auf psychische und physische Reaktionen haben.

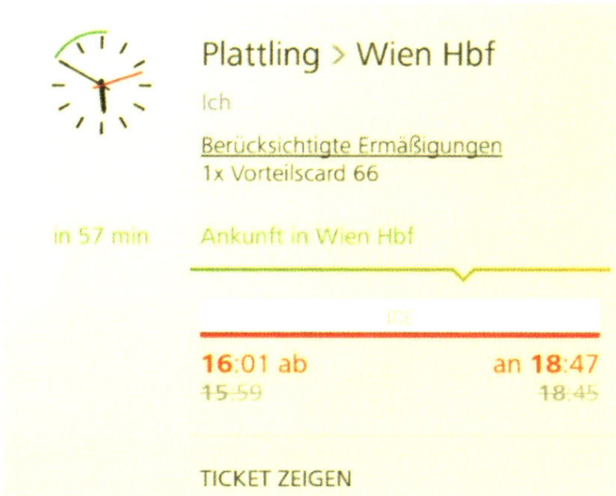

Abbildung 24: farbige Zuganzeige

Die in Abbildung 24 gezeigte Anzeige wird häufig fehlinterpretiert. Die enthaltenen Farben werden interpretiert und lenken die Aufmerksamkeit. Der Menüpunkt „TICKET ZEIGEN“ wird aufgrund der darüberliegenden farbigen roten (= Gefahr) und grünen (= alles O. K.) Anzeigen kaum gesehen. Da der Text nicht als Link markiert ist, wird er selten korrekt als Link erkannt.

Farben werden darüber hinaus auch emotional interpretiert. Diese Wirkungen beruhen zum Teil auf der Nutzung von Farben als Ordnungs- bzw. Sicherheitssystem. Grün wird im amerikanisch-europäischen Kulturraum überwiegend als positiv oder gut interpretiert. Gleichzeitig kann grün in diesem Kulturraum aber auch für Übelkeit oder Giftigkeit stehen.

Einige Beispiele von Bedeutungen, denen Farben zugeordnet werden, so wie sie in weiten Bereichen Europas verstanden werden, ist in nachfolgender Aufzählung dargestellt.

Rot	**Liebe, Feuer, Energie, Leidenschaft, Blut, Stopp, Gefahr, Hitze, Tatkraft**
Grün	Sauer, Übelkeit, Natur, Hoffnung, Leben, Beruhigung, in Ordnung, Gift
Blau	Dynamik, Adel, Kompetenz, Kühle (Gelassenheit vs. Distanzierung)
Violett	Extravaganz, Klerus, Macht, Starrheit, Dekadenz, Sünde, Eitelkeit

Schwarz	Tod, Nacht, Eleganz, Trauer, neutral, schwer, Bedrohung, Nichts, Unglück, Seriosität, pessimistisch, hoffnungslos, zwanghaft
Orange	Modern, lustig, jung, Vergnügen, extrovertiert
Braun	Wärme, Verfall, behaglich, Faschismus, Patina, faul, aromatisch, altmodisch, behaglich
Grau	Blass, Nebel, neutral, langweilig, Theorie, arm, heimlich, unfreundlich
Cyan	Passiv, konzentriert, pflichtbewusst
Türkis	Abwartend, verteidigend
Magenta	Idealistisch, transzendent, theoretisch
Weiß	Rein, hell, vollkommen, steril, leer, Unschuld, illusionär, realitätsfern
Gelb	Sonne, Lebensfreude, Wärme, Wandlungsfähigkeit, Neid, Tod

Bei Überlegungen zur Verwendung von Farben sind große Unterschiede in verschiedenen kulturellen Kontexten zu berücksichtigen. Farben haben Bedeutungen, die im jeweiligen Kulturkreis gut verstanden werden. Genau diese verstandenen Bedeutungen können in verschiedenen Kulturkreisen sehr unterschiedlich sein. Weiß ist im europäischen Kulturkreis die Farbe der Unschuld und Reinheit, wie das Brautkleid symbolisiert, oder der Heiligkeit und Erlösung. Weiß bedeutet aber auch Sterilität, wenn Sie etwa an Krankenhäuser denken. In asiatischen Kulturen ist Weiß hingegen die Farbe des Todes und der Trauer.

Einige wichtige Unterschiede zwischen Kulturkreisen können folgendermaßen zusammengefasst werden, wie die Website https://curiosity.com/topics/colors-mean-wildly-different-things-around-the-world-curiosity genau erläutert.

Purpur: Im Westen wird Purpur im Allgemeinen sowohl mit Königen als auch mit Spiritualität assoziiert, in Brasilien und Thailand ist Purpur die Farbe der Trauer.

Weiß: Wie jeder Westler, der jemals auf einer Hochzeit gewesen ist, weiß, wird Weiß hier traditionell mit Reinheit assoziiert. „In China, Korea und einigen anderen asiatischen Ländern steht Weiß jedoch für Tod, Trauer und Unglück und wird traditionell bei Begräbnissen getragen."

Schwarz: Amerikaner neigen dazu, Schwarz als anspruchsvoll oder düster zu betrachten, aber in Afrika wird die Farbe im Allgemeinen mit Reife und Männlichkeit in Verbindung gebracht.

Blau: Blau ist traditionell eine „Jungenfarbe“ im Westen, in China ist diese Farbe mit Weiblichkeit verbunden.

Pink: In den USA sehen Sie am häufigsten Pink bei einem Mädchen oder einem Süßwarenladen. In Lateinamerika ist es meistens auf Gebäude gemalt, daher auch mit Architektur verbunden. In China wird die Farbe „die Fremdfarbe“ genannt.

Kontrollfragen

12) Welche Aussage hinsichtlich Farben ist KORREKT?

A. Farben haben eine sehr untergeordnete Bedeutung bei der Wahrnehmung einer Website.

B. Farben lösen nur selten physischen Reaktionen aus.

C. Farben haben psychologische Reaktionen zur Folge.

D. Farben lösen keine psychologischen Reaktionen aus.

13) Anwender Rolf sucht auf der Website eines Onlineshops nach Büchern, Anwenderin Klara auf der gleichen Website nach Möbeln im Ausverkauf. Welche Aussage ist FALSCH?

A. Blinkende und sich bewegende Menüelemente in der Bildschirmperipherie behindern den Suchprozess beider Anwender.

B. Rolf wird sich nach dem Besuch schlechter als Klara erinnern, welche Möbel angeboten werden, obwohl diese prominent platziert waren.

C. Rolf wird sich nach dem Besuch besser als Klara erinnern, welche Bücher angeboten werden.

D. Beide Anwender nehmen Bücher ähnlich rasch wahr.

2.2 Farbfehlsichtigkeit

2.2.1 Nicht alle Menschen sehen idente Farben bei identen Sinnesreizen

Ein voll farbtüchtiger Mensch besitzt für das Sehen am Tag, bei ausreichend hoher Beleuchtungsstärke, drei unterschiedliche Rezeptorarten, die sogenannten Zapfen. Menschen zählen daher zu den Trichromaten (griech. τρίς „drei“). Die drei Farbrezeptoren vermitteln die Grundfarben Rot, Grün und Blau. Die entsprechende Mischung dieser Rezeptorerregungen gibt den komplexen Sinneseindruck Farbe. Die Farbe Gelb entsteht durch die gleichzeitige Anregung der Rezeptoren für Rot-Sehen und Grün-Sehen, wobei der Farbeindruck letztendlich im Gehirn gebildet wird.

Farbfehlsichtigkeit ist ein weitverbreitetes Phänomen. Betroffene Personen nehmen weniger unterschiedliche Farben als die normalsichtige Bevölkerung wahr. In den überwiegenden Fällen ist dies den Betroffen erst dann bewusst, wenn genaue Untersuchungen zur Farbunterscheidungsfähigkeit gemacht werden. Farbfehlsichtigkeit wird in den meisten Fällen durch ein defektes Gen verursacht und ist nicht heilbar bzw. korrigierbar. Durch den Gendefekt sind nicht alle drei Typen von Farbrezeptoren voll funktionsfähig ausgebildet oder ein Rezeptortyp (selten auch mehrere) ist überhaupt nicht vorhanden.

Folgende Typen von Farbfehlsichtigkeiten werden unterschieden:

Anormale Trichromaten sehen zwar alle drei Grundfarben, können aber Farben nicht so gut unterscheiden wie normalsichtige Menschen.

Dichromaten können nur zwei Grundfarben unterscheiden. Bei ihnen ist einer der drei Rezeptortypen für die drei Grundfarben nicht richtig ausgebildet. Sehr häufig (ca. 10 % der Bevölkerung) können die beiden Farben Rot und Grün nicht oder nicht ausreichend unterschieden werden. Dafür verantwortlich sind meist fehlerhaft ausgebildete Rezeptoren entweder für die Farbe Rot oder für die Farbe Grün.

Probleme mit der Farbe Rot: Mit Protanopie wird die Rotblindheit und mit Protanomalie die Rotsehschwäche bezeichnet. Bei Menschen mit Protanopie reagieren rote und grüne Zapfen auf die gleiche Wellenlänge, bei Protanomalie auf sehr ähnliche Wellenlängen. Dadurch können die Farben Rot und Grün entweder gar nicht oder nur sehr wenig (Protanomalie) unterschieden werden. Blau wird aber sehr gut erkannt.

Probleme mit der Farbe Grün: Unter Grünblindheit (Deuteranopie) bzw. Grünschwäche (Deuteranomalie) wird eine ebenso genetisch bedingte Farbfehlsichtigkeit verstanden, bei der die Zapfen für das Wahrnehmen von Grün nicht Grün, sondern Rot wahrnehmen. Im kurzwelligen blauen Bereich sehen betroffene Menschen völlig normal.

Diese beiden Ursachen sind für das weitverbreitete Phänomen der sogenannten Rot-Grün-Blindheit bzw. Rot-Grün-Schwäche verantwortlich.

Diese Sehschwäche betrifft etwa 9 % aller Männer und nur etwa 0,8 % der Frauen. Damit sind ca. 5 % der Bevölkerung betroffen und können Rot und Grün nicht ausreichend oder gar nicht unterscheiden.

Probleme mit der Farbe Blau: Weit seltener ist der Rezeptor für die Farbe Blau von einer Störung betroffen. Jeweils ca. 0,005 % der Frauen und Männer leiden an dieser als Tritanopie (Blaublindheit) bzw. in der abgeschwächten Form als Tritanomalie (Blauschwäche) bezeichneten Sehstörung.

Abbildung 25: Farbtafel zum Erkennen der Protanopie, betroffene Personen sehen eine 17, Normalsichtige sehen eine 47 und weniger deutlich auch eine 17 (Übertragen aus de.wikipedia nach Commons., CC BY-SA 3.0, https://commons.wikimedia.org/w/index.php?curid =2080186).

Abbildung 26: Farbtafel zur Erkennung der Deuteranopie. Normalsichtige erkennen die Ziffer 8; CC BY-SA 3.0, https://commons.wikimedia.org/w/ index.php?curid=330990)

Monochromaten können nur zwischen hell und dunkel unterscheiden. Diese Störung kommt sehr selten vor. Es ist lediglich eine Person aus 100 000 Personen von dieser Störung betroffen.

2.2.2 Farbsehstörungen und Usability

Die Farben Rot und Grün werden von ca. 5 % der Bevölkerung nicht richtig wahrgenommen. Daher ist es sehr verwunderlich, dass genau diese Farben so häufig als Kontrast zwischen „korrekt“ und „fehlerhaft“ oder zwischen „Stopp“ und „Weitermachen“ eingesetzt werden.

Um sicherzugehen, dass ein Design auch von farbschwachen Menschen ausreichend korrekt wahrgenommen wird, empfiehlt es sich, Tools zur Überprüfung zu verwenden. Mit diesen Tools kann die Wahrnehmung von farbschwachen Menschen simuliert werden, sodass im Designprozess frühzeitig gegengesteuert werden kann.

Tools zum Prüfen, ob farbschwache/farbenblinde Personen ein Design wahrnehmen, sind im Internet frei verfügbar. Im Folgenden eine kleine Auswahl von Tools, mit denen wichtige Eigenschaften geprüft werden können.

Kontrast zwischen Vorder- und Hintergrund: Die Lesbarkeit von Text hängt vom Kontrast zwischen Vorder- und Hintergrund ab. Dies können Sie hier prüfen: http://webaim.org/resources/contrastchecker/

Analyse von Farbkontrasten für Farbfehlsichtige: Bei diesem Webdienst geben Sie die URL einer Seite an und bekommen eine umfassende Analyse, ob der Kontrast aller Elemente darauf ausreicht: http://www.checkmycolours.com/

Wie Farbenblinde ein Bild sehen: Auf dieser Website finden Sie ausführliche Informationen sowie ein Tool, mit dem Sie ein Bild hochladen können. Anschließend können Sie viele Farbfehlsichtigkeiten simulieren und sehen, wie betroffene Menschen das Bild wahrnehmen würden: https://www.color-blindness.com/coblis-color-blindness-simulator/

Eine alternative Möglichkeit ist ein Farbschema zu verwenden, das von fast allen Personen korrekt wahrgenommen wird.

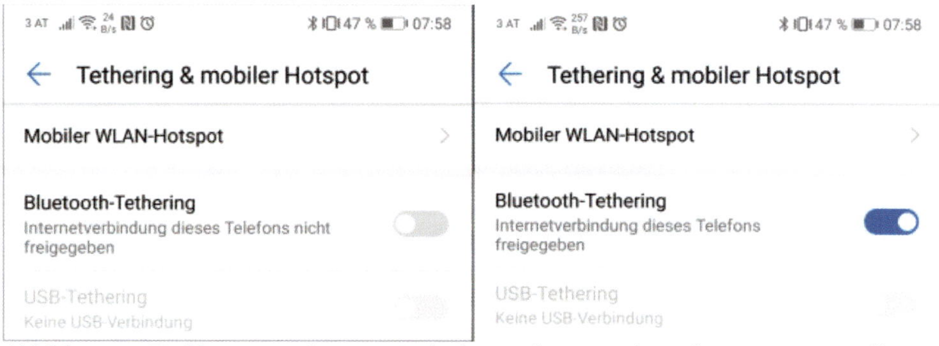

Abbildung 27: Ein blau-grau-schwarzes Farbschema, das von nahezu der gesamten Bevölkerung korrekt wahrgenommen wird

In jedem Einzelfall ist genau zu prüfen, wie am sinnvollsten vorgegangen wird. Wenn damit gerechnet werden kann, dass farbschwache Personen zu den Benutzern des Systems gehören werden, ist es nötig, mit Tools zu überprüfen, wie diese Personen das Interface wahrnehmen werden.

Kontrollfragen

14) Was versteht man unter einer Tritanomalie?

A. Altersweitsichtigkeit

B. Blindheit

C. Rot-Grün-Blindheit

D. Blauschwäche

15) Welche Aussage hinsichtlich Trichromaten ist korrekt?

A. Trichromaten können nur zwischen Hell und Dunkel unterscheiden.

B. Trichromaten können Farben zweier Grundfarben unterscheiden

C. Trichromaten sind rot-grün-schwach und können diese Farben schlecht unterscheiden.

D. Trichromaten können alle drei Grundfarben wahrnehmen.

2.3 Umwelteinflüsse auf den Menschen

Menschen werden von einer Reihe von Faktoren positiv oder negativ beeinflusst. Viele dieser Faktoren werden an späterer Stelle nochmals beschrieben. Der Vollständigkeit halber sind hier Einflussfaktoren beschrieben, die auf die Wahrnehmungsfähigkeit und auf die Fähigkeit zur Verarbeitung von Informationen einen starken Einfluss haben. Diese Faktoren können in drei Gruppen eingeteilt werden:

- ✓ physikalische Umwelteinflüsse,
- ✓ organisatorische Umwelteinflüsse,
- ✓ soziale Umwelteinflüsse.

Durch derartige Umwelteinflüsse kann die Leistungsfähigkeit von Menschen zum Teil erheblich herabgesetzt werden. Daher ist es wichtig zu wissen, unter welchen Bedingungen ein Interface verwendet wird. Nachfolgend sind einige Beispiele genannt. Die Aufzählung erhebt hierbei keinerlei Anspruch auf Vollständigkeit.

- ✓ **Kälte:** eingeschränkte motorische Fähigkeiten, große Hände (Handschuhe),
- ✓ **Dunkelheit:** Verlust des Farbsehens, Blindheit,
- ✓ **Sonnenlicht, Helligkeit:** Bildschirme schlecht ablesbar, bei Blendung sind schwache Kontraste nicht zu erkennen,
- ✓ **Stress:** eingeschränktes Denkvermögen, reduzierte Kreativität. Als Richtwert kann angenommen werden, dass unter starkem Stress die Leistungsfähigkeit auf etwa ein Drittel des normalen Wertes sinkt.

- ✓ **Laute Umgebung:** Leise Geräusche werden nicht mehr wahrgenommen. Die Konzentrationsfähigkeit nimmt ab.
- ✓ **Müdigkeit, Erschöpfung:** eingeschränktes Denkvermögen, schlechte Konzentrationsfähigkeit, eingeschränkte motorische Fähigkeiten.

In allen angeführten Fällen ist es notwendig, beim Design von Interfaces die entsprechenden Faktoren zu berücksichtigen.

2.4 Gestaltgesetze

Die Gestaltpsychologie, ein in den 1920er-Jahren entwickelter Bereich der Psychologie, erforscht die Wahrnehmung des Menschen in Bezug auf seine Fähigkeit, Beziehungen zwischen einzelnen Elementen herzustellen bzw. Ordnung und Strukturen in der Wahrnehmung zu schaffen. Die sogenannten Gestaltgesetze zeigen auf, welche Mechanismen dazu bei der Wahrnehmung verschiedene Elemente wirken, beispielsweise damit Objekte als zusammengehörig empfunden werden. Die dabei vom Gehirn unbewusst verwendeten Kriterien haben eine wesentliche Auswirkung auf die Wahrnehmung von User Interfaces und müssen berücksichtigt werden.

Grundsätzlich geht die Gestaltpsychologie davon aus, dass bei der Klassifizierung eines Objekts bzw. bei der Unterscheidung von Objekten untereinander neun Typen von optischen Merkmalen eine wesentliche Rolle spielen. Diese neun Merkmale, die vom Gehirn verwendet werden, um Objekte (d.h. im Wesentlichen sind es Elemente und Informationen) eines User Interfaces zu klassifizieren, sind in folgender Abbildung dargestellt.

Abbildung 28: klassifizierende Merkmale eines User Interfaces

2.4.1 Die Anwendung der Gestaltprinzipien im UX-Design

Die Gestaltprinzipien beschreiben die grundlegenden Prinzipien, mit denen Menschen versuchen, Objekte und ihre Bedeutung zu identifizieren. Designpatterns setzen auf diesen Prinzipien auf. Der menschliche Wahrnehmungsapparat ist zwar primär auf das Wiedererkennen bekannter Muster spezialisiert, aber nicht allein auf diese Fähigkeit beschränkt. Er ist ebenfalls in der Lage, neue Muster zu identifizieren und einzuordnen. Ein gutes User Interface beachtet die Regeln der Gestaltgesetze. Die dafür wichtigsten sind hier zusammengefasst und mit guten und schlechten Beispielen erklärt.

Das Prinzip der guten Gestalt

Menschen versuchen komplexe Zusammenhänge immer in einfachere und besser handhabbare Strukturen zu zerlegen. Für die visuelle Wahrnehmung gilt dies ebenso. Eine komplexe Struktur wird, wenn möglich, in mehrere, einfache Strukturen zerlegt. Das Bild links wird als ein Dreieck und ein Rechteck wahrgenommen. Im rechten Teil der Abbildung ist dieses Prinzip angewandt. Die komplexe Struktur des Menüs wird in einen einfachen waagrechten Balken zur Eingabe eines Flugziels sowie ein senkrechtes Menü zur Auswahl verschiedener Funktionen wie „Web-Check-in“ zerlegt.

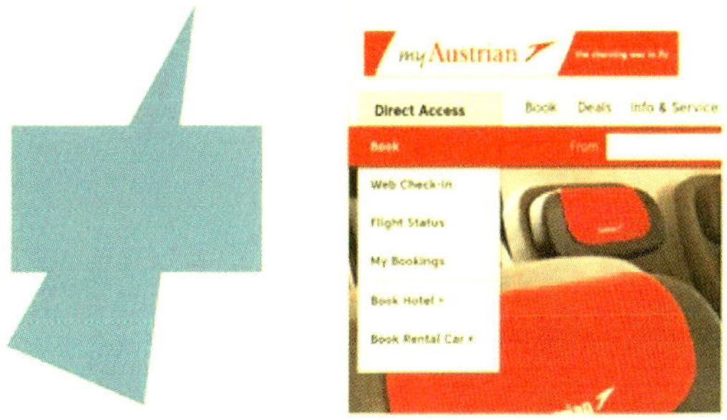

Abbildung 29: Das Prinzip der „Guten Gestalt“; komplexe Strukturen werden als zusammengesetzte einfache Strukturen wahrgenommen

Das Prinzip der Ähnlichkeit

Ähnliche Elemente werden vom Gehirn gruppiert als zusammengehörig wahrgenommen. Das Prinzip der Ähnlichkeit hat vor allem dann Bedeutung, wenn keine weiteren Hinweise erkannt werden, die eine Zusammengehörigkeit wahrscheinlich machen. Wie in Abbildung 30 dargestellt ist, kann die Ähnlichkeit der Elemente auch in Form oder Farbe erfolgen. im In Abbildung 30 auf der linken Seite sehen wir die Dreiecke als zusammengehörig, rechts sehen wir allerdings rote bzw. blaue Elemente als zusammengehörig, die nicht zwingend horizontale Zeilen oder vertikale Spalten bilden. Allerdings ist bei der Anwendung des Prinzips Vorsicht geboten:

Abbildung 30: Das Prinzip der Ähnlichkeit erzeugt die Zusammengehörigkeit von Elementen

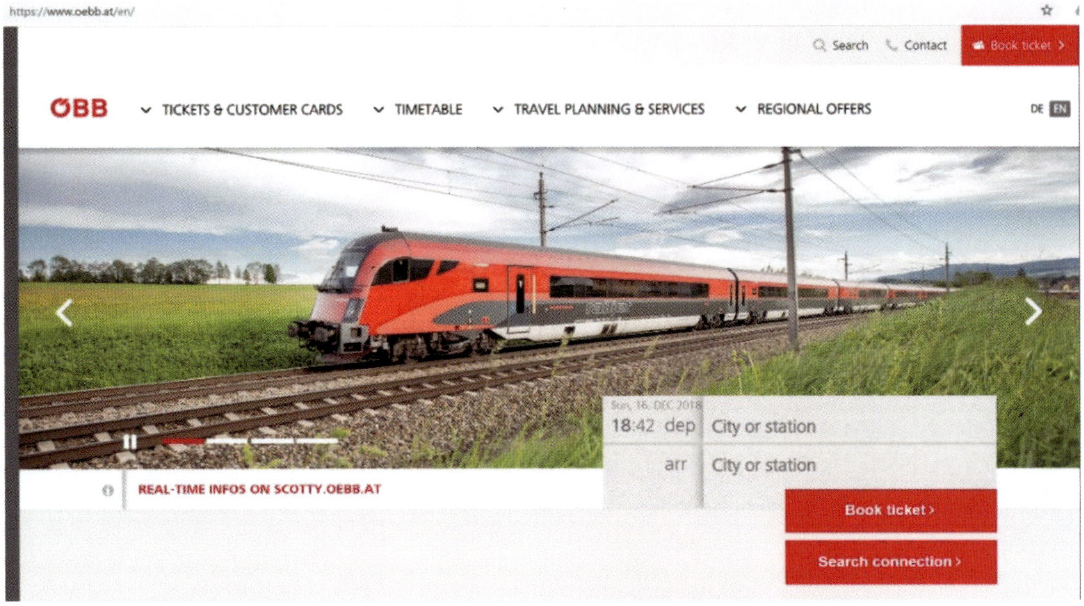

Abbildung 31: Das Prinzip der Ähnlichkeit hilft, die Anzeige zu interpretieren, ist aber in der Wirkung schwach

Das Prinzip der Ähnlichkeit allein ist häufig zu schwach, um eine klare Zusammengehörigkeit von Elementen innerhalb eines komplexen Bildes zu erzeugen, wie Abbildung 31 zeigt. „Book ticket" und „Search Connection" sind zwei Elemente, die Suchfunktionen aufrufen. Da die Elemente in Farbe und Form ähnlich sind, werden sie wie beabsichtigt auch als zusammengehörig gesehen. Allerdings irritiert die Lage von „Book ticket". Die Überlappung mit „City or station" erzeugt eine Zusammengehörigkeit mit diesem Feld, die mit großer Sicherheit nicht beabsichtigt war. „Search Connection" dagegen verliert sich im grauen Feld unterhalb. Diese Anordnungen erzeugen eine Dissonanz bei der Betrachtung und verwirren tendenziell den Benutzer.

In anderen Fällen wäre jedoch gerade das Prinzip der Ähnlichkeit anzuwenden, um die Anzeige verständlich zu machen. Besonders problematisch wird es wie unten, wenn Elemente, die zum selben Typ von Navigation gehören, unterschiedlich aussehen und nicht durch andere stärkere Gestaltprinzipien verbunden sind. Es gilt nämlich auch die Umkehrung: Einander **nicht ähnliche Elemente** werden als **nicht zusammengehörig** interpretiert.

In Abbildung 32 wird das Symbol „<“mit der Bedeutung „Abbruch“ verwendet und das grüne Symbol „DONE“ mit der Bedeutung „Fertig und Speichern“. Anwender sind kaum in der Lage, dies bei der ersten Verwendung zu erkennen.

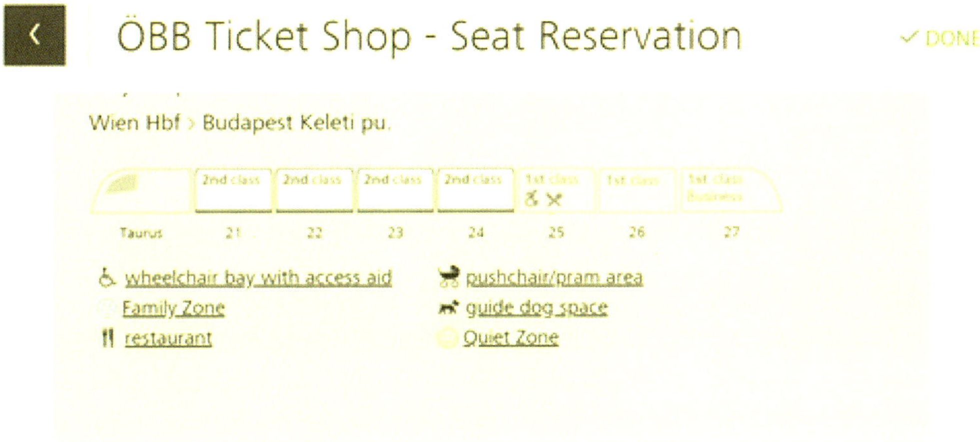

Abbildung 32: Die einander nicht ähnlichen Elemente „<“ und „DONE“ werden als nicht zusammengehörig wahrgenommen; Anwender sind verwirrt, wenn sie nach einem Abbruch der Reservierung oder nach dem Abschluss der Reservierung suchen

Wenn Menschen nach dem Abbruch eines Dialoges und/oder nach der Bestätigung suchen, die ihre Angaben übernehmen soll, dann sollten diese Elemente als zusammengehörig wahrgenommen werden. In Abbildung 32 sind diese beiden Elemente aber völlig unterschiedlich dargestellt. Darüber hinaus ist der „Zurück“-Button durch eine vertikale Linie von der Bezeichnung des Dialoges getrennt. Anwender, die wir getestet haben, hatten sehr häufig Probleme, die beiden Buttons zu erkennen. Wie geht es ihnen, haben Sie die Elemente gefunden?

Das Prinzip der Nähe

Das Prinzip der Nähe besagt, dass nahe beieinanderliegende Elemente als zusammengehörig wahrgenommen werden. Das Prinzip der Nähe ist stärker als das Prinzip der Ähnlichkeit, wie Sie anhand des folgenden Bildes leicht erkennen können. Durch die Nähe zueinander werden auch unterschiedliche Elemente als zusammengehörig wahrgenommen.

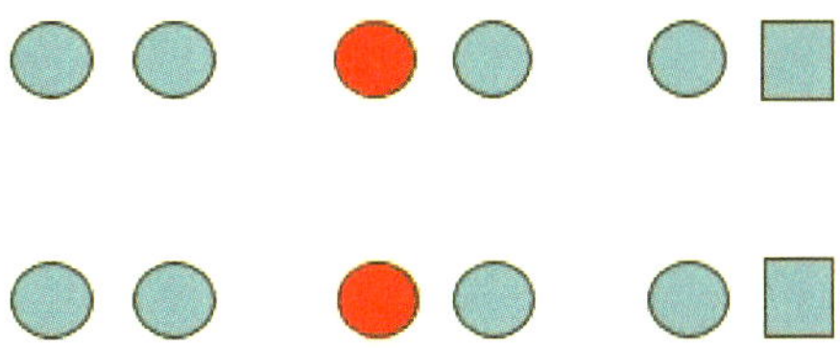

Abbildung 32: Prinzip der Nähe

Mit dem Prinzip der Nähe können Darstellungen sehr gut strukturiert werden, wie das nachfolgende Beispiel von Amazon schön zeigt. Obwohl in den Beschreibungen verschiedene Schriftgrößen und verschiedene Farben verwendet werden, ist auf den ersten Blick klar, welche Texte zusammengehören.

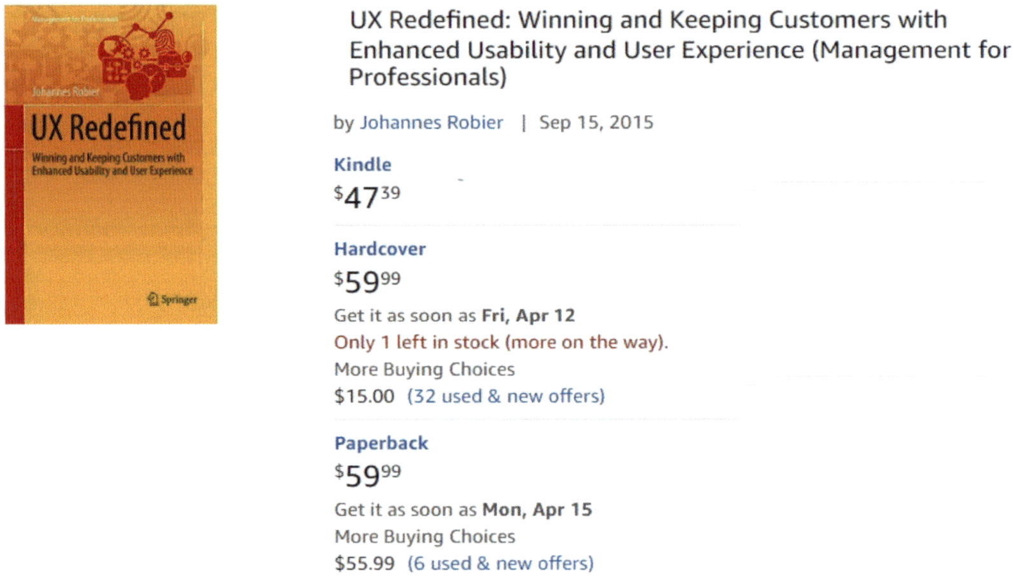

Abbildung 33: Das Prinzip der Nähe ist stärker als das Prinzip der Ähnlichkeit; durch die Nähe zueinander werden auch die in Farbe und Größe stark unterschiedlichen Textelemente als zusammengehörig wahrgenommen

Das Prinzip des guten Verlaufes

Das Prinzip des guten Verlaufes stammt aus der täglichen Erfahrung des Menschen. Bewegte Objekte können nicht beliebig die Richtung ändern. Als natürliche Bewegungsrichtung wird bei zwei Möglichkeiten immer diejenige angenommen, die keine extreme Beschleunigung nach sich ziehen würde. Wir Menschen nehmen grundsätzlich an, dass eine einmal eingeschlagene Richtung mehr oder weniger ähnlich fortgesetzt wird. Darüber hinaus wird das Prinzip verwendet, um Objekte zu identifizieren. Dabei wird davon ausgegangen, dass sprunghafte Richtungsänderungen einer Linie eher unwahrscheinlich im Vergleich zu einer Überlappung von einfachen Elementen sind.

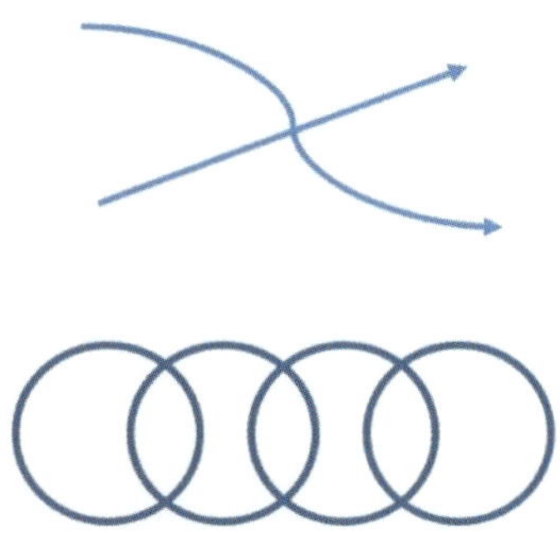

Abbildung 34: Das Prinzip des guten Verlaufes

Das Prinzip der gemeinsamen Region

Elemente, die in einem geschlossenen Bereich liegen, werden meist als Einheit wahrgenommen. Dieses Prinzip ist eines der wichtigsten und stärksten Prinzipien überhaupt. Eine gemeinsame Region kann dabei durch eine Umrahmung, durch eine farbige Fläche oder ähnliche Möglichkeiten realisiert werden.

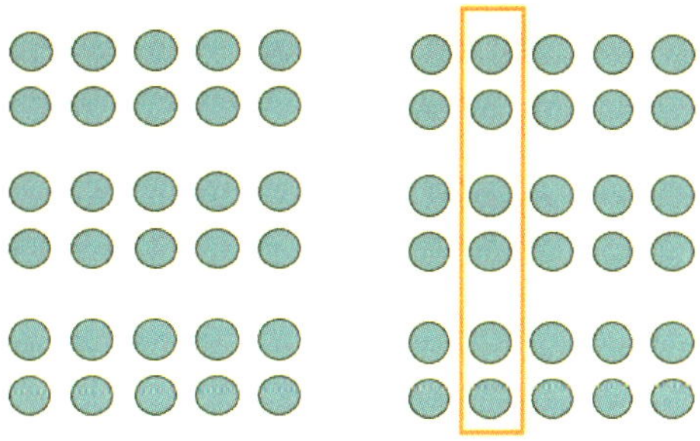

Abbildung 35: Prinzip der gemeinsamen Region

In folgendem Beispiel (Abbildung 37) schlägt das Prinzip der gemeinsamen Region das Prinzip der Nähe und das Prinzip der Ähnlichkeit. Der orange umrandete Bereich wird als zusammengehörig wahrgenommen. Dieses Prinzip findet weite Anwendungsmöglichkeiten und wird häufig eingesetzt.

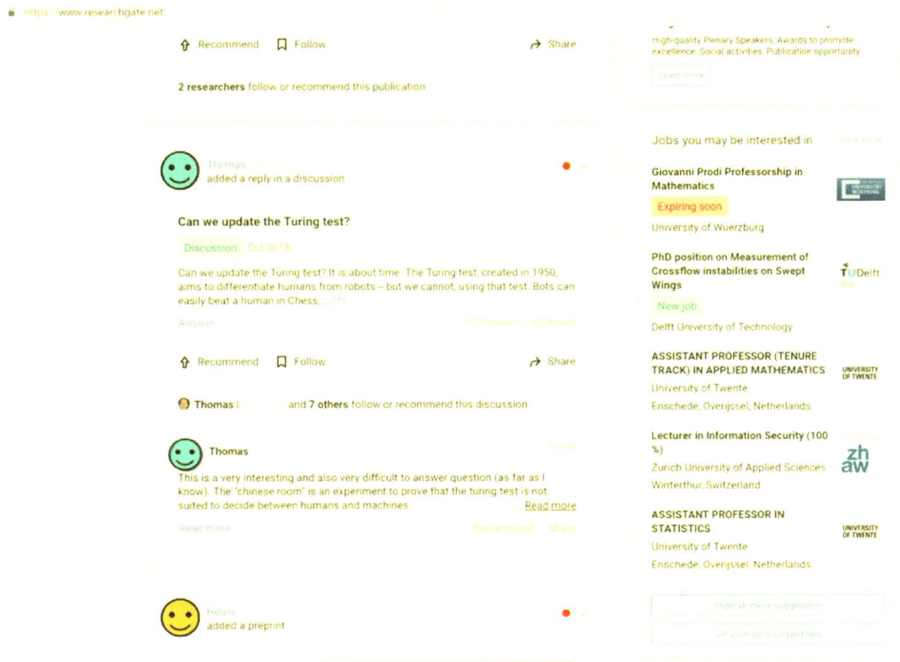

Abbildung 36: Das Prinzip der gemeinsamen Region wird verwendet, um zusammengehörige Elemente klar zu kennzeichnen

Das Prinzip der Verbundenheit

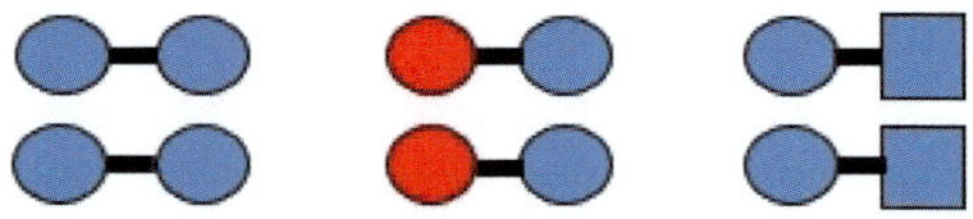

Abbildung 37: Das Prinzip der Verbundenheit schlägt das Prinzip der Ähnlichkeit

Ein weiteres sehr häufig angewandtes Prinzip ist das Prinzip der Verbundenheit. Verbundene Objekte werden eher als zusammengehörig wahrgenommen als unverbundene. Auch dieses Prinzip ist ein sehr starkes Prinzip. Das Prinzip der Verbundenheit ist stärker als das Prinzip der Nähe und das Prinzip der Ähnlichkeit. Auch unterschiedlichste Elemente können mittels dieses Prinzips miteinander verbunden werden, wie in nachstehendem Beispiel leicht zu sehen ist. Obwohl die Elemente eine unterschiedliche Farbe bzw. eine unterschiedliche Form haben, dominiert die Verbindung zwischen den ungleichen Elementen den Sinneseindruck.

Abbildung 38: Das Prinzip der Verbundenheit erzeugt die Vorstellung, dass alle Elemente zum Satz „Recommendations for you" gehören

Das Prinzip des gemeinsamen Schicksals

Bewegen sich Elemente in die gleiche Richtung und mit der gleichen Geschwindigkeit, dann werden sie ebenso als zusammengehörig wahrgenommen. Wir kennen dieses Phänomen von Paraden oder Vogelschwärmen. Alle Individuen, die sich synchron bewegen, werden als zusammengehörig wahrgenommen.

Abbildung 39: Prinzip des gemeinsamen Schicksals

Das Prinzip des gemeinsamen Schicksals hat u. a. großes Potenzial für Fehlermeldungen. Sehr oft wird am Ende eines Formulars eine Meldung ausgegeben wie etwa „Fehler im Eingabefeld". Wenn nun eine synchrone leichte Bewegung der Fehlermeldung und des Feldes, in dem der Fehler auftritt, erfolgt, dann erkennt das Gehirn sofort, welches Feld gemeint ist.

Das Prinzip wirkt auch bei grafischen Darstellungen, die eine Bewegungsrichtung vermuten lassen, siehe Abbildung 40.

Das Prinzip der zeitlichen Synchronizität

Dieses Prinzip ist dem Prinzip des gemeinsamen Schicksals sehr ähnlich, es fehlt lediglich der Aspekt der Bewegung. Ein synchrones Blicken oder eine andere synchrone Änderung ohne Bewegung reichen hier aus, um die Elemente einander zuzuordnen.

Kontrollfragen

16) Welche Aussage hinsichtlich der Gestaltgesetze ist RICHTIG?

A. Das Prinzip der Nähe sagt aus, dass naheliegende Elemente ähnlich aussehen sollen.

B. Ähnliche Elemente werden als zusammengehörig wahrgenommen.

C. Die Gestaltgesetze beschreiben den Aufbau eines UX-Tests.

D. Das Prinzip des gemeinsamen Schicksals sagt aus, dass Anwender mit ähnlicher Vorerfahrung ähnliche Fehler machen.

17) Welche Aussage hinsichtlich der Gestaltgesetze ist FALSCH?

A. Elemente, die innerhalb eines geschlossenen Bereiches liegen, nehmen wir als zusammengehörig wahr.

B. Elemente gleicher Form werden nie zusammengehörig wahrgenommen.

C. Verbundene Elemente werden nicht als zusammengehörig empfunden.

D. Elemente gleicher Farbe, aber unterschiedlicher Form werden häufig als zusammengehörig wahrgenommen.

2.5 Mentale Modelle

2.5.1 Was sind mentale Modelle?

Mentale Modelle sind unsere individuellen Vorstellungen davon, wie die Welt funktioniert. Wir alle haben im Laufe unseres Lebens unzählige mentale Modelle entwickelt, die von großen Verhaltensweisen (Wie verhalte ich mich im Straßenverkehr?) über das Verständnis von tagtäglichen Aktivitäten (Wie funktioniert mein Toaster?) bis hin zu kulturellen Gepflogenheiten (Ich nicke mit dem Kopf, um meine Zustimmung zu zeigen) reicht.

Bezogen auf Software oder interaktive Systeme sind mentale Modelle vereinfacht gesagt Annahmen von Anwendern, wie ein User Interface funktioniert. Diese Annahmen beruhen immer auf Erfahrungen, die Anwender mit ähnlichen Systemen oder in ähnlichen Situationen gemacht haben.

Wenn Sie die Abbildung 41 betrachten, werden Sie vermutlich nicht sofort erkennen, worum es geht. Ein Fallschirmspringer hingegen erkennt sofort, dass es sich um einen vollständig geöffneten und funktionsfähigen Fallschirm handelt. Sofort nach der Schirmöffnung erfolgt der Blick nach oben, um zu kontrollieren, ob eine Fehlfunktion vorliegt. Die sogenannte „Kappenkontrolle" dauert maximal einige Sekunden. Dahinter liegt eine Reihe von mentalen Modellen, die zu sofortigen Entscheidungen und Aktionen führen müssen.

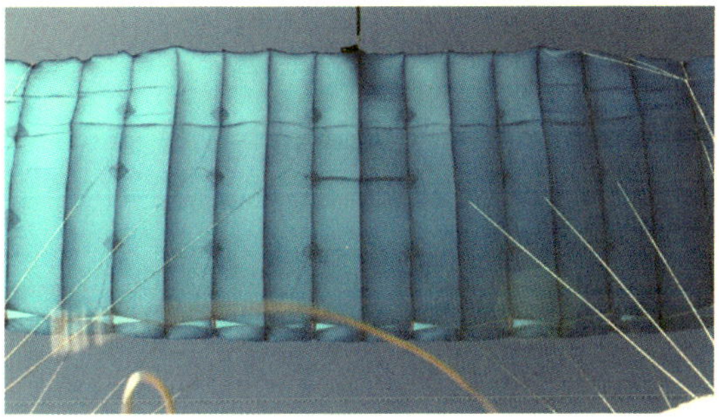

Abbildung 40: Die Bedeutung dieses Bildes hängt vom mentalen Modell des Betrachters ab – ein Fallschirmspringer erkennt es sofort

Die wichtigste Entscheidung, die hier getroffen wird, ist die Antwort auf die Frage „Kann mit diesem Schirm gefahrlos gelandet werden?". Sieht der Schirm genauso aus wie auf dem Bild dargestellt, dann ist die Antwort darauf ein klares „Ja".

Häufig ist die Sinneswahrnehmung nicht mit einem klaren mentalen Modell in Verbindung zu bringen. Stellen Sie sich vor, Sie sitzen in einem Auto und sehen die in Abbildung 42 dargestellte Anzeige. Nun stellen Sie sich etwa 5 Sekunden lang die Frage: Was muss ich tun, um die Temperatur im PKW ***wärmer*** zu stellen?

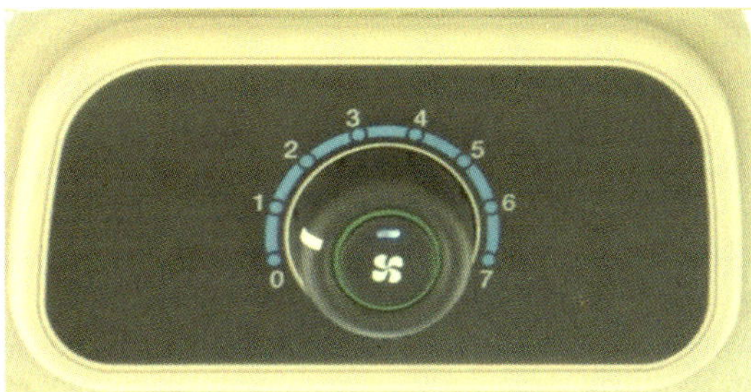

Abbildung 41: Bedienelement einer Temperatursteuerung in einem PKW

Etwa 70 % der Personen, die in den gemäßigten Breiten leben, geben in so einem Fall korrekt an: „Ich muss den Knopf in der Mitte drücken, um die Klimaanlage abzuschalten." Aber die restlichen 30 % geben an: „Ich muss den Drehknopf nach rechts drehen." Warum ist das so? Nun, in den gemäßigten Breiten, also beispielsweise in Österreich oder Deutschland, gibt es eine Jahreszeit mit Temperaturen um 0 °C. Daher haben PKW eine Heizung. Diese Heizung erhöht die Temperatur und wird sehr oft durch Drehung nach rechts aktiviert bzw. verstärkt. Die Farbskala verändert sich zwar von Blau zu Rot, aber dass dies hier nicht so ist, wird in der Kürze der Zeit nicht beachtet. Es wurde schlicht und einfach ein falsches mentales Modell verwendet. Die dabei auftretenden Konflikte erreichen in den seltensten Fällen das Bewusstsein. Es wird eine Handlung gesetzt, das Ergebnis entspricht nicht den Erwartungen, der Anwender wird zumindest ein unangenehmes Gefühl entwickeln oder im schlimmsten Fall einen schweren Fehler begehen.

2.5.2 Arbeiten mit bekannten mentalen Modellen

Hinter bestimmten Grafiken, Symbolen oder Worten werden ganz bestimmte Funktionalitäten vermutet. Aus diesem Grund ist es häufig von Vorteil, derartige bekannte Konzepte in neu zu entwickelnder Software weiter zu übernehmen. Werden bekannte Konzepte nicht mehr verwendet, sondern völlig neugestaltet, reagieren viele Anwender mit Ablehnung. Wie wir aus leidvoller Erfahrung wissen, wird dieser Fehler häufig gemacht.

Umgekehrt können Anwender mit einer Software nahezu problemlos umgehen, wenn dieselben mentalen Modelle verwendet werden. Ein interessantes Beispiel dafür ist die Software Visio. Visio wurde nicht von Microsoft entwickelt, sondern zugekauft. Das User Interface war aber praktisch identisch mit den Interfaces anderer MS-Produkten. Aus diesem Grund konnte Visio mit sehr geringem Aufwand von Menschen bedient werden, die Microsoft-Produkte bereits kannten.

Abbildung 42: Linux-Taste anstelle der Windows-Taste, ein bekanntes mentales Modell wird

Negativ wurde die Abschaffung des Start-Buttons in Windows 7 (Microsoft) von den Benutzern aufgenommen. Anwender waren gewöhnt, mit einem Start-Button den Rechner abzuschalten. Dieses mentale Modell des „Abschaltens" führte nun dazu, dass die meisten Anwender einen Start-Button suchten, um den Rechner abzuschalten. Aufgrund der Reaktionen wurde zu einem späteren Zeitpunkt wieder der Windows-Button an der Stelle des früheren Start-Buttons eingeführt. Das mentale Modell funktionierte wieder und die Anwender konnten den Rechner problemlos abschalten. Verschiedene Laptops, die mit dem Betriebssystem Linux ausgestattet sind, verwenden eine Linux-Taste anstelle der Windows-Taste auf der Tastatur.

Da die Funktion der üblichen Windows-Taste ein bekanntes mentales Modell darstellt, fällt es den Anwendern sehr leicht, die Funktion dieser Taste richtig abzuschätzen.

Mentale Modelle, die den Anwendern bereits bekannt sind, erlauben es oft, komplexe Funktionalitäten einfach zu realisieren.

Sogenannte Mental Model Diagrams sind eine Darstellung der Motivationen, Gedankenprozesse und tieferliegenden Verhaltensmotive von Nutzern. Es geht dabei vor allem darum, Ziele sowie die Vorgehensweise, mit der Menschen diese Ziele erreichen wollen, in Bezug auf das User Interface darzustellen.

Eine weitere wichtige Rolle spielen mentale Modelle beim Verstehen von Worten. Verschiedene Personengruppen vermuten hinter bestimmten Bezeichnungen häufig unterschiedliche Informationen. Nehmen wir z. B. den Begriff „Bike“: er bedeutet für viele Mountainbiker ihr Fahrrad und für viele Motoradfahrer ihr Motorrad. Daher ist es wichtig, die verwendeten Bezeichnungen exakt mit der Usergruppe abzustimmen.

Grundsätzlich fällt es Menschen schwerer, etwas aus dem Gedächtnis abzurufen, als etwas wiederzuerkennen.

Die Interpretation eines Bildschirminhalts erfolgt immer unbewusst über mentale Modelle. Menschen können nur wenige gelesene Hinweise im Gedächtnis behalten. Meist lesen Menschen nur wenige Buchstaben und ergänzen den Rest mithilfe ihrer mentalen Modelle. Dann wird ausprobiert, ob es „funktioniert“. Verhält sich das Interface nicht entsprechend den Erwartungen, entsteht eine negative Haltung.

3 Standards, Normen und Guidelines

3.1 Die Bedeutung von Standards und Normen in der modernen Softwareentwicklung

Für die moderne Softwareentwicklung stellen Standards und Normen einen wesentlichen Faktor für effiziente Entwicklungen und den internationalen Austausch dar. Ohne die Vereinheitlichung von grundlegenden Schnittstellen und Technologien wäre Softwareentwicklung, aufbauend auf der durch Standards vereinheitlichten Hardwareentwicklung, nicht in der heutigen Qualität, Effizienz und Internationalität möglich.

Sinn und Zweck von Normen ist grundsätzlich die nationale und internationale Abstimmung von Produkten und die daraus resultierende Rationalisierung, Qualitätssicherung und Arbeitssicherheit.

Durch Normung und dadurch entstehende Kompatibilität untereinander kann Wettbewerb und ein damit verbundener Innovations- und Preisdruck entstehen. Des Weiteren sind Standards und Normen die Grundlage für Rechtssicherheit und spielen in Gewährleistungs-, Haftungs- und Schadensersatzklagen eine entscheidende Rolle. Normen vereinheitlichen auch Prüfmethoden und erleichtern die Kommunikation in Wirtschaft und Technik. Allerdings schränken Regulative wie Standards und Normen auch Märkte ein, indem sie Produkte, die den Normen nicht entsprechen, von diesen ausgrenzen. Dieser Nachteil ist aber im Sinne der weitaus überwiegenden Vorteile in Kauf zu nehmen.

Die Entwicklung bzw. Adaption von Standards und Normen ist aufwendig und durchaus langwierig, da hierzu die Interessen, Prioritäten, Fachkenntnisse und Kulturen von weltweiten Fachexperten in entsprechenden Gremien zusammengeführt, ausformuliert und abgestimmt werden müssen. Nationale Normungsinstitute erarbeiten hierbei auf Grundlagen länderspezifischer Vereinbarungen Normen und Standards und sind in den entsprechenden internationalen Institutionen vertreten. Diese entwickeln dann international gültige Standards und Normen. ISO-Normen werden von der internationalen Normungsorganisation ISO entwickelt und oft auf europäischer, amerikanischer und asiatischer Ebene sowie auf nationaler Ebene übernommen.

Normen können in folgende Bereiche eingeteilt werden:

- ✓ Sicherheitsnormen,
- ✓ Gebrauchstauglichkeitsnormen (vorwiegend hier sind Usability und User Experience angesiedelt),
- ✓ Qualitätsnormen,
- ✓ Maßnormen,
- ✓ Prüfnormen.

Die Usability und User Experience als Qualitätskriterium sowie der menschzentrierte Entwicklungsprozess sind in ISO-Normen umgesetzt, d. h. es gibt Normen, die eine entsprechende Konformitätsprüfung von Software ermöglichen. Dies spielt insbesondere dann eine wichtige Rolle, wenn bei Gewährleistungs-, Haftungs- und Schadenersatzstreitigkeiten ursächlich mit Problemen des User Interface argumentiert wird. Hier hat der Gesetzgeber eine anerkannte Grundlage.

Des Weiteren beinhalten Standards und Normen das akkumulierte, abgesicherte Wissen internationaler Fachexperten, das wohlstrukturiert und direkt umsetzbar für Entwickler zur Verfügung steht.

Es gibt zahlreiche Standards, die verschiedenste Aspekte der Usability, des User-Interface-Designs und der User Experience umfassen. Diese beinhalten methodische Aspekte sowie konkrete Umsetzungsrichtlinien für nahezu alle Arten von Systemen. Aus der Vielzahl an Standards wird im Folgenden die ISO 9241 als der grundlegendste Standard des Themenbereichs vorgestellt. Auf www.iso.org können umfassende Informationen über sonstige Standards gefunden werden.

3.2 Der Standard ISO 9241

Die ISO 9241 ist der grundlegende Standard, der die menschzentrierte Gestaltung benutzerorientierter Systeme abdeckt. Der Begriff System umfasst hierbei interaktive Systeme ebenso wie Produkte und Services. In weiterer Folge ist also der Begriff System so zu verstehen, dass damit auch Produkte und Services gemeint sind.

Die Norm wurde erstmals 1996 veröffentlicht und war ursprünglich in 17 Abschnitte eingeteilt. Sie galt in dieser Version nur für das damals vorherrschende Bild eines Büroarbeitsplatzes, der im Wesentlichen aus Bildschirm und Eingabegerät (Tastatur und Maus) bestand. Um den neuen Anforderungen moderner Arbeitsplätze sowie dem Eindringen moderner Technologie in alle Lebenslagen gerecht zu werden, wurde 2006 der Geltungsbereich maßgeblich erweitert. Er umfasst nun neben Büroarbeitsplätzen auch technische Geräte des täglichen Gebrauchs wie z. B. Fahrkartenautomaten, Informationskioske oder mobile Geräte. Auch der Nutzungskontext als wesentlicher Einflussfaktor wird nun berücksichtigt. Diese Erweiterung führte zu einer Ergänzung der inhaltlichen Struktur der Norm, die nun sogenannte Serien (Serie 100 bis 900) beinhaltet, die wiederum in untergeordnete Teile gegliedert sind (z. B. Serie 100: Teile 101, 102 etc.). In jeder Serie gibt der Teil x00 (100/200/300) eine Einleitung bzw. einen Überblick über die Inhalte der Serie. Die Anzahl der Teile in einer Serie hängt von der Komplexität des Themenbereichs ab.

Die ISO 9241 definiert Usability wie folgt:

Usability ist das Maß, in dem ein System, Produkt oder Service von definierten Benutzern in einem definierten Kontext effizient, effektiv und zufriedenstellend verwendet werden kann, um definierte Aufgaben zu lösen.

Der alte Standard 9241-11:1998 definierte Usability streng ziel- bzw. aufgabenorientiert und stellte das vollständige, erfolgreiche Abschließen einer Aufgabe in den Mittelpunkt. Die revidierte Version 9241-11:2018 beinhaltet dieselbe grundlegende Definition von Usability, doch in der genaueren Erklärung der einzelnen Begriffe aus der Definition finden sich Änderungen.

Verständnis des Begriffs „Usability"

Der Begriff „Usability" wird nicht als Eigenheit des Systems (Produkts, Services) gesehen, sondern als Eigenheit des Ergebnisses, das aus der Interaktion mit diesem resultiert. Hierbei werden auch das objektiv und das subjektiv empfundene Ergebnis unterschieden. Stimmen das objektive Ergebnis und die subjektive Wahrnehmung desselben nicht überein, kann dies weitreichende Konsequenzen haben.

Beispiel: Petra glaubt, dass sie die Buchung ihres Fluges nach London bereits getätigt hat, obwohl sie zur endgültigen Bestätigung ihrer Buchung noch einen Button hätte klicken müssen. Petra bemerkt dies aber erst eine Stunde später, als sie nach einer Besprechung ihre E-Mails checkt und feststellt, dass sie keine Buchungsbestätigung erhalten hat. Petra muss nun erneut einen Flug suchen und buchen. Dies erfordert Zeit und außerdem ist der gewünschte Flug nicht mehr verfügbar. Petra muss einen teureren Flug nehmen.

Beispiel: Stefan möchte Unterlagen für eine Präsentation ausdrucken. Es handelt sich dabei um 120 Seiten hochwertiger Farbausdrucke. Er startet den Druckauftrag. Da der Drucker bzw. sein Computer keine zeitnahe Rückmeldung über den Start des Druckauftrages liefern, startet Stefan den Auftrag erneut. Der Druck wird so unbeabsichtigt zweimal ausgeführt. Dies produziert unnötige Druckkosten, 120 Farbausdrucke werden weggeworfen und der Drucker ist für Kollegen blockiert.

Verständnis des Begriffs „definierte Aufgabe“

Damit umfasst der Standard auch persönliche Leistungen, Intentionen bzw. Errungenschaften wie z. B. Unterhaltung oder Weiterbildung. Dieses Verständnis des Begriffes erlaubt auch, dass es bei einer Aufgabe eines Benutzers widersprüchliche Ziele geben kann.

Beispiel: Michael macht eine Online-Ausbildung zum Softwaretester. Er muss die aktuelle Lektion „Testzyklus Planung und Überwachung“ möglichst zeiteffizient beenden, da er den für diese Lektion vorgesehenen Aufwand bereits überschritten hat und schon mit der nächsten Lektion starten sollte. Gleichzeitig benötigt er das Wissen über die Testzyklusplanung gerade in seinem Job und möchte daher die Lektion besonders genau lernen.

Verständnis des Begriffs „effektiv“

Effektivität wird nicht nur mehr mit einer abgeschlossenen Aufgabe definiert, sondern betrachtet auch mögliche negative Konsequenzen aus einer nicht – oder nicht vollständig – abgeschlossenen Aufgabe. Diese Konsequenzen können sehr unterschiedlich sein, beispielsweise wirtschaftlicher, ökologischer oder menschlicher Art (z. B. bei Medizintechnik oder sicherheitskritischen Systemen).

Beispiel: John möchte noch schnell am Abend an einem Bankomat Geld von seinem Konto abheben. Er benötigt 60 EUR in 20-Euro-Scheinen, da er jedem seiner Kinder für einen Schulausflug 20 EUR geben muss. John übersieht die Funktion „Banknoten auswählen“ und der Bankomat gibt eine 50-Euro- und eine 10-Euro-Banknote aus. Da John aber nicht genügend Geld auf dem Konto hat, um erneut 60 EUR zu beheben, muss er nun die Banknoten in einer Bankfiliale oder einem Geschäft wechseln lassen. Dies geht aber nicht mehr vor Schulbeginn um 8 Uhr früh.

Verständnis des Begriffs „Zufriedenheit“

Im Verständnis des Begriffs „Zufriedenheit“ finden sich Aspekte der User Experience wieder. Er umfasst die resultierende Einstellung zu einem System, die wahrgenommenen Annehmlichkeiten und die damit einhergehenden Emotionen.

Beispiel: Anna betreibt ein Restaurant und hat für ihre Mitarbeiter eine neue Schichtplanungssoftware eingeführt. Sowohl ihre eigenen Aufgaben als auch die der Mitarbeiter können nun einfacher erledigt werden. Die eigene Erfahrung und die positiven Rückmeldungen der Mitarbeiter bewirken, dass Anna mit dem System sehr zufrieden ist.

3.3 ISO 9241-210

Die ISO 9241-210 ist die Norm für benutzerorientiertes Vorgehen in Entwicklungsprojekten. Sie ersetzt die alte Norm ISO 13407. Die Norm richtet sich vorrangig an Projektleiter, die systematisch Aktivitäten des Usability Engineering im Entwicklungsprojekt planen und verankern wollen. Sie bietet Unterstützung für den gesamten iterativen Lifecycle eines Systems, von der Planung, benutzerorientierter Umsetzung bis zu Betrieb und Wartung. Es werden hierzu Methoden und Verfahrensleitfäden geboten. Eine detaillierte Beschreibung des Prozesses finden Sie in späteren Kapiteln.

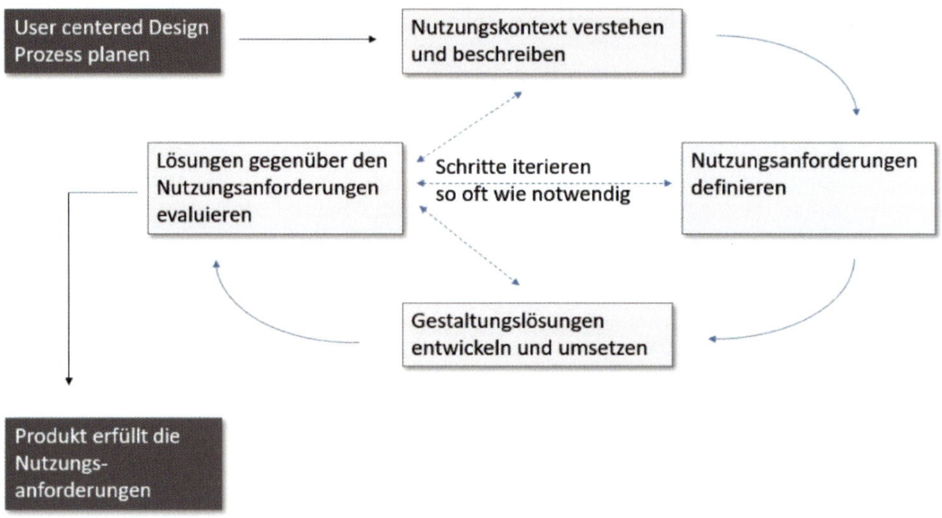

Abbildung 43: Benutzerzentrierter Entwicklungsprozess nach ISO 9241-210

3.4 ISO 9241-110: Grundsätze der Dialoggestaltung

Dieser Teil beschreibt die sogenannten Grundsätze der Dialoggestaltung, die als allgemeingültige Qualitätsmerkmale interaktiver Systeme zu verstehen sind. Diese werden auch bei der Überprüfung der Normkonformität herangezogen.

Die Gestaltungsgrundsätze umfassen jeweils

- ✓ eine übergeordnete Definition und
- ✓ ergänzend eine operationalisierbare Anforderung. (Diese helfen dann konkret dem Entwickler bzw. User Interface Designer, die Gestaltungsgrundsätze einzuhalten.)

Die 7 Grundsätze der Dialoggestaltung sind folgende:

Grundsatz 1: Aufgabenangemessenheit

Ein interaktives System ist aufgabenangemessen, wenn es den Benutzer unterstützt, seine Arbeitsaufgabe zu erledigen, d. h., wenn Funktionalität und Dialog auf den charakteristischen Eigenschaften der Arbeitsaufgabe basieren anstatt auf der zur Aufgabenerledigung eingesetzten Technologie. Definition laut ISO 9241-110

In anderen Worten: Ein System soll dem Benutzer nur jene Informationen und Funktionen bieten, die er für die Erledigung seiner Aufgabe benötigt, und dies in einer für ihn und die Aufgabe angemessenen Form.

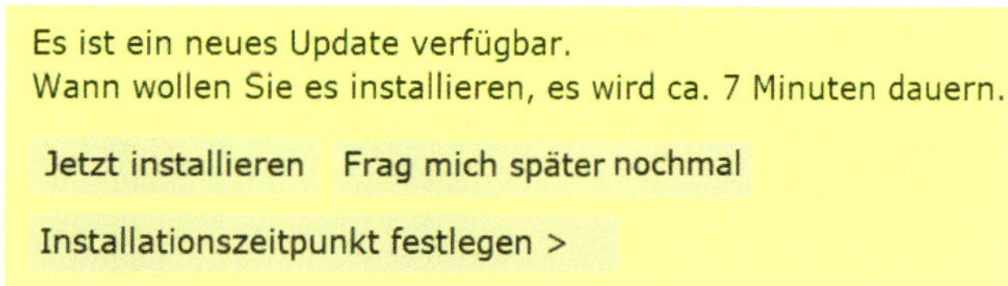

Abbildung 44: Das System bietet dem Benutzer die Möglichkeit, die Installation nach Bedarf zu starten und z. B. ggf. auch noch den Rat eines Dritten einzuholen

Grundsatz 2: Selbstbeschreibungsfähigkeit

Ein Dialog ist in dem Maße selbstbeschreibungsfähig, in dem für den Benutzer zu jeder Zeit offensichtlich ist, in welchem Dialog und an welcher Stelle im Dialog er sich befindet, welche Handlungen unternommen werden können und wie diese ausgeführt werden können. Definition laut ISO 9241-110

In anderen Worten: Der Benutzer muss sich immer zurechtfinden und seine aktuellen bzw. weiteren Handlungsmöglichkeiten kennen.

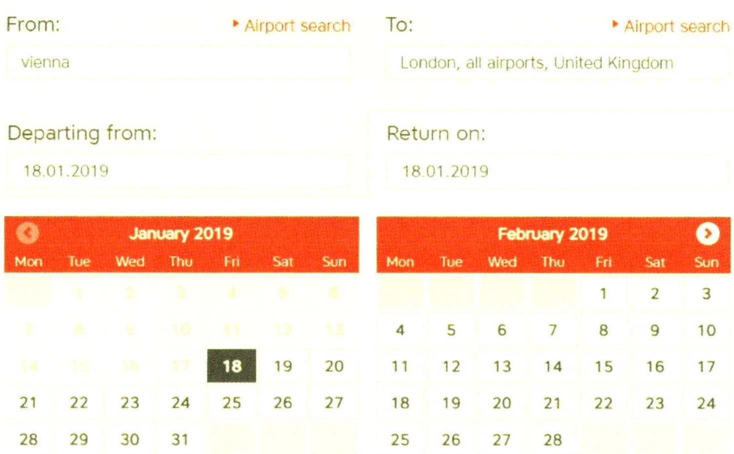

Abbildung 45: Online Flugbuchung (Suche), Beispiel: eine Website, auf der Flüge gebucht werden können, bietet nur Daten für den Rückflug an, die später als der Hinflug sind

Grundsatz 3: Steuerbarkeit

Ein Dialog ist steuerbar, wenn der Benutzer in der Lage ist, den Dialogablauf zu starten sowie seine Richtung und Geschwindigkeit zu beeinflussen, bis das Ziel erreicht ist. Definition laut ISO 9241-110

In anderen Worten: Der Benutzer steuert das System entsprechend den eigenen Bedürfnissen, kontextuellen Anforderungen und Kenntnissen.

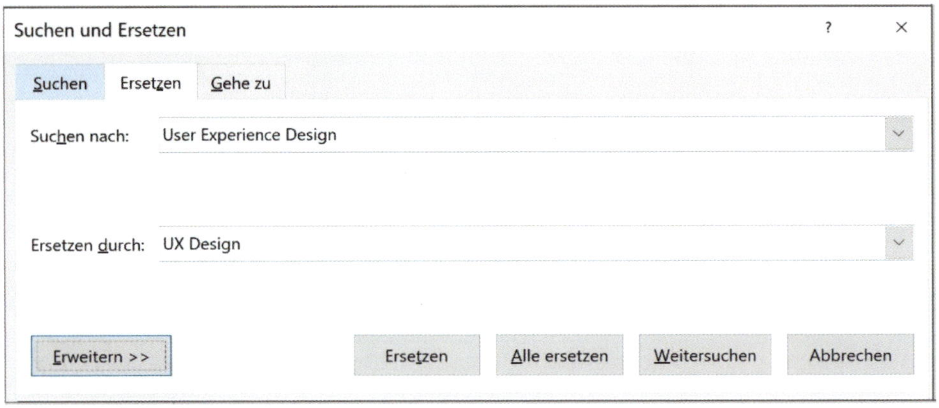

Abbildung 46: Gutes Beispiel - der Benutzer kann nach eigenem Bedarf steuern, was und wie er Begriffe ersetzen möchte. Er kann Begriffe einzeln suchen und vor dem Ersetzen überprüfen oder aber alle auf einmal ersetzen. Weitere Kriterien kann er optional hinzufügen.

Grundsatz 4: Erwartungskonformität

Ein Dialog ist erwartungskonform, wenn er den aus dem Nutzungskontext heraus vorhersehbaren Benutzerbelangen sowie allgemein anerkannten Konventionen entspricht. Definition laut ISO 9241-110

In anderen Worten: das System verhält sich so, wie der Benutzer es erwartet.

Abbildung 47: die App bietet Benutzern Informationen und tagesaktuelle Neuigkeiten zu ihrem Wohnort, die numerischen Angaben bei „Benachrichtigungen“ und „Meine Straße“ beziehen sich aber auf die hinterlegten Einstellungen und nicht – wie es der Konvention entsprechen würde – die Anzahl der Inhalte.

Grundsatz 5: Fehlertoleranz

Ein Dialog ist fehlertolerant, wenn das beabsichtigte Arbeitsergebnis trotz erkennbar fehlerhafter Eingaben entweder mit keinem oder mit minimalem Korrekturaufwand seitens des Benutzers erreicht werden kann. Definition laut ISO 9241-110

In anderen Worten: Das System hilft dem Benutzer, negative Konsequenzen aus fehlerhaften Handlungen zu minimieren.

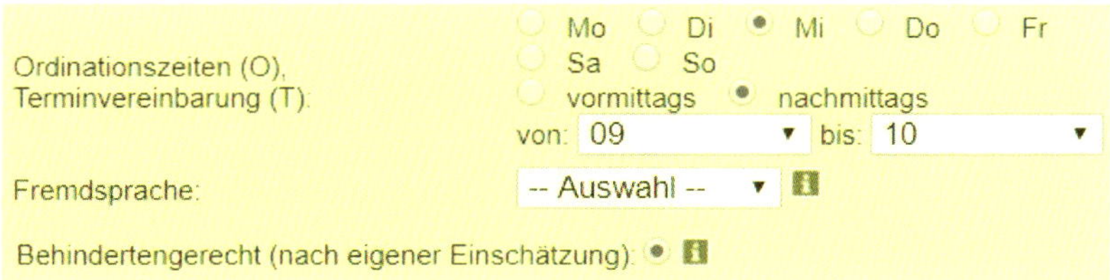

Abbildung 48: Benutzer können bei der Arztsuche widersprüchliche Zeitangaben machen, die dazu führen, dass das Suchergebnis immer „0" Treffer zeigt!

Grundsatz 6: Individualisierbarkeit

Ein Dialog ist individualisierbar, wenn Benutzer die Mensch-System-Interaktion und die Darstellung von Informationen ändern können, um diese an ihre individuellen Fähigkeiten und Bedürfnisse anzupassen. Definition laut ISO 9241-110

In anderen Worten: Der Benutzer wird in seiner Arbeit nicht vom System bevormundet, sondern entscheidet selbst, was er kann, will oder braucht.

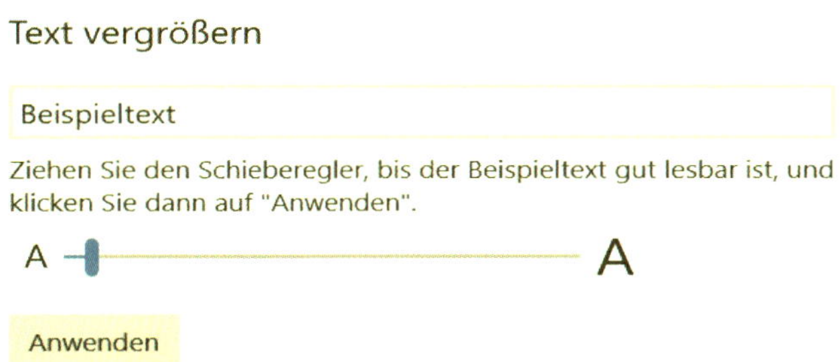

Abbildung 49: Einstellen von Schriftgrößen: Benutzer können die standardmäßig verwendeten Schriftgrößen ihren Bedürfnissen entsprechend einstellen

Grundsatz 7: Lernförderlichkeit

Ein Dialog ist lernförderlich, wenn er den Benutzer beim Erlernen der Nutzung des interaktiven Systems unterstützt und anleitet. Definition laut ISO 9241-110

In anderen Worten: Das System stellt dem Benutzer verschiedene Hilfsmittel zur Verfügung, die er nutzen, aber auch jederzeit wegschalten kann, je nach individuellem Bedürfnis bzw. individuellen Fähigkeiten im Umgang mit dem System.

Abbildung 50: Positives Beispiel Microsoft Word (17.1.2018): Benutzer können in der Anfangsphase der Benutzung eines Systems Icon Tooltips und Hilfetexte nutzen, die sie ausblenden können, sobald sie mit der Funktion hinreichend vertraut sind

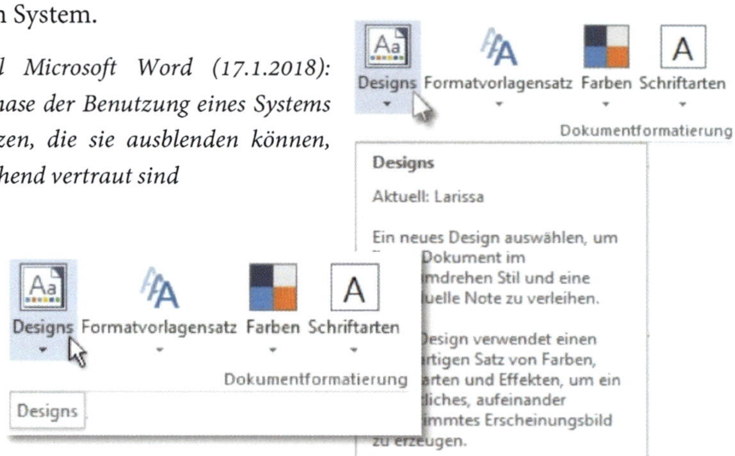

Wie nutzen die Grundsätze dem Usability Verantwortlichen oder UX Designer?

Diese Grundsätze geben dem User Experience Designer ein wertvolles Gerüst, an dem er sich bei konkreten Entwicklungen orientieren kann. Für den Usability Experten, welcher die Usability eines Systems zu überprüfen hat, sind diese Gestaltgesetze ein optimaler Ausgangspunkt, um zielführende Fragestellungen und Aufgaben für einen Test zu entwickeln.

Kontrollfragen

18) Welche Inhalte sind im Standard 9241-210 abgedeckt?

A. der benutzerorientierte Gestaltungsprozess

B. die Dialogprinzipien

C. die Sicherheitsaspekte von medizintechnischen Geräten

D. die Arbeitsplatzergonomie

19) Was ist ein Beispiel für „Steuerbarkeit"?

A. Wenn in einem Onlineshop der Benutzer auch im Warenkorb die Anzahl eines Produktes noch ändern kann.

B. Eindeutige, verständliche Fehlermeldungen

C. Einstellen der Mauszeigergeschwindigkeit

D. Menüs, die bei Mouse Over erscheinen und bei Click fixiert sind

20) Welches der folgenden ist KEIN Dialogprinzip?

A. Individualisierbarkeit

B. Sprachsteuerung

C. Lernförderlichkeit

D. Selbstbeschreibungsfähigkeit

21) Was ist ein Beispiel für „Erwartungskonformität"?

A. Ein spezielles Online-Portal für Hobbygärtner verwendet in den Navigationselementen möglichst verschiedene Synonyme, um den Benutzer so mit neuen Begriffen bekannt zu machen.

B. Ein Softwarepaket verwendet Linksbündigkeit bei englischer Sprache und Rechtsbündigkeit bei arabischer Sprache.

C. Der Benutzer kann das Eingabeformat seines Geburtstages durch Setzen einer Checkbox selbst wählen.

D. Bei der Installation einer Software sieht der Benutzer nur dann eine Meldung, wenn etwas nicht funktioniert hat bzw. ein Problem auftritt.

3.5 IEC 62366-1:2015

Usability bzw. User Experience spielt auch in einigen anderen Normen eine Rolle.

Die Bedeutung und der praktische Nutzen davon kann sehr gut anhand der IEC 62366-1:2015 veranschaulicht werden, die den rasant wachsenden Bereich der Medizintechnik anspricht.

(IEC: Die „International Electrotechnical Commission“ ist ein internationales Normierungsgremium für Normen im Bereich der Elektrotechnik und Elektronik mit Sitz in Genf. Einige Normen werden gemeinsam mit ISO entwickelt.)

Die Medizintechnik umfasst zahlreiche Geräte, Produkte und Anwendungen, deren Bedienung im direkten Zusammenhang mit der Gesundheit bzw. dem Überleben von Menschen steht. Der überwiegende Teil dieser Geräte wird von geschultem Personal bedient (z. B. von Gesundheits- und Krankenpflegerinnen, Ärzten), doch ein kleiner Teil (z. B. Defibrillator, Blutdruckmessgerät) kann/muss auch von Laien bedienbar sein. In beiden Fällen ist es unumgänglich, dass die Bedienung des entsprechenden Geräts für die entsprechenden Benutzergruppen einfach, effizient und vor allem fehlerfrei erfolgen kann, damit die medizinische Frage bzw. das medizinische Problem im Vordergrund stehen.

Die IEC 62336-1:2015 definiert einen Prozess, mit dem Hersteller die Usability von medizinischen Geräten analysieren, methodisch entwickeln und evaluieren können – insbesondere bezogen auf deren Sicherheit. Dieser Prozess ermöglicht es dem Hersteller, das Risiko, das durch normale und auch fehlerhafte Bedienung des Geräts entsteht, zu bewerten und zu minimieren. Er kann auch herangezogen werden, um eine „abnorme“ Bedienung zu identifizieren, kann aber deren Risiken nicht mindern (z. B. beabsichtigte Bedienung zum Schaden des Patienten, Sabotage etc.).

Part 1 erfuhr 2015 ein Update, um einerseits die modernen Konzepte des Usability Engineering einzubinden und andererseits die Verlinkungen zur ISO 14971:2007 bzw. deren Methoden des Risikomanagements, wie sie für Sicherheitsfragen in der Medizintechnik angewandt werden, zu verbessern.

Part 2 beinhaltet ein Tutorial für die Anwendung von Part 1 sowie ergänzende Methoden und Erklärungen zum Usability-Engineering-Prozess für Aspekte der Medizintechnik, die über die sicherheitskritischen Bereiche hinausgehen.

3.6 W3C Web Content Accessability Guidelines – ISO/IEC 40500

Das W3C (World Wide Web Consortium) wurde im Oktober 1994 gegründet, um das World Wide Web zu seiner vollen Entfaltung zu führen und definiert den sozialen Wert des Webs darin, dass es zwischenmenschliche Kommunikation, Geschäftsumgebungen und Möglichkeiten zum

Wissensaustausch bietet. Eines der Hauptziele der W3C ist es, diese Vorteile allen Menschen zugänglich zu machen, unabhängig von ihrer Hardware, Software, Netzinfrastruktur, Muttersprache, Kultur, geografischen Position und von ihren physischen oder geistigen Fähigkeiten.

Um das Web, seine Contents und Services „zugänglich" bzw. „accessable" zu machen, wurden von der Arbeitsgruppe WAI (Web Accessability Initiative) der W3C entsprechende Richtlinien entwickelt. Diese Richtlinien für barrierefreie Webinhalte (WCAG) 2.1 (Stand 9/2018) decken einen großen Bereich von Empfehlungen ab, um Webinhalte barrierefreier zu machen. Wenn man diesen Richtlinien also folgt, dann werden Inhalte für eine größere Gruppe von Menschen mit Behinderungen barrierefrei sein. Dies beinhaltet Blindheit und Sehbehinderung, Gehörlosigkeit und nachlassendes Hörvermögen, Lernbehinderungen, kognitive Einschränkungen, eingeschränkte Bewegungsfähigkeit, Sprachbehinderungen, Fotosensibilität und Kombinationen aus diesen Behinderungen. Darüber hinaus wird das Befolgen dieser Richtlinien Webinhalte in vielen Fällen auch für Nutzer ohne besondere Einschränkungen benutzbarer machen.

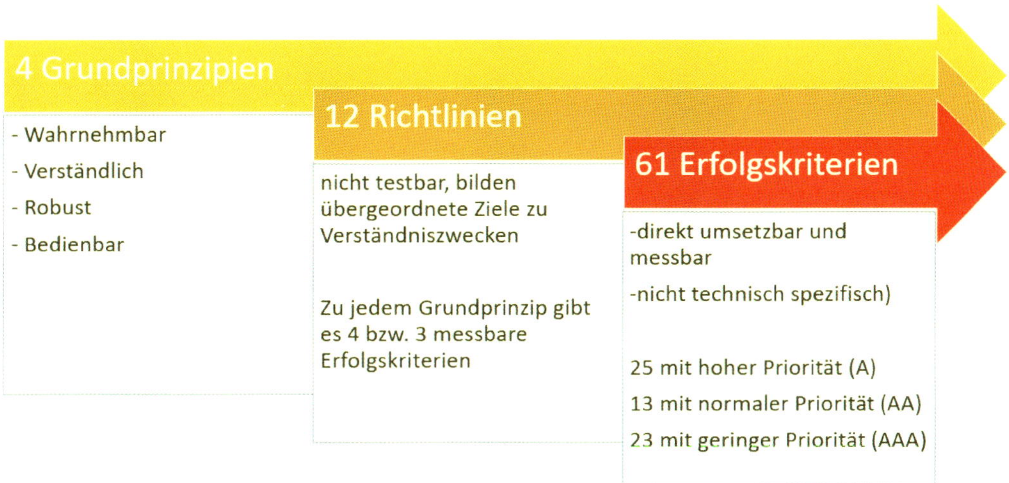

Abbildung 51: Struktur der WCAG

An der Spitze der Guidelines stehen vier Grundprinzipien, welche die Grundlage der Barrierefreiheit im Web darstellen. Diese sind: Wahrnehmbarkeit, Verständlichkeit, Robustheit und Bedienbarkeit. Diesen Prinzipien zugeordnet gibt es 12 Richtlinien, welche die wesentlichen Ziele vorgeben, auf die Verantwortliche hinarbeiten sollten, um Inhalte für Benutzer mit verschiedenen Behinderungen barrierefreier zu gestalten. Diese sind nicht direkt testbar.

Für jede Richtlinie wiederum gibt es direkt testbare Erfolgskriterien. Sie unterstützen die Entwicklung sowie Konformitätstests, wie z. B. bei Vereinbarungen zu Designspezifikationen, Beschaffung, Verordnungen und Verträgen. Die WCAG 2.1-Erfolgskriterien wurden als 61 testbare Aussagen formuliert, sogenannte Statements, die nicht technikspezifisch sind. In separaten Dokumenten findet man sowohl eine Anleitung zur Erfüllung der Erfolgskriterien bei bestimmten

Techniken als auch allgemeine Informationen zur Interpretation der Erfolgskriterien. In den WCAG 2.1 wurden auch für jede Richtlinie und alle Erfolgskriterien eine große Anzahl an Techniken dokumentiert. Diese Techniken sind informativ und fallen in zwei Kategorien: jene, die ausreichend sind, um die Erfolgskriterien zu erfüllen und jene, die empfohlen sind.

Um den Bedürfnissen verschiedener Gruppen und unterschiedlicher Situationen gerecht zu werden, wurden drei Stufen der Konformität definiert: A (niedrigste), AA und AAA (höchste). Hierbei ist der Erfüllungsgrad bezüglich mehrerer Aspekte einzustufen:

- ✓ Ganze Seite oder nur Teilbereiche?
- ✓ Kompletter Prozess (z. B. Bestellung)?
- ✓ Kommen barrierefreie Techniken zum Einsatz?
- ✓ Kommen Techniken zum Einsatz, die bestimmte Menschen explizit ausgrenzen?

Beispiel: Grundprinzip: bedienbar (operable)
2.2. Richtlinie: Geben Sie Benutzern ausreichend Zeit (Provide users enough time)
2.2.1. Testbares Erfolgskriterium: Einstellbare Zeit (timing adjustable)

2 Operable
- 2.1 Make all functionality available from a keyboard.
- 2.2 Provide users enough time to read and use content.
- 2.3 Do not design content in a way that is known to cause seizures.
- 2.4 Provide ways to help users navigate, find content, and determine where they are.

Abbildung 52: WCAG 2.1 Guidelines

Kontrollfragen

22) Welches der folgenden Prinzipien ist KEINES der Grundprinzipien, welche die Grundlage der Barrierefreiheit im Web darstellen? Webcontents und -services sollen ... sein.

A. akkurat

B. wahrnehmbar

C. bedienbar

D. verständlich

23) Welche Bewertung bezogen auf die Accessability ist die beste?

A. A

B. AA

C. AAA

D. Alle gleich; A, AA und AAA bezeichnen nur die Art der Inhalte

24) Was ist direkt testbar?

A. Erfolgskriterien

B. Grundprinzipien

C. Richtlinien

D. Alle sind testbar

3.7 Styleguides, Pattern Library

User Interface Styleguides, oft auch Pattern Libraries oder Design Systems genannt, definieren klare Gestaltungsrichtlinien für die Entwicklung von User Interfaces. Mit solchen Richtlinien werden eine Einheitlichkeit bzw. Konsistenz der entsprechenden Anwendungen erreicht, die dem User eine vereinfachte Bedienung eines Systems ermöglicht.

Zusätzlich wird vermieden, dass der User sich immer wieder mit unterschiedlichen User Interfaces auseinandersetzen muss. Er kann sich dadurch schneller und besser auf den Inhalt und die Funktionalität der Software konzentrieren.

User Interface Styleguides definieren vorwiegend

- ✓ das visuelle Erscheinungsbild (z. B. Verwendung von Typografie und Farben, Buttongrößen oder Icons, Grafiken),
- ✓ Interaktions- und Navigationslogiken (z. B. Einsatz von Drag & Drop, Single Click/Double Click, Wischen, Zoomen, Verhalten von Menüs, Tastatursteuerung, Sprachsteuerung etc.),

- ✓ Speicherlogik (z. B. was wird automatisch gespeichert, wo muss der User aktiv werden etc.),
- ✓ verwendete Terminologien (z. B. softwarespezifische Nomenklatur, Fachtermini etc.),
- ✓ vollständige Interaktionselemente/Patterns (z. B. Kalenderelemente, Login-Dialog).

Ein Styleguide ist ein lebendes „Dokument" bzw. Tool. Er muss regelmäßig an neue Anforderungen angepasst werden (Technologie, Märkte, Mode ...). Die Umsetzung in eine entsprechend nutzbare Form ist daher auch wichtig für die Akzeptanz und den Erfolg eines Styleguides.

Jeder Styleguide hat selbst User, nämlich jene Personen, die im Zuge von Entwicklungen diesen Styleguide verwenden (müssen). Dies sind vornehmlich Softwareentwickler bzw. User Interface Designer. Um einen Styleguide (bzw. dessen Inhalt) für die Benutzer sinnvoll einsetzbar bzw. gut benutzbar zu machen, sollte er daher Folgendes anbieten:

- ✓ klare Inhaltsübersicht,
- ✓ Suchfunktion,
- ✓ Querverweise, Hyperlinks,
- ✓ bildhafte Darstellungen,
- ✓ kontextbezogene Informationen pro Eintrag (wann/wo gilt er/gilt er nicht),
- ✓ Zugriff/Link zu entsprechendem Code – wenn vorhanden,
- ✓ Autorenschaft,
- ✓ Erweiterungsmöglichkeit.

In manchen Fällen besteht die Notwendigkeit für

- ✓ Versionskontrolle,
- ✓ Ausnahmemanagement,
- ✓ Konformitätscheck,
- ✓ Kommentarfunktion.

Die Herausgeber bzw. Entwickler von Styleguides sind sehr unterschiedlichen Ursprungs.

- ✓ Große Player am Software- bzw. Smartphone-Markt geben ihre Styleguides heraus, damit Firmen bzw. Organisationen, die für diese Plattform/dieses Betriebssystem Applikationen entwickeln, durch entsprechend konforme User Interfaces die Stärke der Marke unterstützen und gleichzeitig selbst Zeit und Ressourcen sparend entwickeln können. (Dies führt aber auch wie bereits erwähnt zu einem Usability-Vorteil für die User.) Beispiele hierfür sind Microsoft Windows, Apple iOS oder Android.
- ✓ Firmenspezifische Styleguides: Wenn eine Firma mehrere Systeme vertreibt oder betreibt, so ist es auch hier von Vorteil, wenn diese ein konsistentes User Interface aufweisen. Auch hier liegt der Vorteil sowohl bei den Usern als auch bei den Entwicklern.
- ✓ Einerseits gibt es den Fall, dass eine Organisation allen zuliefernden Softwareentwicklern den Styleguide vorgibt, um entsprechend konsistente Software einzukaufen.

✓ Andererseits gibt es den Fall, dass eine Firma (eher im „Off the shelf"-Markt) eine (durch einen Styleguide regulierte) konsistente Produktpalette auf den Markt bringt.

Kontrollfragen

25) Welches der folgenden Charakteristika wird in einem Styleguide (üblicherweise) nicht definiert?

A. Icons
B. Speicherlogik
C. Textformate
D. Durchführungszeiten

4 Das Konzept des User Centered Design

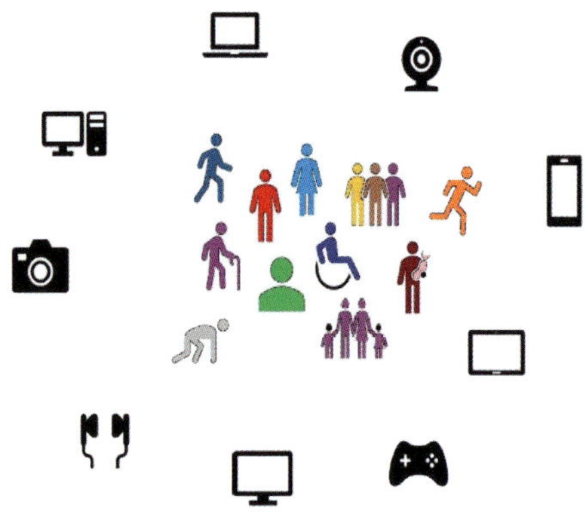

Abbildung 53: Der Mensch im Mittelpunkt der Systementwicklung

Um die Usability bzw. User Experience eines Systems bzw. Produktes sicherzustellen, müssen die Anforderungen und Bedürfnisse der zukünftigen Benutzer im Entwicklungsprozess von Beginn an in den Mittelpunkt gestellt werden. Die Bezeichnung „User Centered Design“ oder deutsch „Benutzerzentriertes Design“ drückt dies auch sehr anschaulich aus. Oft wird auch der Begriff „Benutzerorientierung““ verwendet. Das Konzept des User Centered Design stellt den Benutzer in den Mittelpunkt, indem es detaillierte Kenntnis über die verschiedenen Benutzer(gruppen), ihre Aufgaben und ihre Bedürfnisse einfordert, um daraus konkrete, überprüfbare Kriterien abzuleiten. Diese sind dann im Entwicklungsprozess laufend zu überprüfen. Diese Orientierung an den Benutzern macht es notwendig, zukünftige Benutzer des zu entwickelnden Systems bzw. ihre Perspektive in den Entwicklungsprozess strukturiert und zielgerichtet einzubinden. (siehe auch „Usability Engineering“)

Beispiel: Bei der Entwicklung eines Autos scheint es ganz natürlich, dass man maßgeblich an die Benutzer denkt:

- ✓ Die Höhen der Sitze, die verschiedenen Spiegel oder die Beleuchtungsintensität der Anzeigen im Cockpit können individuell eingestellt werden, sodass man den physischen Anforderungen unterschiedlicher Fahrer gerecht wird.
- ✓ Die verschiedenen Ausstattungspakete (Familie, Winter, Gepäck etc.) berücksichtigen die Art und Weise, wie der Fahrer (oder Mitfahrer) das Fahrzeug benutzen.

Da bei Software die Anforderungen und Bedürfnisse der Benutzer zumeist nicht so offensichtlich sind wie in diesem Beispiel, wird fälschlicherweise häufig davon ausgegangen, dass die von einigen wenigen Personen subjektiv empfundene Usability Rückschlüsse auf alle Benutzer erlaubt. Dies ist aber nicht der Fall. Selbst ein sehr erfahrener User Interface Designer kann nicht durch bloßes Bemühen oder das Einbringen all seiner Erfahrungen die Usability sicherstellen, denn auch er ist nicht der Benutzer des zukünftigen Systems. Selbst wenn es sich tatsächlich um ein System handelt, dass er in weiterer Folge tatsächlich benutzen wird, so ist er dennoch durch seine Rolle nicht geeignet, die späteren Benutzer zu repräsentieren!

Das Konzept des User Centered Design umfasst folgende grundlegenden Prinzipen:

Das Design baut auf einem soliden Verständnis der Benutzer, ihrer Aufgaben und des Anwendungskontexts auf.

Dieses Verständnis beruht auf einer tatsächlich und detailliert durchgeführten Anforderungsanalyse und nicht ausschließlich auf traditionellem (eher technisch orientiertem) Requirements Engineering oder der subjektiven Einschätzung eines in der Entwicklung involvierten Personenkreises. Die Anforderungsanalyse umfasst die Benutzeranalyse, die Aufgabeanalyse, die Kontextanalyse und empfiehlt auch eine Konkurrenz- oder Vergleichssystemanalyse.

Benutzer werden während des Design- und Entwicklungsprozesses involviert.

Zukünftige Benutzer werden für evaluierende Maßnahmen in den Entwicklungsprozess eingebunden. Evaluierungen werden im gesamten Prozess von der Anforderungsdefinition bis zur User-Interface-Fertigstellung und (z. B. im Bereich des WWW) sogar darüber hinaus im laufenden Betrieb durchgeführt.

Diese Maßnahmen werden bereits in der Projektplanung berücksichtigt, budgetiert und definiert. Je nach Anforderungen des konkreten Projektes können diese Aktivitäten adaptiert, jedoch nicht ersatzlos gestrichen werden.

Das Design wird geleitet und verbessert durch benutzerzentrierte Evaluationen.

Das Kernstück des UCD sind Evaluationen des konkreten User Interface, bei denen Benutzer definierte Aufgaben am zukünftigen System (zumeist als eingeschränkt funktionierender Prototyp) bearbeiten. Hierbei werden Benutzungsprobleme offenbar und können frühzeitig und daher effizient korrigiert werden. Diese Effizienz der notwendigen Änderungen am User Interface stellt einen maßgeblichen Vorteil für den Entwicklungsprozess dar. Falls es nicht möglich ist, konkrete Benutzer einzubinden, so steht ein umfangreiches Methodeninventarium zur Verfügung, um zumindest die Perspektiven der Benutzer valide einzubringen.

Der Prozess ist iterativ.

Ein UCD-Entwicklungsprozess bietet durch die laufenden Evaluationen die Möglichkeit, zeitnah und Ressourcen schonend Korrekturen an den Anforderungen bzw. dem Design vorzunehmen. Daraus ergibt sich ein iterativer Prozess, der von vornherein mehrere Iterationen für die unterschiedlichen Entwicklungsschritte vorsieht und iterative Änderungen nicht als negativ behaftete Change Requests, sondern konstruktive Qualitätsmaßnahme sieht.

Das Design orientiert sich an der ganzen User Experience.

Das zu entwickelnde Design wird als Bestandteil einer gesamten Benutzererfahrung gesehen. Es werden nicht nur einzelne Anwendungsfälle oder Benutzungsszenarien betrachtet, sondern die

Benutzer mit ihren ganzheitlichen Erfahrungen mit dem System. Das heißt, es wird die Anschaffung, Inbetriebnahme, möglicherweise Einschulung, der Besitz und die Verwendung über den ganzen Lebenszyklus bis hin zum Ersatz bzw. der Entsorgung berücksichtigt. Je nach Art des Systems kommen hier natürlich andere Schwerpunkte zum Tragen.

Das Designteam vereint multidisziplinäre Fähigkeiten und Perspektiven.

Die ursprünglich von Entwicklern bzw. Programmierern beherrschte Softwareentwicklung wurde bereits in den letzten beiden Jahrzehnten durch den rasanten Anstieg der marketing- und verkaufsorientierten multimedialen Webentwicklungen verändert. In diesen Entwicklungsbereichen entstand unter anderem der Bedarf an visuellen Designern, Textern sowie Hardware- und Sounddesignern. Unabhängig vom Anwendungsbereich oder der Technologie sind in UCD-Entwicklungen nebst oben genannten Disziplinen sozialwissenschaftliche Qualifikationen im Entwicklungsteam erforderlich. Diese bringen neben methodischen Kenntnissen (für Tests, Fragebögen, Interviews etc.) auch das grundlegende Verständnis über menschliche Denk- und Verhaltensweisen ein und unterstützen die Übernahme der Benutzerperspektive. Die benutzerorientierte Gestaltung von interaktiven Systemen bietet neben der gesteigerten Qualität des Endprodukts auch zahlreiche Vorteile für die Entwicklung an sich. Die gesamten Kosten eines Produktlebenszyklus, einschließlich dessen Konzeption, Gestaltung, Implementierung, Unterhalt, Benutzung und Wartung, können so merklich reduziert werden.

Kontrollfragen

26) Welche der folgenden Aussagen ist KEIN Prinzip des UCD?

A. Benutzer werden während des Design- und Entwicklungsprozesses involviert.
B. Der Prozess ist interaktiv.
C. Das Designteam vereint multidisziplinäre Fähigkeiten und Perspektiven.
D. Das Design baut auf einem soliden Verständnis der Benutzer, ihrer Aufgaben und des Anwendungskontexts auf.

27) Was steht im Sinne des User Centered Design im Mittelpunkt?

A. Das benutzerorientierte Endprodukt
B. Die späteren Benutzer
C. Das multidisziplinäre Entwicklungsteam
D. Die Kommunikation

5 Usability Engineering bzw. User Experience Design

Um die Usability bzw. User Experience eines Systems, Produkts oder Services sicherzustellen, ist es notwendig, im Entwicklungsprozess geplant, strukturiert und methodisch im Sinne der Usability bzw. User Experience vorzugehen. Die Usability bzw. User Experience wird „engineered", d. h. „wissenschaftlich bzw. methodisch" erstellt.

Entgegen der manchmal noch vorhandenen Meinung reicht es nachweislich nicht aus,

- ✓ erfahrene User Interface Designer einzusetzen,
- ✓ erfahrene Grafik- oder Webdesigner einzusetzen,
- ✓ sich wirklich zu bemühen,
- ✓ einer Person explizit die Verantwortung für Usability- bzw. User-Experience-Feedback zu zuzuordnen,
- ✓ am Ende des Prozesses das System bezüglich seiner Usability bzw. User Experience zu begutachten.

Daher wurde bereits in den 1990er-Jahren von Fachexperten aus Wirtschaft und Wissenschaft, Technik und Sozialwissenschaften sowie in weiterer Folge auch aus dem Visuellen Design ein Entwicklungsprozess erarbeitet, der nachweislich und zum Vorteil aller Beteiligten die Qualität des Endproduktes und die Effizienz des Entwicklungsprozesses sicherstellen kann: der Usability-Engineering-Prozess. Dieser Usability-Engineering-Prozess wurde mit den wachsenden Anforderungen aus der stärker werdenden Marketing-, Shopping- und Unterhaltungsindustrie im Hinblick auf das ganzheitliche Usererlebnis zum User Experience Design erweitert.

Das traditionelle Usability Engineering setzt den Fokus vorwiegend auf konkrete Benutzungsaspekte im Umgang mit dem System. Es stellt die stark aufgabenorientierten Merkmale wie z. B. die Effizienz oder Fehlertoleranz (siehe Usability-Kriterien) in den Mittelpunkt. Die Aktivitäten des Usability Engineering finden parallel zur klassischen Planungs- und Entwicklungsarbeit statt.

Usability Engineering

... bezeichnet den iterativen Prozess, der die spätere Usability eines Systems, Produkts oder Services gewährleistet. Er bindet kontinuierlich, feedback- und problemlösungsorientiert Benutzer in den Entwicklungsprozess ein. Die Aktivitäten des Usability Engineering finden parallel zur klassischen Planungs- und Entwicklungsarbeit statt.

User Experience Design

... umfasst zusätzlich alle Emotionen, Vorstellungen, Erwartungshaltungen, Wahrnehmungen, physischen und psychologischen Reaktionen und Verhaltensweisen vor, während und nach der Benutzung des Systems, Produkts oder Services.

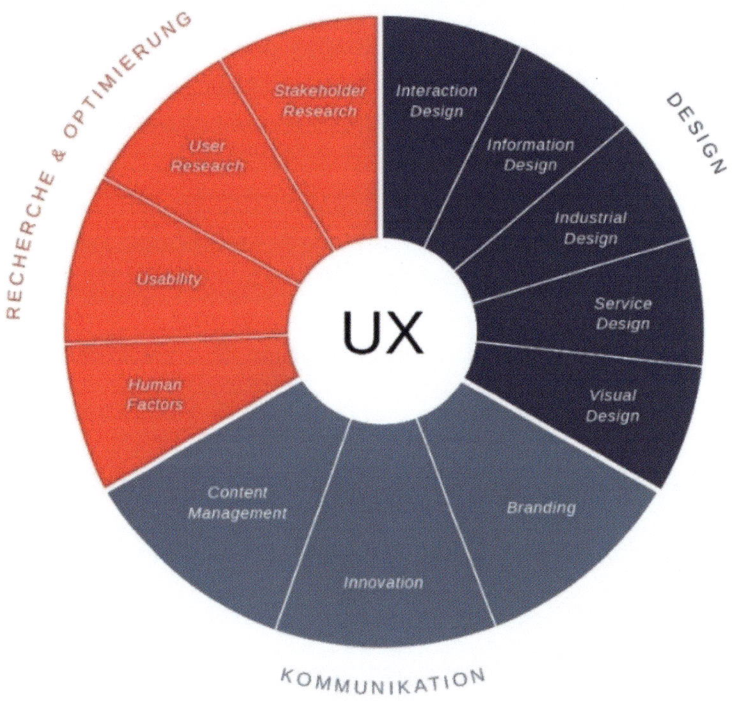

Abbildung 54: User Experience Design, Quelle: UX Redefined, Johannes Robier

Die User Experience wird hier den Anforderungen moderner Web-, App- und Appliances-Entwicklungen nach benutzerorientierter Qualität gerecht, um die Brücke zwischen Marketing/Verkauf und Benutzung zu schlagen. Neue Möglichkeiten des Methoden-inventariums der empirischen Sozialforschung werden hier eingebracht und erfordern von üblicherweise vorwiegend technischen Entwicklungsteams die Einbindung entsprechend ausgebildeter Personen in multidisziplinäre Teams. Folgende Grafik veranschaulicht die vielfältigen Einflussfaktoren und Disziplinen, die im UX-Design zusammentreffen.

User Experience Design geht weit über die Usability hinaus, indem es den umfassenden Prozess des Kunden/Benutzers betrachtet, der die Zeit vor dem Kauf/der Nutzung, währenddessen und danach umfasst. Die Differenzierung zwischen Kunden und Benutzern muss hier sorgfältig getroffen werden, da diese nicht notwendigerweise ident sind. UX bindet auch kontinuierlich, feedback- und problemlösungsorientiert Benutzer in den Entwicklungsprozess ein und nutzt ergänzend zum Usability Engineering maßgeblich mehr psychologische bzw. sozialwissenschaftliche Methoden sowie führt andere Disziplinen zusammen.

Mit der Auslieferung oder Onlineschaltung eines Produkts am Markt endet das User Experience Design jedoch nicht. Vielmehr ist es ein fortlaufender Prozess, der sich auch mit der laufenden Optimierung und der Identifikation des richtigen Zeitpunkts für einen Relaunch beschäftigt. Die Betreuung der User bzw. die Kommunikation mit ihnen in der alltäglichen Anwendung bzw. Nutzung eines Systems stellt einen wesentlichen Faktor der User Experience dar.

Abbildung 55: Vergleich Usability und User Experience

Kontrollfragen

28) ... (1) ... bezeichnet den iterativen Prozess, der die spätere ... (2) ... eines Systems, Produkts oder Services gewährleistet. Welche Begriffe müssen in die Lücken eingesetzt werden?

A. (1) Usability Engineering (2) Usability
B. (1) User Experience (2) User Experience
C. (1) Usability Engineering (2) User Experience
D. (1) User Experience (2) Usability

29) Im ... (1) ... ist es erforderlich, ergänzend zum ... (2) ... maßgeblich mehr psychologische bzw. sozialwissenschaftliche Kenntnisse und Methoden zu nutzen.

A. (1) User Experience Design (2) Usability Engineering
B. (1) Usability Engineering (2) User Experience Design
C. (1) Grafikdesign (2) Requirements Engineering
D. (1) Usability Engineering (2) Grafikdesign

5.1 Die „Richtigkeit" von Daten bzw. Ergebnissen

Im Rahmen des Usability-Engineering- bzw. User-Experience-Design-Prozesses sollen mittels verschiedenster Methoden Fragestellungen geklärt werden. So dienen beispielsweise Usability-Tests der Aufdeckung von Benutzungsproblemen durch Beobachtung, Fragebögen der Erhebung von subjektiven Eindrücken oder Prototypen der Veranschaulichung eines zukünftigen Systems.

Jede dieser beispielhaft genannten Methoden (genauso wie jede andere) liefert Daten, die dem Entwicklungsteam helfen sollen, die richtigen Entscheidungen im Sinne der Benutzer zu treffen.

Hierbei spielt die Qualität („Gütekriterien") der gewonnenen Daten die entscheidende Rolle. Sind die Daten „richtig", können auch konstruktive, korrekte Entscheidungen daraus abgeleitet werden. Sind die Daten allerdings nicht „richtig", kann dies fatale Folgen für den Prozess und die Qualität des Systems, Produktes oder Services haben.

Um bei umfangreichen Studien den Gütekriterien gerecht zu werden, müssen zugrunde liegende Statistiken berücksichtigt und individuell für jede Studie berechnet werden. Diese Statistik ist jedoch nicht Gegenstand dieser Zertifizierung, da sie den Rahmen sprengen würde. Dennoch ist ein grundlegendes Verständnis der Gütekriterien relevant, da dies die Bedeutung eines sorgsamen Umgangs mit Methoden und Daten unterstützt und die Gefahr von Untersuchungsfehlern verringert.

Fallbeispiel 6: "Onlineplattform Relaunch, Kundenbefragung"

Abbildung 56: Auto für Verkauf

Im Rahmen des Relaunches einer Onlineplattform für den Verkauf von privaten PKW werden Benutzer, die bereits einen PKW über diese Plattform gekauft bzw. verkauft haben, mittels eines Online-Fragebogens befragt, wie sie die Benutzung empfunden haben. Die Methode scheint effizient, weil diese Personen registriert und daher per E-Mail gut erreichbar sind. So soll festgestellt werden, warum die Plattform nur eine Konversionsrate von 8 % hat. In diesem Beispiel können aber die erhobenen Daten niemals „richtig" für die Beantwortung der Fragestellung nach der Konversionsrate sein, denn:

Für die Konversionsrate ist nur Befragung von potenziellen Käufern „richtig" (nicht Verkäufern). Personen, die einen PKW gekauft haben, gehören zu den erfolgreichen 8 %, nicht zu den erfolglosen 92 %. Bei einer Befragung zur Benutzung in der Vergangenheit müssen die befragten Personen versuchen, sich zu erinnern, wie sie die Site benutzt haben. Eine derartige Erinnerung wird von unzähligen Einflussfaktoren verändert, sodass die Ergebnisse nie richtig sein können.

Benutzungsqualität liegt an vielen kleinen Details und kann nicht pauschal so erfragt werden, dass „richtige" Erkenntnisse für ein Redesign gewonnen werden können.

Der Grund, keinen PKW zu kaufen, kann vielfältig sein und muss nicht mit der Benutzbarkeit im Zusammenhang stehen.

Wird nun dennoch eine derartige Befragung durchgeführt, so resultieren daraus natürlich Daten. Allerdings sind diese nicht „richtig", um die eigentliche Fragestellung zu beantworten. Im Gegenteil, sie können zu falschen Erkenntnissen und schlechten Redesign-Ideen führen.

Fehlerhaft erhobene oder ausgewertete Daten können die Entwicklung von Produkten, Systemen oder Services nachhaltig negativ beeinflussen oder die Entwicklung in eine falsche Richtung treiben. Um sicherzustellen, dass die erhobenen Daten tatsächlich „richtig" im Sinne der gewünschten Fragestellung sind, gilt es die Qualitätskriterien der Daten bzw. der Erhebungsmethoden zu berücksichtigen. Dazu zählt auch eine Abgrenzung zu den Fragestellungen und Methoden der Marktforschung.

Diese Qualitätskriterien („Gütekriterien der empirischen Sozialforschung") sind folgende:

5.1.1 Objektivität

… beschreibt die Unabhängigkeit der Untersuchungsergebnisse von den Personen, welche die Untersuchung durchführen, [1] auswerten[2] und interpretieren[3].

[1] Bei einem Usability-Test muss sich der Testleiter so verhalten, dass er die Testperson nicht beeinflusst. Unbewusste Hilfestellungen durch die Körperhaltung, Hüsteln oder Ähnliches zählen hier zu den häufigsten Untersuchungsfehlern (siehe Versuchsleitereffekte).

[2] Die Auswertung eines Usability-Tests darf keine willkürliche Auswahl bestimmter (erwünschter, erwarteter …) Verhaltensweisen der Testpersonen darstellen, sondern muss das gesamte Verhaltensspektrum umfassen.

[3] Jene Person(en), welche die Interpretation der gewonnenen Daten verantworten, müssen diese unabhängig von (positiven oder negativen) Erwartungshaltungen bzw. erhofften Ergebnissen durchführen.

5.1.2 Reliabilität (Zuverlässigkeit)

… beschreibt die formale Genauigkeit bzw. Verlässlichkeit von Messungen/ Untersuchungen.

Sie wird oftmals erreicht bzw. überprüft mittels:

Testhalbierung: Die Testitems (Fragen, Tasks …) werden halbiert/in zwei Teile aufgeteilt und so werden zwei möglichst vergleichbare Itemsets generiert. Den Testpersonen wird jeweils eines dieser Itemsets vorgegeben. Stimmen die Resultate der beiden Auswertungen überein, so ist der Test reliabel.

Paralleltest: Zwei möglichst äquivalente Testformen, die möglichst ähnliche Items (Item-Zwillinge) besitzen (und dasselbe Merkmal z. B. „Time on Task" messen), werden den gleichen Testpersonen zu zwei verschiedenen Zeitpunkten dargeboten.

Retest-R: Der idente Test wird nach längerer Zeit wiederholt, daher ist diese Methode im Usability- bzw. UX-Umfeld zumeist nicht praktikabel.

Für kleinere formative Usability-Tests, die vor allem qualitatives Feedback auf ein Design liefern sollen, wird die Reliabilität kaum extra überprüft. Bei größeren Studien hingegen ist sie zu berücksichtigen.

Beispiel: Um die „Time on Task" (Dauer der Aufgabenausführung) einer Flugbuchung auf einer Webplattform zu überprüfen, ist es notwendig, den Testpersonen verschiedene Flüge mit vergleichbaren Anforderungen vorzugeben. Da es nicht sinnvoll ist, eine Testperson 6 Flüge buchen zu lassen (Ermüdungs- und Lerneffekte), ist es besser, den Test zu teilen und mehreren Testpersonen jeweils 3 vergleichbare Aufgaben zu stellen.

5.1.3 Validität (Gültigkeit)

... beschreibt, inwieweit die Messung/Untersuchung auch tatsächlich genau das misst/untersucht, was sie messen/untersuchen soll.

Es gibt verschiedene Validitäten, wobei folgende für Usability-/UX-Untersuchungen relevant sind:

Inhaltsvalidität: Sie gibt an, inwieweit eine Untersuchungsmethode die Inhalte eines *interessierenden Merkmals* vollständig erfasst.

Beispiel: Für ein neues Seniorenhandy soll überprüft werden, ob es den Anforderungen an die eingeschränkte Feinmotorik („interessierendes Merkmal") gerecht wird. Im Sinne der Inhaltsvalidität reicht es nicht aus, die Größe der Tasten zu überprüfen, es müssen z. B. auch die Tastenabstände, der Druckwiderstand und die Unterschiede für Links- bzw. Rechtshänder untersucht werden.

Konstruktvalidität: Sie gibt an, inwieweit eine Untersuchungsmethode ein Konstrukt (z. B. „guter Tennisspieler") so misst, wie das Konstrukt auch tatsächlich bestimmt ist, d. h. die Eigenschaften/Fähigkeiten, die das Konstrukt bestimmen (z. B. gutes Ballauge, laufstark, guter Aufschlag ...).

Beispiel: Für den Usability-Test einer Plattform für Programmierer werden Testpersonen mit unterschiedlich guten Programmierkenntnissen benötigt. Es sollen Testpersonen mit unterschiedlichen Kenntnissen getestet werden. Eine Einteilung in Anfänger, Fortgeschrittene und Experten ist erwünscht. Im Sinne der Konstruktvalidität ist der Programmierer das Konstrukt (bzw. 3 Konstrukte: Anfänger, Fortgeschrittener, Experte).

Augenscheinvalidität: Sie gibt an, inwieweit es für die untersuchte Person (bzw. die Testperson) augenscheinlich erkennbar ist, was das Verfahren/die Methode untersuchen/messen soll.

Eine hohe Augenscheinvalidität fördert die Akzeptanz von Verfahren, sie kann aber auch die nicht gewollte Möglichkeit fördern, die Ergebnisse bewusst zu beeinflussen.

Beispiel 1: Eine kleine Handelsfirma sucht online nach Mitarbeitern für ihre neue Filiale. Der Einfachheit halber hat sie einen Google-Forms-Fragenkatalog online gestellt, den Bewerber ausfüllen sollen, um dann zu entscheiden, wen sie zu einem Gespräch einladen. Die Gestaltung der Fragen ist nicht so einfach wie im ersten Augenblick gedacht.
Wenn es zu offensichtlich ist, welche Antworten (z. B. Fähigkeiten, Charaktereigenschaften)

erwünscht sind, besteht die Gefahr, dass Bewerber das Entsprechende antworten, um sich gut darzustellen. Dies kann zu einer Flut an Bewerbern führen, die unnötig zu einem Gespräch geladen werden. Gleichzeitig muss es für Bewerber aber auch nachvollziehbar bzw. verständlich sein, warum bestimmte Fragen gestellt werden, ansonsten ist die Motivation, die Fragen zu beantworten, gefährdet.

Beispiel 2: Es soll bestimmt werden, was einen Programmieranfänger, -experten etc. ausmacht und diese Eigenschaften/Kenntnisse müssen abgefragt werden, um die Testperson dann als Anfänger, Fortgeschrittenen oder Experten einzuteilen. Entsprechende Kenntnisse können z. B. Anzahl der bekannten Programmiersprachen, Anzahl und Umfang bereits umgesetzter Projekte, Jahre einschlägiger Berufserfahrung und sonstige spezifische Fähigkeiten sein. Aus diesen konkreten Fakten kann dann eine Einteilung erfolgen.

Warum kann man die Testperson nicht selbst einschätzen lassen, in welche Gruppe sie passt?

Menschen beurteilen sich immer im Vergleich zu ihrem persönlichen Umfeld (ihrem „Bezugsrahmen“). Das Sprichwort „Der Einäugige ist unter lauter Blinden der Held“ zeigt dies sehr anschaulich. Ein Mitarbeiter in einem Büro, der als einziger einen neuen Drucker ins Netzwerk einbinden kann, mag schon als Experte gelten, wohingegen die gleiche Person unter lauter Software-Engineering-Studenten jedoch als Anfänger gelten könnte. Seine persönliche Einschätzung würde in jedem Umfeld sehr anders ausfallen.

Kontrollfragen

30) Welche Aussage ist korrekt? Fehlerhaft erhobene oder ausgewertete Daten ...

A. müssen sehr vorsichtig interpretiert werden.
B. müssen quantitativ analysiert werden.
C. sind statistisch nicht signifikant.
D. können die Entwicklung von Produkten, Systemen oder Services nachhaltig negativ beeinflussen.

31) Welches der folgenden ist KEIN Gütekriterium (der empirischen Sozialforschung)?

A. Objektivität
B. Parallelität
C. Reliabilität
D. Validität

32) Was versteht man unter Objektivität? Objektivität beschreibt ...

A. die Zuverlässigkeit einer Methode.
B. die statistische Signifikanz von Ergebnissen.
C. die Unabhängigkeit der Untersuchungsergebnisse.
D. die Gültigkeit einer Methode.

6 Der Usability Engineering bzw. UX Design Lifecycle

6.1 Überblick über den Lifecycle

Um die Usability eines Systems, Produktes oder Services gewährleisten zu können, ist es unumgänglich, bereits ganz zu Beginn der grundsätzlichen Idee eines Systems den Usability- bzw. UX-Gedanken aktiv einzubringen. Nur so kann die Usability bzw. UX „engineered", d. h. methodisch, ingenieurmäßig umgesetzt werden.

Der traditionelle Usability-Engineering-Prozess ist weder ein starrer Ablauf in der Entwicklung noch eine Fülle zusammenhangloser Einzelmethoden, sondern stellt einen übergeordneten „Lifecycle" dar. Dieser Lifecycle umfasst die im Sinne der späteren Usability notwendigen Aktivitäten in einer wohldefinierten Reihenfolge bzw. Iteration, lässt aber im Detail die Anpassung an jeglichen Entwicklungsprozess zu. Jedenfalls beginnen die Aktivitäten dieses Lifecycles bereits vor der eigentlichen Entwicklung des User Interface und nicht (wie oft fälschlicherweise angenommen) erst bei der Überprüfung des User Interface, wenn es „klickbar" vorliegt.

Die ISO-Norm 9241-210 erklärt den benutzerorientierten Designprozess wie folgt:

Die Entwicklung eines Systems, Produkts oder Services umfasst bzw. durchläuft im Usability-Engineering-Lifecycle folgende Aktivitäten, die so lange iteriert werden, bis das Produkt den Benutzeranforderungen entspricht:

1. Verstehen des Nutzungskontextes: Analyse- und Konzeptaktivitäten,
2. Gestaltungslösungen entwickeln: Designaktivitäten,
3. Gestaltungslösungen umsetzen: Prototypingaktivitäten,
4. Evaluieren der Nutzungsanforderungen gegenüber (Zwischen-)Ergebnissen.

Es ist hierbei wichtig zu verstehen, dass es sich nicht um abgeschlossene, trennscharfe Phasen handelt, die in einer strengen Reihenfolge abgearbeitet werden.

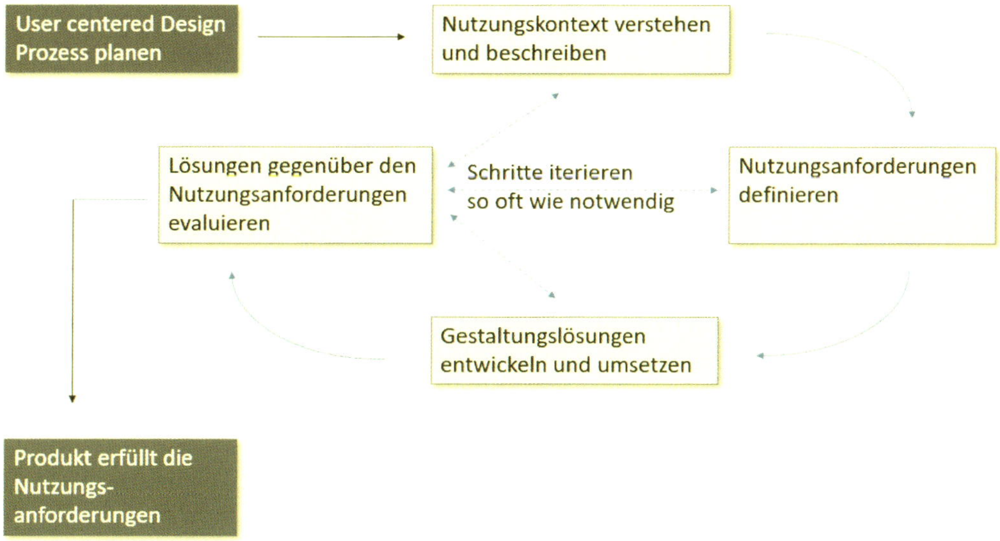

Abbildung 57: ISO 9241-210, Definition des benutzerorientierten Designprozesses

Abbildung 59 veranschaulicht farblich, wie die Umsetzung der ISO 9241-210 in den meisten Entwicklungsprozessen Anwendung findet. Der Farbverlauf zeigt nach der Einarbeitung in den Nutzungskontext die Überlappung der Definition der Nutzungsanforderungen mit den ersten Konzept- oder Designideen. Ebenso überlappt die Entwicklung von Gestaltungslösungen mit der Umsetzung von Gestaltungslösungen als Prototypen. Diese Überlappungen stellen keine Unschärfe oder Ungenauigkeit dar, sondern zeigen, wie kleinere Iterationen, Ergänzungen und Korrekturen – auch ohne die expliziten, großen Evaluationsaktivitäten – laufend stattfinden.

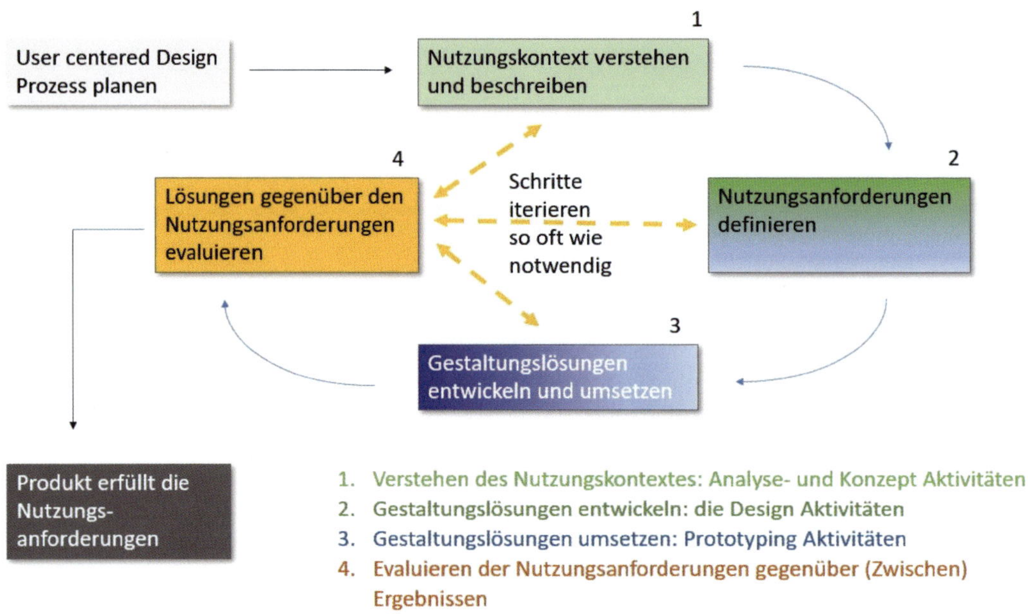

Abbildung 58: ISO 9241-210 Anwendung in der Praxis

6.1.1 Verstehen des Nutzungskontextes: Analyse- und Konzeptaktivitäten

In der Analyse- und Konzeptphase werden alle Erfordernisse der Benutzer bzw. Anforderungen an das zukünftige System erhoben, analysiert und festgelegt. Zudem werden qualitative und quantitative Usability-Ziele (oftmals auch als quantitative und qualitative Nutzungsanforderungen bezeichnet) erarbeitet und definiert, die in weiterer Folge als Maßstab für die Qualität eines Designs herangezogen werden.

Diese Anforderungen – oft auch als Nutzungsanforderungen bezeichnet – umfassen alle Aspekte, welche die spätere Benutzung beeinflussen bzw. bestimmen:

- ✓ die Benutzer in allen ihren Eigenschaften und Charakteristika,
- ✓ die Aufgaben, welche die Benutzer mit dem System durchführen bzw. die Ziele, welche sie erreichen wollen – inklusiver der notwendigen Mittel (Software, Hardware etc.),
- ✓ die verschiedenen Umgebungen/Kontexte, in denen der Benutzer das System benutzen wird.

Zusätzlich ist es in dieser frühen Phase der Entwicklung ratsam, vergleichbare Produkte oder Systeme genauer zu analysieren, um von deren Positiva sowie Negativa zu lernen (Vergleichsanalyse).

Aus diesen angeführten Punkten ergeben sich 4 Säulen, auf denen eine vollständige Anforderungsanalyse aufbaut: Benutzeranalyse, Aufgabenanalyse, Kontextanalyse und

Vergleichsanalyse. Es kann hier etwas verwirrend sein, dass in der Literatur auch manchmal ganzheitlich vom Nutzungskontext gesprochen wird, der dann Benutzer, Aufgaben und Kontext (= Umgebung) umfasst.

Um sicherzustellen, dass die erhobenen Anforderungen auch valide sind, d. h. den tatsächlichen Benutzern entsprechen, werden sie laufend mit Benutzern evaluiert, d. h. überprüft. Es liegt in der Natur des iterativen Lifecycles, dass auch diese Anforderungen iteriert bzw. korrigiert werden, nicht nur das User Interface Design als solches. In dieser ersten Phase einer Produkt- bzw. Systementwicklung liegt oftmals der folgenschwere Irrtum, dass es erst dann notwendig oder sinnvoll ist, ein System zu evaluieren, wenn ein User Interface (Prototyp) vorliegt. Dann ist es aber in den meisten Fällen schon zu spät.

Grundsätzlich kommen in der Anforderungsanalyse Methoden der empirischen Sozialforschung wie z. B. Interviews, Beobachtung, Fragebögen etc. zum Einsatz. Es ist aber keine leichte Aufgabe, mit Benutzern über ihre Anforderungen an ein System zu sprechen bzw. Vorstellungen abzugleichen. Ebenso kann es schwierig für das Entwicklungsteam sein, seine Fragestellungen und Vorstellungen an Benutzer zu kommunizieren. Zu diesem Zweck werden bereits in der Analysephase veranschaulichende Methoden und Konzepte eingesetzt, welche diese Kommunikation vereinfachen, z. B. Szenarien und Personas. Diese sind in dieser frühen Phase zumeist komplett losgelöst von einer konkreten (visuellen) Darstellung des zukünftigen User Interface.

6.1.2 Gestaltungslösungen entwickeln: Designaktivitäten

Auf den konkretisierten Anforderungen an das zu entwickelnde System können konkrete Gestaltungs- bzw. Designlösungen aufgebaut werden. In den Analyse- und Konzeptaktivitäten kristallisieren sich (gegen Ende) oft schon Ansätze oder Ideen für ein UX-Design heraus, die dann weiterentwickelt werden.

In der Praxis haben sich sehr unterschiedliche Herangehensweisen an das Design eines User Interface (UX) etabliert. Je nach Umfeld, System, Ressourcen oder verfügbaren Qualifikationen kann eine bestimmte Herangehensweise besser geeignet sein als eine andere. Es sollte jedoch jede Ausprägung eines Designprozesses Iterationen des UX-Designs zulassen und als wünschenswerten Bestandteil des Prozesses akzeptieren. Moderne agile Entwicklungen bieten durch die Gliederung in kleinere, iterative Entwicklungseinheiten (Sprints) eine sehr gute Basis, einen benutzerorientierten, iterativen Designprozess zu gestalten.

Für jeden Designprozess ist der Beginn eine essenzielle, kritische Phase. Wenn hier sorgsam und vorausschauend begonnen wird, können spätere ressourcenintensive Korrekturen oder gar unveränderliche User-Experience-Probleme verhindert werden. Als wichtigste Regel gilt, zuerst ein grundlegendes Konzept, ein konzeptionelles Design – einen Wireframe – zu entwerfen, der den prinzipiellen Aufbau, die Struktur eines Systems festlegt. Nur so kann gewährleistet werden, dass ein Design funktional wachsen kann, ohne dass es ein inkonsistentes Flickwerk wird.

Dazu müssen zu Beginn jedes Designs auch folgende Punkte geklärt werden:

- ✓ Welche Standards/Normen kommen zur Anwendung?
- ✓ Inwieweit unterliegt das System den Accessability-Richtlinien (WCAG der W3C)?
- ✓ Welchen Plattform-/Herstellerrichtlinien ist zu folgen?
- ✓ Wird das System bzw. der Content in andere Sprachen übersetzt?
- ✓ Kommt das System in einem anderen Kulturkreis zur Anwendung?

6.1.3 Gestaltungslösungen umsetzen: Prototypingaktivitäten

UX- bzw. User-Interface-Prototypen sind Darstellungen eines zukünftigen Systems – oder eines Teiles davon –, die immer einen konkreten Zweck erfüllen sollen. Zweck eines Prototyps kann beispielsweise die Kommunikation innerhalb des Designteams, die Evaluation mit Usern oder die Verwendung als Bestandteil der Spezifikation für die Programmierung sein.

Je nachdem, wofür ein Prototyp verwendet werden soll, gibt es unterschiedlichste Formen und Detaillierungsgrade, wobei eine Kombination aus verschiedenen Varianten oft am zielführendsten ist.

Es werden z. B. je nach Ähnlichkeit mit dem späteren System bzw. technischer Umsetzung Low-Fidelity- und High-Fidelity-Prototypen unterschieden. Eine andere Unterscheidung betrifft die inhaltliche Ausprägung eines Prototyps: „Horizontal" bezeichnet die Umsetzung eines möglichst breiten Gesamtüberblicks über den Funktionsumfang, dafür aber keine in die Tiefe gehenden Funktionen, „vertikal" bedeutet nur einige wenige Funktionen, die aber in die Tiefe umgesetzt werden. Mischformen wie z. B. aufgabenorientierte Szenarien-Prototypen sind in der Praxis auch sehr häufig zu finden und in den meisten Fällen auch sehr hilfreich für das Design.

6.1.4 Evaluieren der Nutzungsanforderungen

Der iterative Prozess des Usability Engineering bzw. User Experience Design erfordert immer wieder die Überprüfung verschiedener Zwischenergebnisse bzw. auch die Überprüfung des Endergebnisses eines Designprozesses. Evaluationen sind entsprechend qualitätssichernde Maßnahmen, die zu verschiedenen Zeitpunkten im Entwicklungsprozess getroffen werden, um die Benutzerorientierung bzw. die in der Analysephase festgelegten Usability-Ziele zu überprüfen.

Es gibt eine große Anzahl an Möglichkeiten und Methoden, die hierzu herangezogen werden können. Evaluationen können mit Usern durchgeführt werden (z. B. Usability-Tests oder Fragebogen-Studien), es gibt aber auch Methoden ohne Benutzer (sogenannte Inspections). Je nach

Verfügbarkeit von Usern, Systemzustand oder Zeitplanung kann hier der UX-Verantwortliche die optimale Evaluationsmethode auswählen.

Es ist wichtig, Evaluationen bereits in der primären Projektplanung genau zu definieren. Es sollte festgehalten wann, was, wie oft und mit welcher (voraussichtlichen) Methode überprüft wird. Dies ist notwendig, da …

- ✓ Aktionen mit Benutzern einigen Planungsaufwand bzw. Vorlaufzeit erfordern,
- ✓ die Planung der verfügbaren, überprüfbaren Zwischenergebnisse darauf aufbauen muss,
- ✓ eine Aktivität, die nicht explizit geplant wurde (insbesondere bei Ressourcen oder Zeitengpässen), selten durchgeführt werden „darf",
- ✓ Usability-Aktivitäten ohnedies besonders häufig von Streichungen betroffen sind.

Grundsätzlich unterscheidet man zwischen formativen Evaluationen („formend": laufend im Entwicklungsprozess, Feedback gebend für Teilprodukte bzw. Zwischenergebnisse) und summativen Evaluationen („summierend": abschließend, das Endprodukt betreffend).

Kontrollfragen

33) Welche der folgenden Aktivitäten ist KEIN Bestandteil des Usability bzw. UX Design Lifecycle?

A. Verstehen des Nutzungskontextes: Analyse- und Konzept- Aktivitäten
B. Gestaltungslösungen entwickeln: Designaktivitäten
C. Gestaltungslösungen umsetzen: Programmieraktivitäten
D. Evaluieren der Nutzungsanforderungen gegenüber (Zwischen-)Ergebnissen

6.2 Herausforderungen und Chancen von UX gegenüber traditioneller Usability

Der traditionelle Usability-Engineering-Prozess sieht Aktivitäten, Methoden und Vorgehensweisen vor, die zweckgerichtete, funktionsorientierte Systeme für klar definierte Anforderungen hinsichtlich ihrer Benutzungsqualität erzielen sollen.

Die wesentlich weiter gefasste User Experience stellt neue Anforderungen an entsprechende Entwicklungsprozesse. Es geht hierbei nicht mehr nur um das Umsetzen definierter Anforderungen, sondern auch darum, wie das entsprechende System bzw. einzelne Funktionen die Erfahrungswelten der Benutzer aktiv gestalten bzw. beeinflussen können.

Beispiel: Die Entscheidung, dass ein Foto nicht beliebig oft vervielfältigbar ist, beeinflusst die subjektive Wertigkeit dieses Fotos maßgeblich und gibt damit der entsprechenden Anwendung einen völlig anderen Erlebniswert (eine andere User Experience).

Die Anforderungen und Möglichkeiten der modernen Softwareentwicklung sind vielfältig und müssen diesen sozialen bzw. emotionalen Aspekten entsprechend gerecht werden. In diesen Anforderungen liegt ein großes Innovationspotenzial, allerdings auch ein Gefahrenpotenzial, falls man diese nicht berücksichtigt.

Abbildung 59: Die emotionale Wertigkeit eines Bildes hängt auch von dessen Vervielfältigung ab

6.3 Usability- bzw. User-Experience-Ziele

Die Bedeutung von Usability bzw. die Notwendigkeit von Usability als Qualitätskriterium ist unumstritten. Niemand wird heute noch behaupten, dass die Usability seines Systems unwichtig ist. Doch was genau steht hinter dem Begriff Usability bzw. woran kann man überhaupt festmachen, ob ein bestimmtes System über eine „gute Usability" verfügt?

Diese Frage ist individuell für jedes Produkt bzw. System zu beantworten, da jedes System unterschiedliche Ansprüche an die Usability hat, d. h. andere Usability-Kriterien in den Mittelpunkt stellt. Es können nie alle Usability-Kriterien gleichermaßen erfüllt werden, da einige einander nahezu widersprechen.

Beispiel: Ein neuartiges Küchengerät soll die Funktionen von Backrohr, Grill, Mikrowelle und Dampfgarer vereinen. Die technische Komplexität des Gerätes soll dem Benutzer natürlich möglichst verborgen bleiben. Es ist wichtig, dass der Benutzer im alltäglichen Betrieb keine Fehler macht, da dies zu vergeudeten Lebensmitteln, verzögerten Mahlzeiten etc. führen kann. Um Fehler zu vermeiden, muss die Effizienz auf Kosten einer starreren Benutzerführung zurückgestellt werden.

Um zu überprüfen, ob das zu entwickelnde System die konkreten Anforderungen an die Usability erfüllt, ist es notwendig, entsprechende Ziele bzw. Zielwerte zu definieren. Diese können sehr gut aus den priorisierten Usability-Kriterien abgeleitet werden.

Hierzu werden sogenannte Usability-Ziele herangezogen, wobei qualitative und quantitative Ziele unterschieden werden. Qualitative bzw. quantitative Usability-Ziele werden auch als qualitative bzw. quantitative Nutzungsanforderungen bezeichnet.

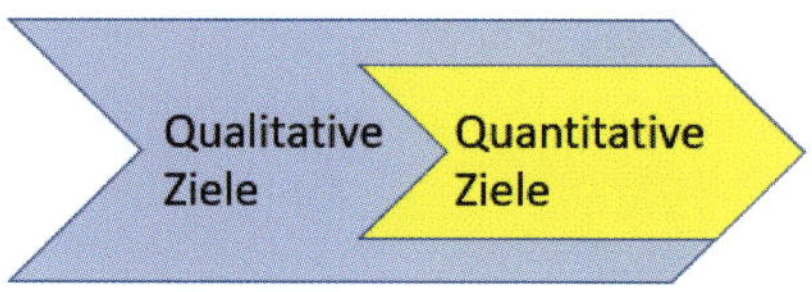

Abbildung 60: Usability-Ziele

Wohldefinierte Usability-Ziele dienen im gesamten Entwicklungsprozess als Leitlinie für das Design und bilden Akzeptanzkriterien für Evaluierungen der Zwischenergebnisse oder des Endprodukts.

6.3.1 Qualitative Usability-Ziele

Qualitative Ziele beschreiben Benutzungsqualitäten. Sie sind (umgangssprachlich) beschreibende Kriterien, die insbesondere in der Anfangsphase einer Entwicklung geeignet sind, das UX-Design zu leiten. Sie ergeben sich insbesondere aus der Anforderungsanalyse. Ihre Erfüllung ist aber manchmal schwer eindeutig festzustellen.

Beispiele:

- ✓ Das System soll keine Kenntnis über die ihm zugrunde liegenden Technologien erfordern.
- ✓ Der Videochat soll Gruppenarbeit unterstützen.
- ✓ Die Auftragserfassung soll einfach für einen anderen Kulturkreis adaptierbar sein.
- ✓ Die User sollen ihre beliebtesten Songs auch offline anhören können.

6.3.2 Quantitative Usability-Ziele

Quantitative Ziele sind objektive und quantitativ messbare Kriterien. Ihre Erfüllung ist grundsätzlich einfach zu überprüfen und sie ermöglichen eine gute Vergleichbarkeit verschiedener Designvarianten.

Die am häufigsten zum Einsatz kommenden quantitativen Ziele sind:

- ✓ Zeit einer Aufgabenausführung (oder eines Teils),
- ✓ Anzahl an Schritten einer Aufgabenausführung,
- ✓ benötigte Views/Ansichten einer Aufgabenausführung,
- ✓ durchschnittliche Fehleranzahl im Test,
- ✓ benötigter Trainings-/Schulungsaufwand.

Allerdings kann ihre Messung bzw. Überprüfung eine umfangreiche Stichprobe (Anzahl an Testpersonen) erfordern, um statistisch aussagekräftige Werte zu erhalten. Ein weiteres Problem bei quantitativen Zielen ist ihre Definition. Erfolgt die Festlegung z. B. von Zeiten (Time on Task), Klickraten oder Benutzungsfehlern scheinbar willkürlich, so ist dies für die angestrebte Usability nicht hilfreich. Unbedacht definierte quantitative Ziele können sogar zu schlechten Designentscheidungen führen. Es ist also unbedingt erforderlich, die Definition von quantitativen Zielen sorgsam und auf konkreten, realen Anforderungen basierend vorzunehmen.

Beispiele: Die höchstzulässige Ausführungszeit für das Erfassen der Stammdaten ist 120 Sekunden (absolut) oder jedenfalls besser als im Altsystem, d. h. besser als 240 Sekunden (relativ).

Die durchschnittliche Benutzerbewertung des Systems mit dem SUS (Fragebogen, Subjective Usability Scale) darf 80 nicht unterschreiten (absolut) oder muss mindestens besser sein als die Konkurrenz, deren Wert bekannt bei 70 ist) (relativ).

6.3.3 Absolute und relative Usability Ziele

Außerdem werden **absolute und relative Usability-Ziele** unterschieden. Ein absolutes Ziel stellt das Erreichen eines vorgegebenen Benchmarks dar. Ein solcher Benchmark kann z. B. das Ergebnis einer Fragebogenuntersuchung oder ein vorgegebener numerischer Wert (siehe quantitative Ziele) sein. Relative Ziele stellen das Design immer in Relation zu einem Vergleichswert dar. Hier können z. B. verschiedene Designalternativen oder ein altes System mit einem neuen System verglichen werden oder aber auch ein eigenes System mit der Konkurrenz am Markt.

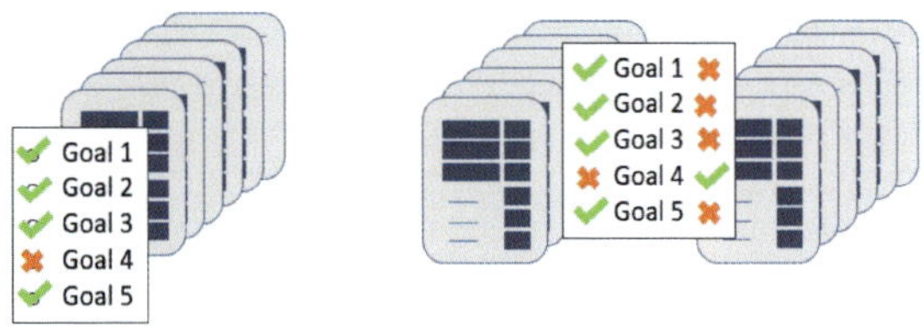

Abbildung 61: Absolute und relative Usability-Ziele

Kontrollfragen

34) ... (1) ... beschreiben Benutzungsqualitäten, sie sind (umgangssprachlich) beschreibende Kriterien. (1) steht für:

A. Quantitative Ziele

B. Qualitative Ziele

C. Relative Ziele

D. Absolute Ziele

35) ... (2) ... stellen das Design immer in Relation zu einem Vergleichswert dar. (2) steht für:

A. Quantitative Ziele

B. Qualitative Ziele

C. Relative Ziele

D. Absolute Ziele

7 Die Säulen der Nutzungsanforderungen

Um ein System für die späteren tatsächlichen Benutzer optimal zu gestalten, ist es notwendig, für die Umsetzung bzw. das Design des Systems von Beginn an alle Informationen zur Verfügung zu haben, die für die Benutzung relevant sein könnten. In der Erhebung der Nutzungsanforderungen werden jene Aspekte des zukünftigen Systems erhoben, die für das User Interface Design relevant sind bzw. die spätere Benutzung beeinflussen.

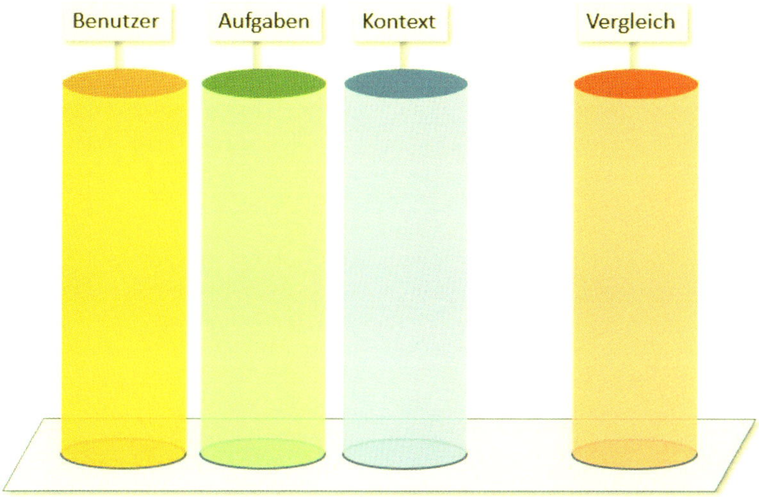

Abbildung 62: Säulen der Anforderungsanalyse, Nutzungsanforderung und Vergleichsanalyse

Die Anforderungsanalyse besteht aus 3 Hauptbestandteilen der Nutzungsanforderungen (Benutzer, Aufgabe, Kontext) und wird durch einen vierten Aspekt, die Vergleichsanalyse, ergänzt. Gemeinsam ergeben sie die „4 Säulen der Anforderungsanalyse".

Folgende Abbildung veranschaulicht, dass die Bedeutung der jeweiligen Säulen von Projekt zu Projekt unterschiedlich ist und entsprechend mehr oder weniger Aktivitäten bzw. Ressourcen für die entsprechende Säule notwendig sind.

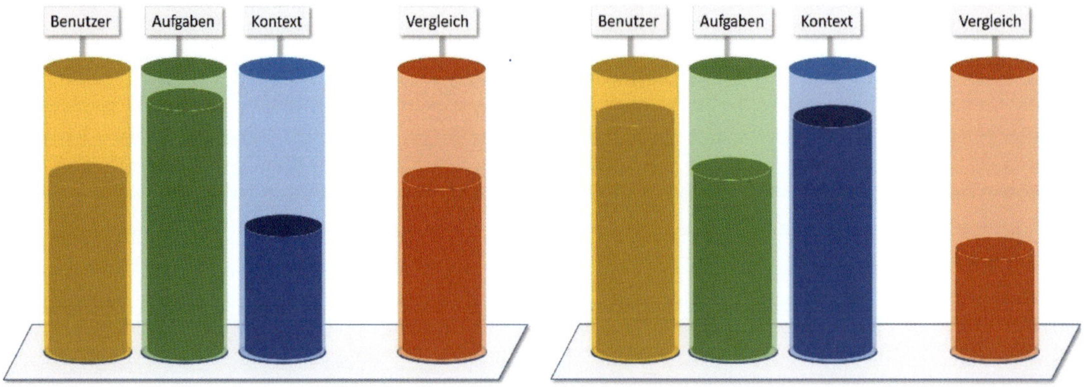

Beispiel 1: Flugraumüberwachung *Beispiel 2: Verkehrsinformation*

Abbildung 63: Die Notwendigkeit von Analyseaktivitäten ist systemspezifisch

Ad Beispiel 1: Flugraumüberwachung: Die Entwicklung eines neuen Systems für Fluglotsen, deren Arbeitsbedingungen (physikalischer Kontext) in einer Bodenkontrollanlage bekannt, weil streng standardisiert sind, wird weniger Analyse des Kontexts erfordern, sondern die Aufgaben in den Mittelpunkt stellen. Auch die Lotsen, die strenge Auswahlverfahren bereits zu Beginn der Ausbildung durchlaufen, stellen eine recht homogene Benutzergruppe dar, die natürlich nicht außer Acht gelassen werden darf, aber nicht den Fokus darstellt. Jedoch wäre es sinnvoll, vergleichbare Systeme genauer zu betrachten.

Ad Beispiel 2: Verkehrsinformations-App:

Die Benutzergruppen einer Verkehrsinformations-App sind sehr heterogen, weshalb sie im Detail betrachtet werden sollten. Die Aufgaben in einem entsprechenden System sind wichtig, wobei der Benutzungskontext bei den Aufgaben eine besonders wichtige Rolle spielt. Es existieren viele einfach zugängliche Vergleichssysteme, die betrachtet werden können, um von ihnen zu lernen. Da diese Systeme im Umfang aber eher überschaubar sind, ist der Aufwand auch nicht so hoch.

Diese Bestandteile der Nutzungsanforderung beschreiben, welche Fragestellungen bearbeitet, welche Aspekte berücksichtigt und welche Daten gesammelt werden müssen. In der Praxis werden diese Aspekte zumeist nicht als getrennte Aktivitäten gesehen, sondern greifen ineinander über. Je nach Projektplanung, User-Zugang, Kundeneinbindung etc. ergeben sich hier andere Vorgehensweisen. Es ist jedoch unbedingt notwendig, die inhaltlichen Ausrichtungen der Bestandteile getrennt darzustellen, um die Bedeutung der einzelnen Aspekte herauszuarbeiten.

Kontrollfragen

36) Welche der folgenden Analysearten ist keine der Säulen der Anforderungsanalyse?

A. Benutzeranalyse

B. Kontextanalyse

C. Aufgabenanalyse (Taskanalyse)

D. Technikanalyse

37) Welche Aussage ist richtig?

A. Alle Säulen/Bestandteile der Anforderungsanalyse sind immer gleich wichtig.

B. Die Säulen/Bestandteile der Anforderungsanalyse sind projektspezifisch zu definieren.

C. Die Aufgabenanalyse ist immer das Wichtigste.

D. Die Benutzeranalyse ist immer das Wichtigste.

7.1 Benutzeranalyse

Die Benutzer eines Systems sind vielfältiger Natur. Bei manchen Systemen scheint tatsächlich „jeder" ein potenzieller Benutzer zu sein, bei anderen Systemen ist die Gruppe so klein, dass man jeden Benutzer sogar per Namen kennt. Aber auch wenn es den Anschein hat, „jeder" könne ein Benutzer sein, so gibt es für jedes System oder Produkt dennoch eine Zielgruppendefinition von Marketing, Business Development oder sonstigen Verantwortlichen. Diese muss gegebenenfalls herangezogen werden, um darauf aufbauend Benutzercharakteristika zu bestimmen. Ebenso wie „jeder" auf der Straße an einem Plakat für einen Luxuswagen, eine Zahnpasta oder ein Katzenfutter vorbeigeht, ist sicher nicht „jeder" die Zielgruppe des werbenden Unternehmens.

Die Benutzeranalyse beschäftigt sich damit, alle Charakteristika der zukünftigen Benutzer zu betrachten, die Einfluss auf die Benutzung haben könn(t)en. Nach einer genauen Beurteilung der Charakteristika kann meistens der Einfluss von einigen auf die Benutzung ausgeschlossen werden.

Beispiel: Bei der Benutzeranalyse für einen neuen Fahrkartenautomat kann die rechts- oder linkshändige Bedienung als Einflusskriterium ausgeschlossen werden, da die eingesetzten Bildschirme über einen sehr weiten Sichtwinkel verfügen und die Position vor dem Bildschirm daher für die Lesbarkeit keine Rolle spielt. Die Körpergröße hingegen kann für die Erreichbarkeit von Bedienelementen entscheidend sein und muss berücksichtigt werden.

Manche Charakteristika der Benutzer sind augenscheinlich, wie z. B. die bereits angeführte Körpergröße bei der Einstellung des Fahrersitzes eines PKW. In anderen Fällen sind einzelne Charakteristika nicht so offensichtlich, beispielsweise die Ortskenntnisse des Benutzers bei der Darstellung eines Verkehrsverbundes.

Es gibt einige Charakteristika, die für fast jedes System beurteilt werden müssen. Die Wichtigsten davon sind folgende (diese Auflistung gibt einen Überblick über die gängigsten Charakteristika; je nach System können noch andere Aspekte relevant sein):

7.1.1 Allgemeines Computerwissen und Technologieverständnis

Die Benutzung eines technischen Gerätes erfordert in den meisten Fällen ein Mindestmaß an Verständnis für die zugrunde liegenden Technologien. Je nachdem, um was für ein System es sich handelt, kann dieses anders und mehr oder weniger detailliert sein. So benötigt der Benutzer für die Bedienung eines Kaffeeautomaten nur geringfügige Kenntnisse, wohingegen die Bedienung eines Fahrkartenautomaten bereits etwas mehr erfordert. Eine App am Handy wiederum erfordert weniger als eine Buchhaltungssoftware. Alle Fälle haben jedoch gemein, dass der Benutzer nicht wissen muss, wie das System technisch implementiert ist.

Die erforderlichen Kenntnisse lassen sich je nach System nahezu endlos steigern, denkt man z. B. an die hochkomplexen Steuerungs- und Analyseanlagen eines Teilchenbeschleunigers, deren Betrieb eigentlich eine ständige Um- bzw. Neuprogrammierung bestimmter Komponenten bedeutet.

Die Kenntnis des technischen Know-hows der Benutzer ist beispielsweise relevant für die Gestaltung der Benutzerführung, für die abzuschätzende Gefahr von Benutzungsfehlern und für den Einsatz von Icons und Patterns oder das verwendete Vokabular.

7.1.2 Domain bzw. Fachwissen

Jedes System ist irgendeinem (oder mehreren) Fachbereich(en) zuzuordnen. Das Wissen über diesen Bereich gestaltet den Zugang des Benutzers zu dem System bzw. seine Fähigkeiten, sich in dem System zurechtzufinden. So kann der Benutzer auf guter Fachkenntnis aufbauen, um die Strukturen und Abläufe eines Systems zu verstehen. Wenn der Benutzer beispielsweise weiß, dass er ein Produkt erst in den Warenkorb legen muss, bevor er bezahlen kann, dann wird er nach der Auswahl eines Produktes nach einem Warenkorb suchen. Hat er diese Fachkenntnis nicht, so sucht er möglicherweise direkt nach einer „Bezahlen“-Funktion.

Andererseits kann ein gutes UX-Design einen Benutzer aber auch durch ein System führen, wenn dieser nur über geringe oder keine Fachkenntnis verfügt. Moderne Backöfen z. B. verfügen über umfangreiche Programme zur Zubereitung von Gerichten. So leitet die Benutzerführung des

Backofens den Koch Schritt für Schritt durch die Zubereitung eines Huhns: Er schlägt verschiedenste Zubereitungsvarianten des Huhns vor, fragt dann, wie schwer das zu kochende Exemplar ist und wann er fertig sein soll. Dann erledigt der Backofen die Zubereitung und der Koch kann ohne Fachkenntnis zur Huhn-Zubereitung kochen bzw. den Backofen nutzen.

Wenn das zu entwickelnde System sehr viel Fachwissen in einer Domain erfordert, kann es notwendig sein, verschiedene Ausprägungen dieses Fachwissens zu unterscheiden (z. B. Anfänger versus Experten). Es wurde bereits behandelt, dass es nicht valide ist, Personen eine Selbsteinschätzung ihrer Fähigkeiten oder Kenntnisse vornehmen zu lassen.

Die Kenntnis des relevanten Domain- bzw. Fachwissens der Benutzer zu kennen ist beispielsweise relevant für die gewählte Terminologie, die Informationsstruktur, den vorgegeben Ablauf oder die Freiheitsgrade in der Bedienung.

7.1.3 Alter, Geschlecht

Alter und Geschlecht haben einen bedeutenden Einfluss auf die Benutzung eines Systems bzw. auf die Einstellung gegenüber einem System. Die Unterschiede zwischen den Geschlechtern bzw. Altersgruppen liegen nicht nur in den Präferenzen für Inhalte oder Kommunikationsstile. Auch bezüglich der Herangehensweise und Attribuierung im Falle von Problemen gibt es Unterschiede. Jedoch besteht gerade bei Alter und Geschlecht die Gefahr, dass im UX-Design zu schnell pauschaliert bzw. stereotypisiert wird. Vorurteilen wie „Junge lesen ja nicht genau, was auf dem Bildschirm steht“ oder „Frauen verstehen nicht, warum die Heizungssteuerung das nicht kann“ muss bewusst entgegengesteuert werden.

Die Kenntnis der Alters- und Geschlechtsverteilung der Benutzer ist auch relevant für die gewählten Begriffswelten, die Ansprache der Benutzer, die zu erwartende Genauigkeit, mit der Benutzer sich mit dem System auseinandersetzen werden oder das technologische Hintergrundwissen. Diese Aspekte sind immer im Zusammenhang mit dem zu entwickelnden System zu sehen und sollten keinesfalls losgelöst von einem konkreten UX-Design stereotypisiert werden.

7.1.4 Physische und psychische Eigenschaften

Physische Eigenheiten der Benutzer können eine Einschränkung bei der Benutzung bringen. Eigenheiten wie reduzierte Sehschärfe (grundsätzliche Sehschwäche oder verminderte Akkommodation der Augen ca. ab 40 Jahren), reduzierte Feinmotorik der Hände im Alter oder Farbenblindheit (bei ca. 9 % der männlichen und 0,8% der weiblichen Bevölkerung) sind auch in sehr breiten Benutzergruppen allgegenwärtig und finden dennoch zu wenig Beachtung. Auch die Körpergröße oder Links- bzw. Rechtshändigkeit kann durch den unterschiedlichen Blickwinkel auf ein Bedienelement bei Automaten einen derartigen Einfluss haben, dass die Bedienung nahezu unmöglich wird.

Psychische Eigenheiten betreffen vorwiegend die konzentrationsbezogene und emotionale Verfassung, in der sich ein Benutzer in der Anwendungssituation befindet. Diese Verfassung kann durch ein grundlegendes Persönlichkeitsmerkmal begründet oder aber in dem speziellen Anwendungskontext hervorgerufen worden sein. So ist nachgewiesen, dass eine als stressbelastet empfundene Situation die Fähigkeit des Benutzers, mit einem System umzugehen bzw. zu arbeiten, deutlich einschränkt. Ebenso kann beispielsweise eine übertriebene Euphorie die Sorgfalt und Kritikfähigkeit eines Benutzers einschränken.

Physische und psychische Eigenschaften der Benutzer sind in den meisten Fällen innerhalb der Bevölkerung normalverteilt und bedürfen daher immer eines besonderen Augenmerks, da sie fast immer einen Teil der angestrebten Benutzer betreffen.

Die Kenntnis der physischen und psychischen Eigenheiten der Benutzer ist beispielsweise relevant für sinnesbezogene Aspekte (einstellbare Schriftgrößen, Lautstärkeregelungen etc.), für die Größen der klickbaren bzw. Touch-sensitiven Bereiche von Bedienelementen, die Fehlertoleranz (Reduktion des Stresslevels) oder die Farbgestaltung (Farbenblindheit, emotionale Wirkung).

7.1.5 Kultureller Hintergrund

Der kulturelle Hintergrund von Benutzern im Umgang mit einem System ist nicht nur bei der Differenzierung zwischen weltweiten Kulturkreisen entscheidend. Auch im Kleineren gibt es bereits wesentliche Unterschiede, die – bei manchen Systemen – die Usability beeinflussen. So ist in einer kleinen ländlichen Gemeinde, in der sich alle Bewohner persönlich kennen, ein anderer kultureller und sozialer Hintergrund vorhanden als in einer anonymen Großstadt. Betrachtet man aber Subkulturen (z. B. Jugendkulturen, religiöse Gemeinschaften, Sportvereine), so sind diese wiederum anders. Beim Design der UX für ein System ist es entscheidend zu wissen, inwieweit spezielle Kulturaspekte relevant sind.

Kulturelle Einflussfaktoren zu kennen ist unter anderem relevant für die Gestaltung bzw. Einbindung von Bildmaterial, Icons oder Musik ebenso wie für die verwendeten Farben, Begriffe und Metaphern (Symbole).

7.1.6 Sonstiges Wissen, Kenntnisse (Ausbildung, Job, Interessen, ...)

Je nach Inhalt bzw. Anwendungsbereich des Systems können noch viele andere positive oder negative Einflussfaktoren auftreten, die durch (vorhandene oder mangelnde) Kenntnisse bzw. Fähigkeiten der Benutzer auftreten. Es ist daher für das UX-Design wichtig zu bestimmen, welche

Kenntnisse bzw. Fähigkeiten für das vorliegende System wichtig sind bzw. welche vielleicht sogar hinderlich sein könnten. So kann z. B. der Umstieg von einem iPhone auf ein Android-Mobiletelefon (oder umgekehrt) durchaus zu hinderlichen Umstellungsschwierigkeiten beim Benutzer führen. Andererseits kann das Beherrschen eines Navigationsgerätes die Bedienung eines anderen Navigationsgerätes vereinfachen, da Navigationsgeräte (meistens) sehr vergleichbare Konzepte verwenden.

7.2 Benutzergruppen

Anhand der Benutzercharakteristika können nun Benutzergruppen identifiziert werden. Eine Benutzergruppe umfasst die Menge von Benutzern, die in ihren Eigenschaften, Kenntnissen und Erwartungshaltungen gegenüber einem bestimmten System als homogen zu bewerten ist. Bei manchen Systemen oder Benutzern ist es recht einfach, gute, aussagekräftige Benutzergruppen zu bilden, bei anderen Systemen hingegen kann es schwieriger sein. Die Benutzergruppe darf nicht der Käufergruppe gleichgesetzt werden, da derjenige, der ein System kauft (oder die Kaufentscheidung trifft), keineswegs der sein muss, der das System auch tatsächlich bedient.

Eventuell muss eine Benutzergruppendefinition unter Berücksichtigung der Aufgabenanalyse vorgenommen werden, wenn unterschiedliche Benutzer auch sehr unterschiedliche Aufgaben in dem betroffenen System durchführen.

Bei (fast) jedem System gibt es Benutzer(gruppen), die wichtiger sind und solche, die nicht so wichtig sind. „Wichtig“ kann den kommerziellen Erfolg eines Systems betreffen, die Sicherheit von Daten oder Resultaten oder aber auch die Häufigkeit der Benutzung und daraus resultierende Aufwände. Entsprechend der betreffenden Wichtigkeit werden Benutzergruppen priorisiert, d. h. deren Anforderungen an das UX-Design in den Vordergrund gestellt.

Man unterscheidet daher primäre und sekundäre Benutzergruppen. Eine primäre Benutzergruppe umfasst jene Benutzer, deren Anforderungen an das System als vorrangig gesehen werden. Die Anforderungen von sekundären Benutzergruppen müssen zwar möglichst gut (benutzerorientiert und funktional) umgesetzt werden, stehen jedoch hinter jenen der primären Benutzergruppe an. Sekundäre Benutzergruppen sind üblicherweise eher mit Aufgaben wie Wartung oder Training zuständig.

Beispiel: Bedienelement eines Smart Home

- ✓ Primäre Benutzergruppe: Erwachsene Bewohner des Hauses,
- ✓ Sekundäre Benutzergruppe(n): Haustechniker/Support, eventuell Kinder, Gäste.

Das Bedienelement soll im Alltag von der primären Benutzergruppe, den erwachsenen Bewohnern, optimal (effizient, effektiv und fehlerrobust) zu bedienen sein. Seltenere Benutzergruppen sollen das System auch bedienen können, aber ihre Benutzungsqualität wird, wenn notwendig, auf Kosten der primären Benutzergruppe etwas reduziert (z B. durch zusätzliche Schritte im Menü, eine Passwortabfrage etc.).

Es scheint oftmals wesentlich einfacher zu sein, ein Design für eine kleine, bekannte Gruppe von Benutzern zu optimieren (im Sinne einer Auftragsentwicklung für einen bekannten Kunden oder Inhouse-Entwicklung eines Arbeitstools). In einigen Fällen trifft dies auch zu, aber keinesfalls ist diese Annahme für alle Entwicklungen zu verallgemeinern. Es kann in solchen Projekten zu folgenden (oft unerwarteten Probleme kommen):

- ✓ Die Erwartungshaltung der Benutzer ist hoch, die Toleranzschwelle niedrig, wenn es um die Usability des Endproduktes geht.
- ✓ Jeder einzelne Benutzer fühlt sich schneller übergangen, wenn genau seine Wünsche/Ideen/Anforderungen nicht umgesetzt werden. (Kann zu massiver Abwehrhaltung führen.)
- ✓ Unerwünschte (aber vom Management geforderte oder notwendige) Abänderungen in der Art und Weise, wie Benutzer Aufgaben erledigen werden, können als schlechte Usability empfunden werden.
- ✓ Benutzer verstehen sich möglicherweise als Designer und den UX-Verantwortlichen nur als „Umsetzer".
- ✓ Die Gefahr, alle Benutzer als gleich, ohne individuelle Charakteristika und Herangehensweisen einzustufen, ist größer.

Die Charakteristika der Benutzer spielen aber in jedem Fall, unabhängig vom Umfang oder der Homo- bzw. Heterogenität der Benutzergruppe(n), eine maßgebliche Rolle für das Design.

Benutzergruppen zu definieren ist eine sehr wichtige Maßnahme, um nicht Gefahr zu laufen, Benutzer zu pauschalieren oder zu stereotypisieren und den Blick auf den Menschen zu vergessen. Um Benutzergruppen noch besser verständlich bzw. nachvollziehbar zu machen, gibt es die Methode der Personas.

7.3 Personas

Personas sind fiktive, eigens konstruierte Personen, die jeweils zukünftige Benutzer repräsentieren. Die Zielsetzung der Arbeit mit Personas ist es, die zukünftigen Benutzer besser vorstellbar und erlebbar zu machen und so ihre Bedürfnisse besser berücksichtigen zu können. Sie dienen daher vor allem folgenden Zwecken:

- ✓ den Benutzer als „abstraktes Wesen", dem man beliebig alle Fähigkeiten zuordnen kann, zu eliminieren,
- ✓ Benutzer als Menschen mit Fähigkeiten und Kenntnissen, aber auch Schwächen und Emotionen spürbar zu machen,

- ✓ konkrete Menschen (eben die Personas) im Entwicklungsprozess zu berücksichtigen, wobei alle im Entwicklungsteam ein relativ gleiches Bild von dieser Person haben.

Idealerweise werden für jede Benutzergruppe mindestens 1 bis 2 Personas entwickelt.

Um eine Persona „zum Leben zu erwecken", bekommt sie zumindest

- ✓ einen realistischen Namen,
- ✓ ein optisches Erscheinungsbild (Foto),
- ✓ einen demografischen Hintergrund (Alter, Wohnort, Ausbildung, Beruf, Familienstand),
- ✓ Eigenschaften, Motivation („geduldig", „gestresst" etc.),
- ✓ relevante technische Kenntnisse
- ✓ Domainwissen des entsprechenden Systems

Für jedes System oder auch für verschiedene Teilbereiche eines Systems spielen andere Benutzercharakteristika eine bedeutendere Rolle; diese sollten dann auch in den Personas entsprechend hervorgehoben und differenziert werden.

Personas können in verschiedensten Formaten dargestellt werden, wobei jede Form Vor- bzw. Nachteile hat.

7.3.1 Personas als beschreibender Text

Ein in natürlicher Sprache beschreibender Text macht es einfacher, die Person „greifbar" darzustellen. Die Verwendung von Attributen und die Darstellung der möglichen Benutzung als Geschichte macht die Persona interessant. Der Umfang sollte die Größe einer DIN-A4-Seite nicht überschreiten und die wichtigsten Attribute oder Begriffe sollten visuell hervorgehoben werden, um diese später besser erinnerbar zu machen. Personas in Textform beinhalten oft auch schon einige Benutzungsaspekte, da auch dies hilft, die Person gut zu verstehen. Ein Foto darf bei keiner Persona fehlen!

Nachteil: Um die Persona schnell zu erfassen oder sich schnell an sie zu erinnern, ist eine Textdarstellung komplizierter, weil es mehr Zeit erfordert, sie vollständig zu erfassen.

7.3.2 Persona als Chart

Eine Tabelle stellt die für das System relevanten Charakteristika der Persona dar. Es werden oft auch Balkendiagramme verwendet, um die Ausprägung von Charakteristika darzustellen. Der Vorteil einer tabellarischen Darstellung liegt in dem hohen Erinnerungswert. Die Person wird richtig

„greifbar“, wenn jemand die Person in natürlicher Sprache vorstellt. Auch hier ist ein Foto unbedingt notwendig.

Fallbeispiel 7: „Persona für SchulApp MySchool-ABC“

MySchool-ABC ist eine App, die Eltern von Schülern helfen soll, die Aktivitäten der Kinder in der Schule zu verfolgen. Sie bietet den tagesaktuellen Stundenplan, Schularbeitstermine, Lehrer tragen die Hausübungen ein und kommunizieren ggf. über eine Nachrichtenfunktion mit den Eltern.

Persona als Text

Marlene Schichter ist **32 Jahre** alt, begeisterte Mountainbikerin, liebt klassische Musik und verwöhnt ihre Familie gern mit ihrer Leidenschaft fürs Backen. Sie lebt mit ihrem Mann Bernhard und ihren beiden **Kindern Sophie (8 Jahre) und Stephan (10 Jahre)** in Gollhof, einem kleinen Ort in Tirol. Marlene hat an der **Universität für Bodenkultur Wasserwirtschaft und Ökonomie studiert**, allerdings arbeitet sie jetzt wegen der Kinder **als Ordinationshilfe** bei einem Tierarzt, der nur ein paar Minuten mit dem **Fahrrad** von ihrem Haus entfernt seine Ordination hat. Es war für sie **nicht möglich, einen ihrer Ausbildung entsprechenden Job** in der Nähe zu finden. Ihre Arbeitszeit umfasst 3 Vormittage und 3 Nachmittage. Wenn die Kinder größer sind, will sie sich aber wieder einen **„passenderen“ Job suchen**, auch wenn sie dafür eine längere Anreise in Kauf nehmen müsste. Ihr Mann arbeitet als Softwareentwickler in der nächsten Stadt, ca. 30 Minuten mit dem Auto entfernt.
Marlene arbeitet gern mit Menschen und Tieren, **moderne Technologien nutzt sie nur, wenn notwendig.** Im Job nutzt sie eine **Praxisverwaltungssoftware.** Privat verwendet sie ihr Smartphone (**SMS und WhatsApp**), um mit der Familie und Freunden in Kontakt zu sein, aber sonstige Social Media will sie für sich und auch für ihre Kinder nicht. Auf dem **Familien-PC zu Hause erledigt sie Überweisungen, Ticketkäufe und recherchiert** ab und zu etwas im Internet.

Persona als Tabelle (Chart)

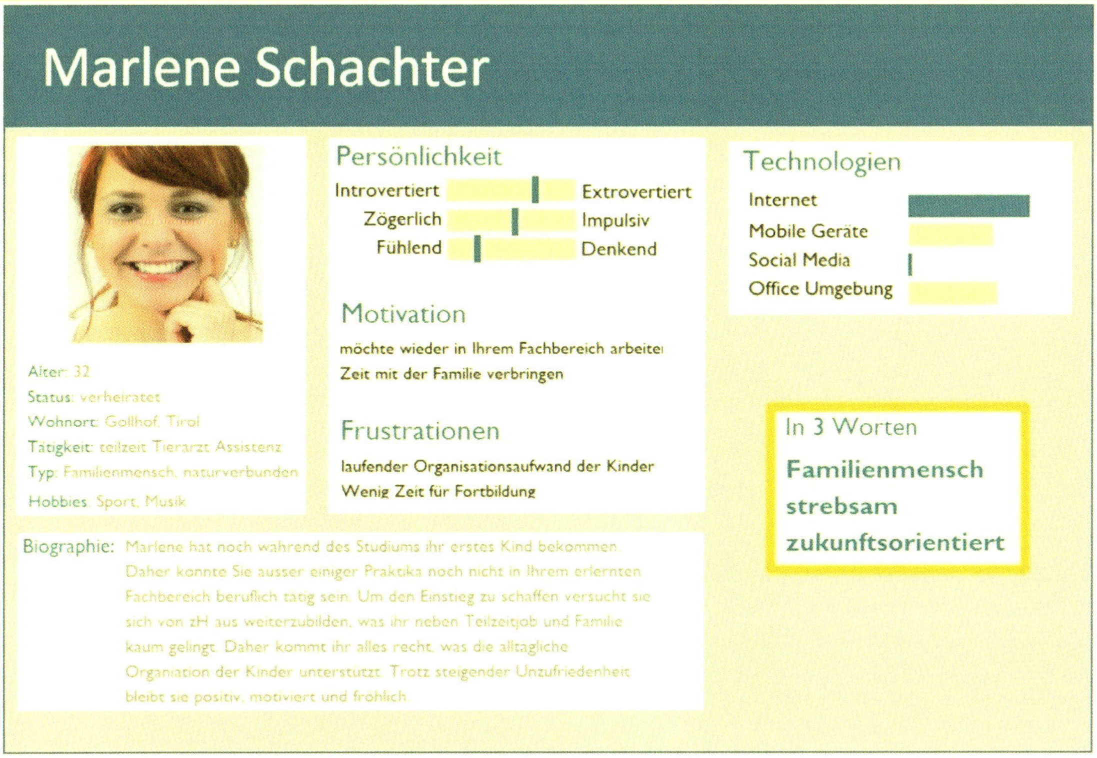

Es macht einen großen Unterschied für die qualitativen Ergebnisse von Diskussionen, Workshops oder sonstigen Aktivitäten des Entwicklungsteams, wenn nicht abstrakt von „dem Benutzer“ gesprochen wird. Bezieht man sich ganz konkret auf die Person(a) Marlene Schichter bzw. ihre Anforderungen, verhindert dies, dass man Benutzer stereotypisiert und pauschaliert.

Kontrollfragen

38) Was ist eine sekundäre Benutzergruppe? Eine Gruppe von Benutzern, die ...

A. das System seltener und eher für Aktivitäten wie Wartung und Training nutzt.
B. erst in dem nächsten Release/in der nächsten Version berücksichtigt wird.
C. durch zwei wesentliche Merkmale definiert werden kann.
D. ihre Bedeutung durch kurze Durchführungszeiten der wichtigsten Aufgaben zeigt.

39) Für welchen Bestandteil eines Systems ist das systemspezifische Fachwissen (in den meisten Fällen) NICHT bedeutend?

A. Informationsarchitektur
B. Textierung
C. Standard-Icons
D. Fehlermeldungen

7.4 Aufgaben-/Taskanalyse

Benutzer haben (fast immer) eine konkrete Aufgabe im Kopf, wenn sie ein System benutzen. Dies trifft auf jegliche Art von System zu, sei es im beruflichen oder privaten Umfeld, im Internet oder offline am PC, an einem Automaten oder einer Anzeigetafel.

Bei einer Aufgabe handelt es sich um ein Konstrukt (im Kopf) des Benutzers, das er losgelöst von dem konkreten interaktiven System hat. Das interaktive System ist hierbei für den Benutzer nur ein Werkzeug für die Aufgabendurchführung und nicht synonym mit der Aufgabe zu verstehen. Diese Betrachtung der Aufgaben der Benutzer macht es einfacher, Erfordernisse abzuleiten, d. h. Informationen, Aktionen oder Reaktionen, die für die Aufgabe relevant sind, zu identifizieren. Daraus können dann wiederum Anforderungen (Nutzungsanforderungen) an das zu entwickelnde System aufgestellt werden.

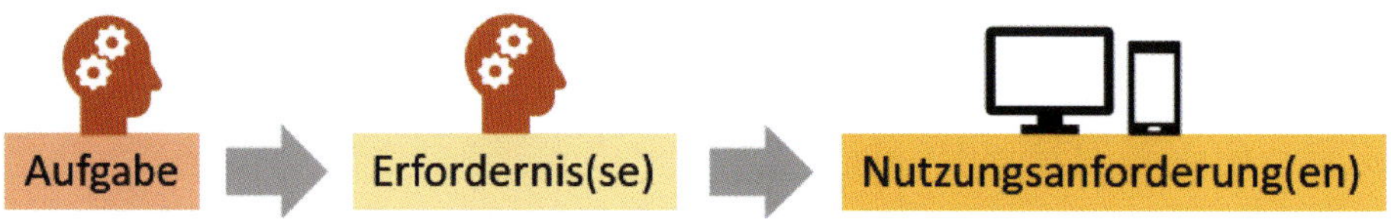

Abbildung 64: Von der Aufgabe zur Anforderung

Aufgaben von Benutzern gehören sehr häufig zu einem der folgenden Beispiele:

- ✓ eine konkrete Information suchen,
- ✓ einen Arbeitsauftrag erledigen,
- ✓ etwas kaufen bzw. bestellen,
- ✓ mit jemandem kommunizieren,
- ✓ einen Status überprüfen.

Für gutes UX-Design ist es entscheidend, diese Aufgabe aus der Perspektive der Benutzer zu sehen. Nicht die technischen, funktionalen Schritte der Aufgabenausführung sind entscheidend, sondern das, was der Benutzer über die Aufgabe im Kopf hat.

Beispiel: Wenn ein Benutzer zu einem Geldautomaten geht, ist die Aufgabe, die er im Kopf hat, „Ich möchte 100 EUR abheben" und nicht „Ich möchte die Karte einführen, meinen PIN-Code 1234 eingeben, den Betrag von 100 EUR auswählen etc.".

Abbildung 65: Benutzer bei einem Geldautomat

Wie man an diesem Beispiel gut erkennen kann, ist es interessant, mit welchen Begriffen ein Benutzer von seiner Aktivität spricht, z. B. Geld „holen", „abheben" oder „beheben" etc. Diese Begriffswelten müssen dann auch im UX-Design abgebildet werden.

In manchen Fällen haben Benutzer dabei ein konkretes Ergebnis im Sinn („Ich muss eine neue XL-Farbpatrone Magenta für meinen Drucker, Modell 123, kaufen"), in anderen Fällen ist das Ziel klar, das Ergebnis aber noch nicht („Ich muss überprüfen, wer den heurigen Mitgliedsbeitrag unseres Tennisvereins noch nicht bezahlt hat").

In der Aufgabenanalyse geht es darum, alle Aufgaben zu bestimmen, die die Benutzer mit dem entsprechenden System erledigen werden, um diese optimal abbilden zu können. Jede Task-Analysemethode beruht darauf, eine Aufgabe in ihre einzelnen Bestandteile (Subaufgaben) zu zerlegen. Nicht jeder Benutzer erfüllt seine Aufgaben in der gleichen Art und Weise, es können sich daher bei unterschiedlichen Benutzern auch unterschiedliche Subtasks ergeben.

Definition Taskanalyse: A task analysis is the analysis of how a task is accomplished, including a detailed description of both manual and mental activities, task and element durations, task frequency, task complexity, environmental conditions, necessary clothing and equipment, and any other unique factors involved in or required for one or more people to perform a given task. (Zitat aus Kirwan B., Ainsworth L. K. (Hrsg.). (1992). A guide to task analysis. Philadelphia, PA, US: Taylor & Francis.)

Übersetzung: Eine Aufgabenanalyse ist die Analyse dessen, wie eine Aufgabe erledigt wird, inklusive einer genauen Beschreibung sowohl mentaler als auch physischer Aktivitäten, Dauer und Häufigkeit der Aufgaben bzw. ihrer Elemente, der Aufgabenkomplexität, der Umgebungsfaktoren, notwendiger Ausrüstung bzw. Materialien und anderer Faktoren, welche für die Ausführung der Aufgabe durch eine oder mehrere Personen relevant sind.

Es werden 2 Arten von Aufgaben/Tasks unterschieden, die Aktions- und die Kognitionsgetriebene Aufgabe.

Aktionsgetriebene Aufgabe

Abbildung 66: Aktion

Sie fokussiert die erforderlichen Handlungen, die der Benutzer ausführen muss (z. B. manuelle Tätigkeiten, Bewegungen oder Objektmanipulationen). Benutzer können bei der Durchführung dieser Aufgaben beobachtet werden und sie können sich bei einer Befragung auch selbst besser daran erinnern.

Kognitionsgetriebene Aufgabe

Abbildung 67: Kognition

Sie fokussiert die mentalen Prozesse, die der Benutzer durchläuft, wenn er eine Aufgabenstellung bearbeitet. Diese beinhalten wichtige kognitive Aspekte der Entscheidungsfindung, des Problemlösens, der Aufmerksamkeit und des Gedächtnisses.

In der Aufgabenanalyse ist es von entscheidender Bedeutung, dass auch die kognitionsbetriebenen Aufgaben bzw. Subaufgaben betrachtet werden, um sie im resultierenden UX-Design unterstützen zu können. Da diese oftmals nahezu unsichtbar vonstattengehen, werden sie leicht übersehen.

Die Anzahl der Aufgaben ist bei den meisten Systemen sehr hoch. Deswegen müssen Aufgaben kategorisiert und priorisiert werden. Dabei unterscheidet man folgende Aufgaben.

7.4.1 Primäre Aufgaben oder Schlüsselaufgaben

Dies sind die häufigsten, wichtigsten Aufgaben der priorisierten Benutzergruppe(n). Es sind also jene Aufgaben, deren Erledigung ein hohes Maß an Effizienz und Effektivität erreichen soll. Zumeist tragen diese Aufgaben auch zum wirtschaftlichen bzw. ökonomischen Erfolg eines Systems bei.

Beispiel: Kontaktverwaltung eines Smartphones: Anlegen von neuen Kontakten, Ändern von Details, Funktionen (Anrufen, Nachricht Schreiben etc.).

7.4.2 Sekundäre Aufgaben

Dies sind Aufgaben, die auch in dem System erledigt werden können bzw. müssen. Sie werden aber nur selten oder nur von einer sekundären Benutzergruppe durchgeführt.

Beispiel: Kontaktverwaltung eines Smartphones: Verknüpfen von Kontaktinformationen, Ändern des Speicherortes einzelner Kontakte.

7.4.3 Kritische Aufgaben

Dies sind Aufgaben, deren fehlerhafte Durchführung zu kritischen Ereignissen bzw. Situationen führen kann und deren korrekte Durchführung eine hohe Priorität hat. Zumeist ist hier eine strenge Benutzerführung sinnvoll.

Beispiel: Kontaktverwaltung eines Smartphones: Kopieren aller Kontakte vom Telefon auf eine Speicherkarte und gleichzeitiges Löschen aller Kontakte aus dem Telefon.

Folgende Fragestellungen sind in der Aufgabenanalyse zu beantworten:

Welche Aufgaben werden die unterschiedlichen Benutzer in dem System durchführen?

- ✓ In welche Subaufgaben lassen sich diese Aufgabe zerlegen?
- ✓ Welche Ziele hat die konkrete Aufgabe bzw. Subaufgabe?
- ✓ Wann ist sie abgeschlossen?
- ✓ Was wird der Benutzer für die Ausführung dieser Aufgabe benötigen? (Informationen von einer externen Quelle, z. B. einem Kunden am Telefon?)
- ✓ Wann und in welcher Form wird er diese Informationen benötigen?

Erst die detaillierte Kenntnis der Aufgaben der verschiedenen Benutzer macht es dem UX-Design-Team möglich, diese Aufgaben im User Interface verständlich abzubilden. Kennt man die Aufgaben aus Sicht der Benutzer nicht, so kann das System zwar vielleicht trotzdem alle notwendigen Funktionen anbieten, aber in einer Art und Weise, die für den Benutzer in seiner Tätigkeit eher hinderlich als unterstützend ist.

Wie werden die Benutzer diese Aufgaben ausführen wollen?

- ✓ Wie gehen Benutzer an die Aufgabe heran (Versuch und Irrtum, erst lesen etc.)?
- ✓ Welche Variationen der Herangehensweisen sind denkbar?
- ✓ Werden alle Benutzergruppen jede Aufgabe gleich ausführen?

Heutzutage ermöglichen manche Systeme nur eine Art der Aufgabenausführung (z. B. Ticketautomat), andere können dem Benutzer bereits mehr Flexibilität bieten. Bei neuen UX-Designs ist es erstrebenswert, den Benutzern die Flexibilität bzw. Individualität zu bieten, die sie für eine individuell optimale Aufgabenausführung benötigen.

Wie häufig werden Benutzer diese Aufgaben ausführen wollen?

Bei häufiger Nutzung kann eine *wohldefinierte* Lernphase eher vertretbar sein, wenn dafür die spätere Effizienz und Effektivität steigern kann (*wohldefiniert* ist je nach System relativ zu sehen: ein berufliches Produktivsystem ist anders zu sehen als eine mobile Fun-App).

Unter welchen Rahmenbedingungen werden sie diese Aufgabe durchführen?

An dieser Stelle ist der Zusammenhang zwischen der Aufgabenanalyse und der Kontextanalyse sichtbar (siehe Kontextanalyse).

In welcher Art und Weise die Aufgaben erfasst bzw. dokumentiert werden, hängt von der Entwicklungsumgebung, dem Prozess bzw. dem Unternehmen ab. Es stehen zahlreiche Tools zur Verfügung.

Kontrollfragen

40) Welche zwei Arten von Tasks werden unterschieden?

A. Selektions- und aktionsgetriebene

B. Aktions- und kognitionsgetriebe

C. Kognitions- und selektionsgetriebene

D. Aktions- und reaktionsgetriebene

41) Welches der folgenden Charakteristika ist kein bedeutendes Task-Charakteristikum?

A. Häufigkeit

B. Dauer

C. Benötigtes Equipment

D. Beschreibungsfähigkeit

7.5 Kontextanalyse

Die Usability eines Systems bzw. die User Experience ist maßgeblich davon abhängig, in welchem Kontext die Nutzung stattfindet. Nur wenn man die unterschiedlichen Anwendungskontexte kennt, kann man das System dahingehend optimieren.

In vielen Fällen ist es augenscheinlich, welchen Einfluss der Kontext auf die Benutzung nimmt, beispielsweise bei der Bedienung eines Smartphones mit Handschuhen oder bei der Sonneneinstrahlung auf ein Display im Sommer. In anderen Fällen bedarf es einer genaueren Überlegung, welcher Kontext ein Problem darstellen oder eine zusätzliche Anforderung stellen könnte. So kann beispielsweise die Nutzung eines Fahrkartenautomaten direkt in einem Bus problemlos sein, wenn der Bus steht, allerdings problematisch, wenn dieser fährt.

Beispiel: Eine Mobile Banking App kann gut funktionieren, wenn der Benutzer diese in seiner privaten Umgebung verwendet, aber der öffentliche Raum kann oft zu wenig subjektive Sicherheit bieten. Folgende Bilder aus dem Umfeld der öffentlichen Verkehrsmittel veranschaulichen dies. In welcher Situation würden sich Benutzer wohlfühlen, private Bankgeschäfte auf ihrem Smartphone zu tätigen? Warum?

Abbildung 68: Veranschaulichung unterschiedlicher Benutzungskontexte in einem Bahnhof; es ist auch hier entscheidend, ob der Benutzer den Kontext frei wählen kann

Wenn der Kontext eine entscheidende Rolle spielt, ist es wichtig festzustellen, ob der Benutzer den Nutzungskontext frei wählen kann. Für die Verwendung einer Mobile-Banking-App beispielsweise kann der Benutzer den Kontext frei wählen, hingegen für eine Benachrichtigungs-App nicht. Eine Nachricht kommt, wann immer der Sender sie schickt, es erfordert eine spezielle Funktion, dass der Benutzer einstellen kann, wann er Nachrichten erhalten kann (z. B. Flugmodus). Oder man bietet dem Benutzer die Möglichkeit einzustellen, wie sein Smartphone mit der Nachricht umgehen soll (auf lautlos stellen, LED blinken lassen etc.). Es ist also wichtig, dass der Benutzer in verschiedenen Nutzungskontexten unterschiedlich mit der App umgehen kann.

Zu den Kontextfaktoren zählen sowohl der externe physikalische Kontext (Licht, Temperatur etc.) und der persönliche psychologische Kontext (Stress, Privatsphäre, Motivation etc.) als auch der persönliche physische Kontext (Sitzposition, Bewegung, Handfreiheit etc.).

7.5.1 Externer Kontext

Der externe Kontext umfasst die physikalischen Gegebenheiten, die rund um die Nutzungssituation vorherrschen. Sie können in der Nutzungssituation stabil sein oder sich verändern.

Dazu zählen unter anderem:

Beispiele	
Lichtbedingungen	Sehr hell: Problem des schwer sichtbaren Displays (beim Smartphone: zu starke Helligkeitseistellungen steigern wiederum den Akkuverbrauch). Sehr dunkel: Helles Display blendet und tut in den Augen weh, stört vielleicht andere.
Temperaturen	Ist es sehr kalt, kann die erforderliche Kleidung die Bedienung behindern. Ist es sehr heiß, können schwitzende Hände die Berührungssensitivität von Displays stören.
Umgebung Geräusche, Lärm, in welcher Lautstärke	Umgebungsgeräusche beeinflussen die Wahrnehmung und Differenzierung akustischer Aspekte wie Sprachausgabe, Feedbacktöne oder Hintergrundmusik.
Räumliche Gegebenheiten	Fehlende Ablagemöglichkeiten für Papierausdrucke bei einer Druckerinsel in einem Büro sorgen dafür, dass Mitarbeiter Zeit damit verschwenden, wie sie die Ausdrucke handhaben sollen.

7.5.2 Persönlicher physikalischer Kontext (siehe auch Benutzeranalyse)

Beispiele	
Körper-eigenschaften	Fingerspannweite und Handgröße haben Einfluss auf Tastatur-Shortcuts, so kann bei einer Industrieanlage mit vorwiegend männlichen Benutzern die Durchschnittsweite etwas größer angenommen werden.
Körperposition	Die Benutzung eines Tablets im Sitzen ist wesentlich einfacher als die Benutzung im Gehen, da der Benutzer bzw. seine Schulter, Arm, Hand und Fingermuskulatur einen erhöhten Abstimmungsaufwand haben.
Kleidung bzw. sonstiges persönliches Zubehör	Stehen dem Benutzer beide Hände frei zur Verfügung oder hält er beispielsweise eine Hundeleine mit einem ziehenden Hund, einen dicken Mantel oder eine Tasche?

7.5.3 Persönlicher psychologischer Kontext (siehe auch Benutzeranalyse)

Beispiele	
Psychische Verfassung	Hat der Benutzer in Ruhe Zeit, sich die gewünschten Informationen zu suchen (z. B. Bahnsteig für einen Zug) oder ist er in Eile oder unter Stress (z. B. Zug fährt in 3 Minuten)?

Aufmerksamkeit des Benutzers gegenüber dem System	Beispiel 1: Bei der Verbuchung von Ein- und Ausgangsrechnungen in einer Buchhaltungssoftware wird der Benutzer laufend durch das Klingeln des Telefons, das er beantworten muss, gestört. Der Benutzer kann also seine Aufmerksamkeit nicht voll dem System widmen, er muss sich immer wieder neu orientieren oder sogar die Aufgabe unterbrechen, wenn er in dem System etwas anderes für den Anrufer erledigen muss. (In diesem Fall ist es auch in der Aufgabenanalyse notwendig, diese Unterbrechungen zu berücksichtigen.) Derartiges Arbeiten erhöht auch den Stressfaktor. Beispiel 2: Bei der Verwendung eines Navigationssystems sollen Benutzer ihre Aufmerksamkeit gar nicht vollständig dem System widmen, da sie sich ja eigentlich in der realen Welt orientieren müssen und das System nur ein Hilfsmittel darstellt.
Motivation des Benutzers	Verwendet der Benutzer das System freiwillig? Oder hat er z B. am Arbeitsplatz gar keine andere Möglichkeit? Wie ist seine Einstellung gegenüber dem System? Ein Benutzer verwendet freiwillig eine neue Fitness-App, um sein Lauftraining zu optimieren. Da er sie freiwillig nutzt, geht er offener und positiver damit um, was wiederum seine Fähigkeiten im Umgang mit dem System bzw. seine Bereitschaft, sich damit auseinanderzusetzen, erhöht. Ein anderer Benutzer wird im Rahmen einer Fitnessinitiative seines Arbeitgebers gezwungen, die App zu verwenden. Eine derartige Verpflichtung führt oft zu einer negativen Einstellung und daraus resultierender Demotivation, sich mit dem System zu beschäftigen. Entsprechend schlechter wird der Benutzer die App auch erlernen.

Kontrollfragen

42) Welcher der folgenden Kontexte ist keine Kontextart im Sinne der UX?

A. Persönlich-physikalischer Kontext

B. Persönlich-psychologischer Kontext

C. Externer Kontext

D. Systematischer Kontext

7.6 Vergleichs-/Konkurrenzanalyse

Benutzer verwenden heutzutage zahlreiche Systeme, aus deren Benutzung sie Erfahrungen in die Handhabung eines anderen Systems einbringen. Dies kann vorteilig oder nachteilig sein. Es ist daher entscheidend, möglicherweise Einfluss nehmende Systeme zu kennen, um deren Effekt ins Positive zu kehren. Einfluss nehmende Systeme können sowohl Systeme aus einem ähnlichen Fachbereich sein (z. B. Buchhaltungsprogramme) als auch Systeme, die vergleichbare Konzepte verwenden (z. B. Produktsuche eines Onlineshops) oder auch direkt eingebettete „Module" (z. B. interaktiver Stadtplan).

Es ist daher von großem Nutzen, einige relevante Vergleichssysteme genauer zu betrachten, um aus deren UX-Fehlern bzw. positiven Punkten zu lernen.

Kontrollfragen

43) Welches der folgenden Systeme wäre ein geeignetes Vergleichssystem für die Entwicklung eines Online-Kinoticketverkaufs?

A. Online-Theaterkartenverkauf
B. Online-Kinoabonnementverkauf
C. Online-Reisebüro
D. Jede Onlineplattform, die etwas verkauft

7.7 Benutzerszenarien

Szenarien sind kurze Geschichten über Menschen, die ein System benutzen. Sie werden in alltäglicher Sprache formuliert und beinhalten die verschiedensten für die Benutzung bzw. für das System relevanten Faktoren. Dazu zählen:

- ✓ die handelnden Personen (Personas),
- ✓ die Aufgaben bzw. Tätigkeiten, die der Benutzer durchführen möchte,
- ✓ die verwendeten Informationen und Materialien,
- ✓ die emotionale Verfassung des Benutzers bzw. seine Motivation,
- ✓ der Kontext mit allen relevanten Aspekten,
- ✓ andere für die Veranschaulichung der Benutzung relevante Faktoren.

Szenarien veranschaulichen für verschiedene Interessengruppen, wie ein System zur Anwendung kommen soll. Sie können je nach Zielgruppe (für wen die Szenarien entworfen werden) einen unterschiedlichen Detailgrad besitzen. Neben der Veranschaulichung von Benutzungssituationen tragen Szenarien auch dazu bei, unerwartete Ereignisse und Anforderungen zu identifizieren und dienen der Abstimmung von Vorstellungen innerhalb des Entwicklungsteams. Sie werden idealerweise von UX-Designern oder anderen für die Benutzerperspektive verantwortlichen Personen im Entwicklungsteam entworfen.

Sehr frühzeitig im Entwicklungsprozess können Szenarien auch eingesetzt werden, um bei Benutzern die Vorstellungskraft für das zukünftige System zu stärken. In einem solchen Fall beruhen die Szenarien auf getroffenen Annahmen, die aber in weiterer Folge des Prozesses abgeändert werden können.

Es sollte eine solide Variation an Situationen mit Szenarien abgedeckt und nicht nur offensichtliche Fälle berücksichtigt werden oder solche, die für das Design- und Entwicklungsteam interessant sind.

Analog zu der Kategorisierung von Aufgaben werden auch Szenarien in folgende Typen eingeteilt:

Primäre Szenarien oder Schlüsselszenarien

Das sind Szenarien, die am häufigsten vorkommen, die wichtigste Benutzergruppe repräsentieren oder für den fachlichen Gegenstand und die Funktion des Systems entscheidend sind.

Sekundäre Szenarien

Das sind Szenarien, die seltener vorkommen oder eher für sekundäre Benutzergruppen relevant sind. Dennoch sollen diese Szenarien im UX-Design berücksichtigt werden. Wenn allerdings diese Anforderungen im Widerspruch zu den Anforderungen der primären Szenarien stehen, so werden sie zweitrangig betrachtet. Das heißt, sie müssen möglicherweise für die Nutzer etwas weniger effizient oder effektiv angeboten werden.

Kritische Szenarien

Das sind Szenarien, die im System fehlerfrei durchzuführen sind, da ihr „Misslingen“ oder fehlerhafte Durchführung zu kritischen Situationen (Datenverlust, hoher Ressourceneinsatz etc.) führen kann.

Im Gegensatz zu Szenarios stehen Anwendungsfälle (Use Cases), bei denen die Benutzung aus Sicht der Applikation beschrieben wird. Anwendungsfälle beschreiben die Schritte, die ein Nutzer für eine bestimmte Aufgabe in einer Applikation durchführen muss sowie die Art und Weise, wie die Applikation auf die Aktionen des Benutzers reagiert. Anwendungsfälle dienen zur Beschreibung der Interaktionsabläufe und bewerten diese hinsichtlich ihrer Priorität. Wie bei Benutzerszenarien ist es jedoch auch bei Anwendungsfällen wichtig, möglichst genaue Daten über den Benutzer vorliegen zu haben.

7.8 Zusammenhang zwischen Szenarios, Tasks und Use Cases

Szenarios erzählen die Geschichte einer Persona, die das System in einem bestimmten Kontext benutzt. Es gibt für ein System zahlreiche Szenarios, wobei jedes Szenario mehrere Tasks beinhaltet.

Tasks beschreiben die Aufgaben, welche die Persona in dem Szenario bewältigen möchte. Idente Tasks können in verschiedenen Szenarios zum Einsatz kommen.

Use Cases beschreiben die konkreten Interaktionsschritte, die zwischen System und Benutzer durchgeführt werden müssen, um alle Schritte der Aufgabe abzuarbeiten. Ein Use Case kann in mehreren Tasks vorkommen.

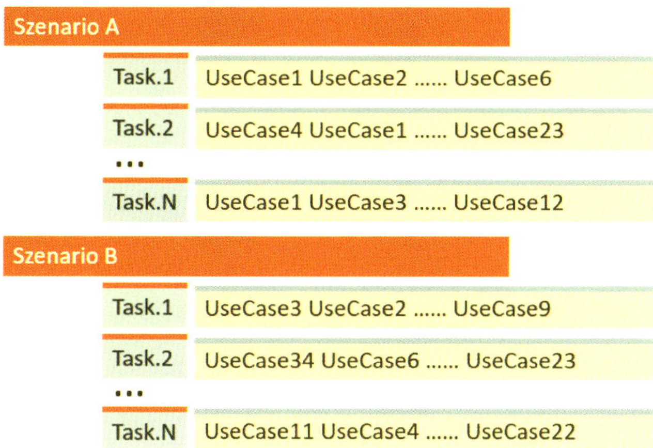

Abbildung 69: Zusammenhang zwischen Szenarios, Tasks und Use Cases

User Stories, wie sie in agilen Softwareentwicklungen verwendet werden, entsprechen am besten kurzen, sehr prägnant dargestellten Benutzeraufgaben.

Kontrollfragen

44) Welches Szenario beschreibt die Situation, wenn ein Benutzer alle Daten auf seinem Smartphone zuerst extern sichern und dann löschen möchte, weil er das Smartphone verkauft?

A. Primäres Szenario/Schlüsselszenario

B. Sekundäres Szenario

C. Kritisches Szenario

D. Kontextszenario

8 UX Design Prozess

8.1 Entwicklungs- und Designprozesse

Auch das beste UX Design kann nur erfolgreich umgesetzt werden, wenn die entsprechenden UX Designaktivitäten in die Software Entwicklungsprozesse integriert werden. Diese Integration findet in der Praxis aber häufig nicht statt. Die Gründe dafür sind vielfältig und reichen weit über das Grundlagenwissen, das in diesem Buch bzw. im *Certified Professional for Usability Engineering und User Experience Design – Foundation Level* (CPUE – FL) vermittelt werden kann hinaus. Deshalb werden hier nur einige Punkte, welche für das grundlegende Verständnis der Zusammenhänge und Möglichkeiten des UX Designs in der gelebten Praxis wichtig sind, kurz dargestellt. Im Rahmen der Zertifizierung zum *Certified Professional for Usability Engineering und User Experience Design – Advanced Level* (CPUE – AL) wird dieses Thema ausführlich behandelt.

8.1.1 Das Wasserfallmodell

Die industrielle Softwareentwicklung hat sich in den letzten Jahrzehnten von einem völlig ungeordneten Verfahren zu ausgereiften und qualitativ hochwertigen und weitgehend standardisierten Prozessen entwickelt. Diese Softwareentwicklungsprozesse stammen ursprünglich aus Verfahren der industriellen Fertigung. Die Verfahren sind jedoch relativ starr, da sich industrielle Fertigungsanlagen nicht innerhalb kürzester Zeit anpassen lassen. Aus dieser starren Tradition wurde das sogenannte klassische „Wasserfallmodell“ geboren.

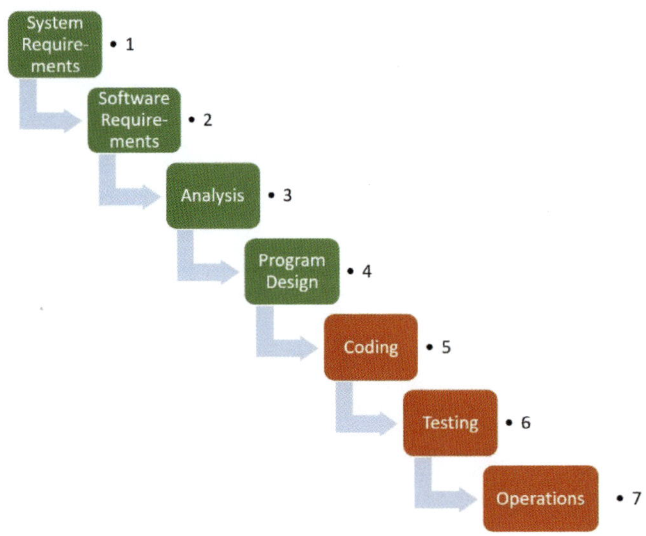

Abbildung 70 : SWE1: Das Wasserfallmodell in der Softwareentwicklung. Modifiziert nach Winston W. Royce, Managing the Development of Large Software Systems 1970.

Dieses Verfahren geht von der Annahme aus, dass bereits zu Beginn der Entwicklung das gesamte Ergebnis, also nicht nur der Umfang, sondern jedes einzelne benötigte Detail, in der Beschreibung der Software festgelegt werden muss. Dieses Wasserfallmodell hat eine Reihe von Schwächen. Selten werden die Ergebnisse, die mit dem Wasserfallmodell erzielt werden, den Erwartungen an das Produkt gerecht. Obwohl bereits 1970 in einer grundlegenden Publikation dieses Modell als eher ungeeignet beschrieben ist, wird es noch immer in zahlreichen Unternehmen verwendet[2].

Das Wasserfallmodell ist sehr einfach anzuwenden, es sieht keine Rückkopplungen oder iterative Schritte vor. Aus diesem Grund sehen die Anwender das für sie relevante Ergebnis – das User Interface - erst ganz am Ende des Prozesses und sind meist enttäuscht vom Ergebnis. Verschiedene Ursachen sind dafür verantwortlich, die wichtigsten sind folgende:

1) Das Wissen über die zu entwickelnde Anwendung ist zum Zeitpunkt des Systementwurfs in den seltensten Fällen vollständig. Viele Details kristallisieren sich erst während des Entwicklungsprozesses durch die Beschäftigung mit der Aufgabenstellung heraus. Das Wasserfallmodell baut also die Entwicklung auf unvollständigen oder sogar fehlerhaften Informationen auf, was fast unweigerlich immer zu einem unbefriedigenden Ergebnis führen muss.
2) Die menschliche Sprache ist völlig ungeeignet das Verhalten einer Benutzeroberfläche im Detail zu beschreiben. Jede Spezifikation, so genau sie auch geschrieben ist, kann diese grundsätzliche Limitierung nicht lösen.

Das Wasserfallmodell ohne Rückkopplungsschleifen wird heute kaum mehr verwendet. Viele Adaptionen im Wasserfallmodell wurden im Laufe der Zeit eingeführt, um die Flexibilität zu erhöhen. Diese Modelle sind unter anderem das V-Modell, das V-Modell (XT) das W-Modell sowie das Spiralmodell. Alle Adaptierungen haben ihre spezifischen Vor- und Nachteile, die Details dazu sind für das Verständnis der Problematik des UX Designs in der aktuellen Software Entwicklungspraxis nicht entscheidend.

Soll die Usability bzw. User Experience im Rahmen eines Wasserfallmodells verbessert werden sind – wie in jedem anderen Entwicklungsprozess auch - jedenfalls Feedbackschleifen notwendig. Diese können im Wasserfallmodell prinzipiell in Schritt 1 bis 4 vorgesehen werden, später allerdings kaum mehr. Prototypen der User Interfaces können verwendet werden, um Feedback von Benutzern einzuholen und so die Limitierung der menschlichen Sprache zu überwinden.

Im Rahmen eines Wasserfallmodells ist es also theoretisch einfach für Softwareingenieure mit UX Designern zusammenarbeiten. Bei der Spezifikation der Software wird ein User Interface bzw. das

[2] Dr. Winston W. Royce, Managing the Development of Large Software Systems. Hrsg.: Proceedings, IEEE WESCON. 26. Auflage. Institute of Electrical and Electronics Engineers, August 1970, S. 328–338

gesamte Interaktionsdesign entwickelt. Die dafür benötigte Zeit wird eingeplant, möglicherweise wird ein Subprojekt generiert und eine externe Agentur eingebunden. Das Userinterface bzw. das Interaktionsdesign wird in diesem Arbeitsschritt erstellt und dokumentiert den Entwicklern übergeben. Ab diesen Zeitpunkt kann ohne weitere Komplikationen durch Änderungen der Anforderung am Softwareprodukt gearbeitet werden.

Im Laufe der Zeit hat sich allerdings herauskristallisiert, dass im Wesen der Softwareentwicklung vielerlei Anforderungen stecken, die in der praktischen Anwendung durch alle oben genannten Methoden schwer lösbar sind.

8.1.2 Agile Softwareentwicklungsmodelle

Heute haben sich heute vielfach sogenannte „Agile Methoden“ durchgesetzt. Agile Methoden sind im praktischen Einsatz besser als klassische Methoden um Software in hoher Qualität zu entwickeln. Die Studie der Hochschule Koblenz „Status Quo Agile 2014“ in Zusammenarbeit mit der Deutschen Gesellschaft für Projektmanagement und der International Project Management Association (600 Teilnehmer aus 30 Ländern) ergab eine in allen untersuchten Dimensionen verbesserte Leistungsfähigkeit agiler Methoden gegenüber klassischen Methoden[3]. Die Methode SCRUM wurde dabei als besonders erfolgreich bewertet. Allerdings stellen agile Modelle Unternehmen vor große Herausforderungen. Auch verwechseln viele Softwareentwickler heute noch Agile Methoden mit Planlosigkeit und hektischem Aktionismus.

Agile Softwareentwicklung ist ein Sammelbegriff für eine Reihe von Methoden und Praktiken, die im Wesentlichen auf Werten und Prinzipien des „Manifests Agiler Softwareentwicklung“ basieren. Dieses Manifest wurde erstmals 2001 veröffentlicht[4]. Diese Hauptaussagen sind hier zusammengefasst.

Die vier Werte des Manifests Agiler Softwareentwicklung

- Individuen und Interaktionen stehen über Prozessen und Werkzeugen
- Funktionierende Software steht über einer umfassenden Dokumentation
- Zusammenarbeit mit dem Kunden steht über der Vertragsverhandlung
- Reagieren auf Veränderung steht über dem Befolgen eines Plans

[3] Status Quo Agile auf status-quo-agile.de, Studie zu Verbreitung und Erfolgen agiler Methoden. http://www.status-quo-agile.de/

[4] 10 Jahre Agiles Manifest. OBJEKTspektrum. Nr. 2. (Schwerpunktheft), 2011, ISSN 0945-0491. http://agilemanifesto.org/

Dabei zu beachten ist, dass der rechte Teil der Aussage (z.B. Vertragsverhandlung) als wichtig betrachtet wird, aber der linke Teil (z.B. die Zusammenarbeit) eben als noch wichtiger gesehen wird.

Die 12 Prinzipien des Manifests Agiler Softwareentwicklung

- Zufriedenstellung des Kunden durch frühe und kontinuierliche Auslieferung von wertvoller Software
- Agile Prozesse nutzen Veränderungen (selbst spät in der Entwicklung) zum Wettbewerbsvorteil des Kunden.
- Lieferung von funktionierender Software in regelmäßigen, bevorzugt kurzen Zeitspannen (wenige Wochen oder Monate)
- Nahezu tägliche Zusammenarbeit von Fachexperten und Entwicklern während des Projektes (Bsp.: Gemeinsamer Code-Besitz (Collective Code Ownership))
- Bereitstellung des Umfeldes und der Unterstützung, welche von motivierten Individuen für die Aufgabenerfüllung benötigt wird
- Informationsübertragung nach Möglichkeit im Gespräch von Angesicht zu Angesicht
- Als wichtigstes Fortschrittsmaß gilt die Funktionsfähigkeit der Software
- Einhalten eines gleichmäßigen Arbeitstempos von Auftraggebern, Entwicklern und Benutzern für eine nachhaltige Entwicklung
- Ständiges Augenmerk auf technische Exzellenz und gutes Design
- Einfachheit ist essenziell (KISS-Prinzip)
- Die besten Architekturen, Anforderungen und Designs entstehen in selbstorganisierten Teams
- Selbstreflexion der Teams über das eigene Verhalten zur Anpassung im Hinblick auf Steigerung der Effektivität

Diese grundsätzlichen Betrachtungen zeigen deutlich wie wenig zufriedenstellend die klassischen Methoden mit dem Wunsch nach perfekter Beschreibung der Anforderungen und anschließender Umsetzung im praktischen Betrieb funktioniert haben.

8.1.3 SCRUM

Aus dem Manifest haben sich mehrere Methoden entwickelt. Die bedeutendste davon ist SCRUM[5]. SCRUM als die agile Methode zur Softwareentwicklung wird in zahlreichen Seminaren und an vielen Universitäten gelehrt und ist mittlerweile Basiswissen nahezu aller Software Ingenieure. Allerdings

[5] https://www.scrum.org/

sind in SCRUM Usability und User Experience *keine expliziten Themen*. Dies führt dazu, dass UX Designer häufig noch immer nicht in SCRUM Teams integriert werden. User Experience-Design und der SCRUM-Prozess existieren meist nur nebeneinander und haben wenige Berührungspunkte. Das UX-Design wird in vielen Fällen in einer Phase 0 erstellt und dem agilen Entwicklungsteam für die Umsetzung übergeben. Damit verursacht man allerdings ähnliche Probleme wie im klassischen Wasserfallmodell.

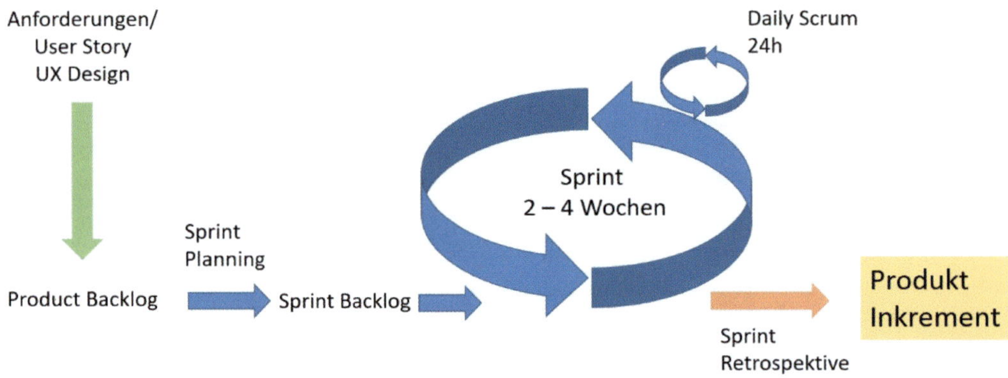

Abbildung 71: SWE2: Agile Methoden in der Softwareentwicklung. UX Design wird nur am Beginn eingebracht und unzureichend berücksichtigt.

Abbildung SWE2 zeigt schematisch ein übliches agiles Vorgehensmodell. Es ist deutlich zu sehen, UX Design wird am Beginn in das Projekt eingebracht. In den Sprints selbst finden keine Überprüfung und Verbesserung der Usability statt. Aus vielen Beispielen aus der Praxis ist bekannt, dass dies gar nicht anders möglich ist, da dem Team das dafür notwendige UX Wissen fehlt.

Um UX Design während des Entwicklungsprozesses durchführen zu können, ist es unumgänglich das dafür nötige tiefe Wissen im SCRUM Team zu haben. Dies kann durch Einbeziehung von UX Experten und entsprechendes Wissen (Wissensaufbau) von bestehenden Teammitgliedern erzielt werden. In jedem Fall ist es aber notwendig, dass alle Teammitglieder über ein gemeinsames UX Basiswissen verfügen. Ohne Basiswissen zu UX kann ein SCRUM Team in Hinblick auf UX nicht zufriedenstellend arbeiten.

Alle Teammitglieder in einem SCRUM Team müssen über ein Basiswissen in Usability Engineering und UX Design verfügen!

8.1.4 User Experience Design in SCRUM integrieren

Ein gängiges Verfahren, um UX Design während des gesamten Prozesses zu unterstützen ist in Abbildung SWE3 dargestellt. In Sprint 0 werden die grundlegenden Anforderungen erhoben und erste Designs erstellt. Diese werden in allen weiteren Sprints – so viel wie nötig - verfeinert, getestet und optimiert.

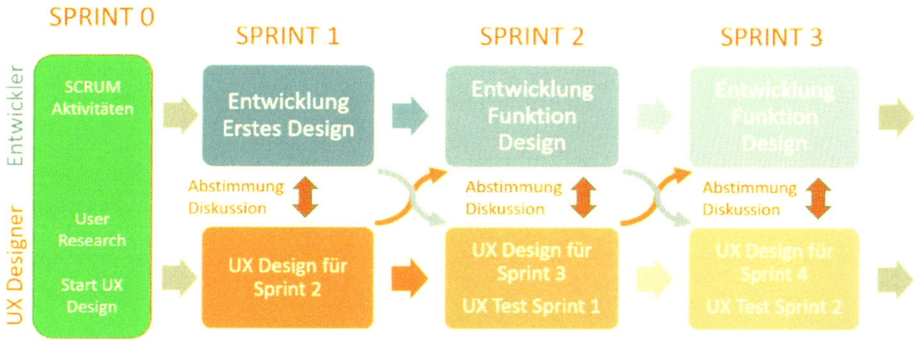

Abbildung 72: SWE3: Einbeziehung von UX Design in den agilen Software Entwicklungsprozess.

Die Zusammenarbeit von UX Design, Test und Softwareentwicklern in SCRUM ist ein sehr komplexes Thema. Die üblichen Zeitrahmen von Sprints von etwa 2 bis 4 Wochen stellen häufig extreme Anforderungen an UX Design. Eine weitere Herausforderung entsteht dadurch, dass in einem Sprint der Fokus auf einem Teil des Produktes liegt, die mit UX befassten Personen aber das große Ganze im Auge behalten müssen.

Besonders wichtig für den Erfolg ist es, dass die Personen, die mit dem UX Design befasst sind, auch vollständig in das SCRUM Team integriert sind. Es ist sinnvoll, dass diese an allen SCRUM Meetings (Ceremonies) teilnehmen, um den Fokus auf UX aufrechtzuerhalten und um Detailfragen klären zu können.

Es hat sich herauskristallisiert, dass das Spezifizieren der Anforderungen und UX Aktivitäten (d.h. konkrete UX Design sowie Tests mit Benutzern) entweder am Beginn eines Sprints oder alternativ (wie in Abb. SWE3 dargestellt) asynchron im Sprint davor behandelt werden. Die asynchrone Behandlung der Anforderungen hat den Vorteil, dass zu Beginn jedes Sprints das gesamte UX und Interaktionsdesign bereits vorliegt.

Folgende Rahmenbedingungen sind unerlässlich, um ein erfolgreiches UX Design im Rahmen eines SCRUM Entwicklungsprozesses sicher zu stellen:

1. *Laufende Kommunikation zwischen Entwicklern und UX Designern/Testern.* Um dies zu gewährleisten ist es nicht unbedingt nötig, dass die Personen physisch am gleichen Ort sind. Gute Ergebnisse lassen sich auch mit Videotools erzielen. Wesentlich ist, dass die UX

Designer/Tester in alle SCRUM Meetings (Daily Scrum, Plannings, Product Backlog Refinement, Retrospektiven, Reviews) eingebunden sind. Der dabei entstehende Austausch ist essentiell für den Erfolg des Projektes.

2. *Zeitliche Rahmenbedingungen für Aktivitäten mit Usern (Interviews, Tests etc.) müssen in den Prozess passen.* Usertests sind unbedingt notwendig, ihre Organisation und Durchführung erfordert aber oftmals zu viel Zeit, um in Sprints zu passen, welche nur zwei bis vier Wochen dauern. Häufig sind externe Agenturen nicht in der Lage diesen zeitlichen Anforderungen gerecht zu werden. In solchen Fällen können beispielsweise auch Remotetools für die Tests verwendet werden. Eine andere gute Möglichkeit ist es, einen fixen „Userday" zu etablieren (z.B. jeden zweiten Montag oder anderen beliebigen Wochentag). Dies erzeugt weniger Planungsaufwand und auch die Organisation der Testpersonen kann vereinfacht werden.
3. *UX Design muss bereits im Sprint 0 berücksichtigt werden.* Dies ist notwendig, um gemeinsam ein grundlegendes Verständnis für den User, eine einheitliche Produktvision und ein grobes Gerüst für das UX Design zu erarbeiten. Ohne diese Vorarbeit läuft man Gefahr, dass das UX Design ein inkonsistentes Stückwerk wird und man die Vorteile der frühen Benutzerintegration verliert.
4. *Gegenseitiges Verständnis von Designern und Entwicklern.* Softwareentwickler und UX Designer sind zumeist Menschen mit unterschiedlichem fachlichem Hintergrund, divergenten Arbeitsweisen, Interessen und Gewohnheiten. Entwickler wissen wenig über die Arbeitsweise von Designern, Designer wissen wenig über die Probleme, die ihre Designs den Entwicklern bei der Umsetzung bereiten. Idealerweise wären im Team Entwickler mit einem tiefen Wissen über UX Design und UX Designer mit Skills in der Softwareentwicklung inkludiert. In jedem Fall hilft ein sehr enger Austausch von Vorstellungen und Erfahrungen. Entwickler können z.B. die Ergebnisse von UX Tests beobachten und daraus wertvolle Erkenntnisse bekommen.

Softwareentwicklungsprozesse sind komplex, jedes Unternehmen verwendet letztendlich eine individuell angepasste Version der in der Literatur beschriebenen Verfahren. In diesem Sinne ist auch die beschriebene Integration von UX Design in einen Entwicklungsprozess immer an die verwendete Variante anzupassen. Im Rahmen der Zertifizierung zum *Certified Professional for Usability Engineering und User Experience Design – Advanced Level* (CPUE – AL) wird dieses Thema ausführlich behandelt.

8.2 UX Design Vorgehensweisen

Es haben sich in der Praxis sehr unterschiedliche Herangehensweisen an das konkrete Design eines User Interface bzw. der User Experience etabliert. Keine davon ist notwendigerweise richtig oder falsch. Je nach Umfeld, System, Ressourcen, Qualifikationen etc. kann eine bestimmte Herangehensweise besser geeignet sein als eine andere. Grob kann man folgende Typen von Design Vorgehensweisen unterscheiden, wobei in den meisten Fällen in der Praxis eine Mischform „gelebt“ wird. Jede Art hat besondere Eigenheiten, aber alle erfolgreichen UX-Design-Vorgehensweisen haben gemein, dass ein iteratives Vorgehen mit laufenden Evaluationen mit Benutzern oder zumindest aus Benutzersicht ein bedeutender, geplanter und akzeptierter Bestandteil des Designprozesses ist.

Zu Beginn jedes Designs muss auch über formale Anforderungen entschieden werden:

- ✓ Welche Standards/Normen sollen zur Anwendung kommen bzw. müssen erfüllt werden?
  - o z. B. ISO 9241 (welche Sektionen, Reihen) und/oder Domainstandards?
- ✓ Sollen die Accessability-Richtlinien der W3C (WCAG) erfüllt werden?
  - o Wenn ja, welche Konformitätsstufe: A, AA, oder AAA?
- ✓ Sind spezielle Herstellerrichtlinien oder andere Designrichtlinien zu befolgen?

Es empfiehlt sich dringend, dies auch schriftlich festzuhalten, um spätere Unstimmigkeiten auszuschließen und die ideale Methode zur Überprüfung dieser Anforderung(en) zu bestimmen und in der Projektplanung zu berücksichtigen.

8.2.1 Einfaches Design

Abbildung 73; Einfaches Design durch eine Person

Hierbei ist eine Person für das UX Design (oder definierte Teile) verantwortlich und entwirft alleine das UX. Eventuell wird informell Feedback von Kollegen eingeholt. Idealerweise werden in einem iterativen Prozess Benutzertests (oder Abstimmungen mit Kunden, bei Auftragsentwicklungen) durchgeführt. Der Vorteil eines einzelnen UX Designers ist, dass das UX Design einfacher konsistent zu gestalten ist. Der Nachteil allerdings ist, dass der erste Entwurf als Ausgangspunkt, als „Anker“ dient, und man von diesem, auch wenn er nicht unbedingt die beste Lösung darstellt, ausgeht. Fundamentale Änderungen werden kaum vorgenommen. Dies führt daher häufig zu UX Designs, die zwar „OK“ sind, aber nicht das volle Potential der Möglichkeiten ausschöpfen. In der Praxis ist dies aber dennoch immer noch die häufigste Vorgehensweise.

8.2.2 Paralleles Design

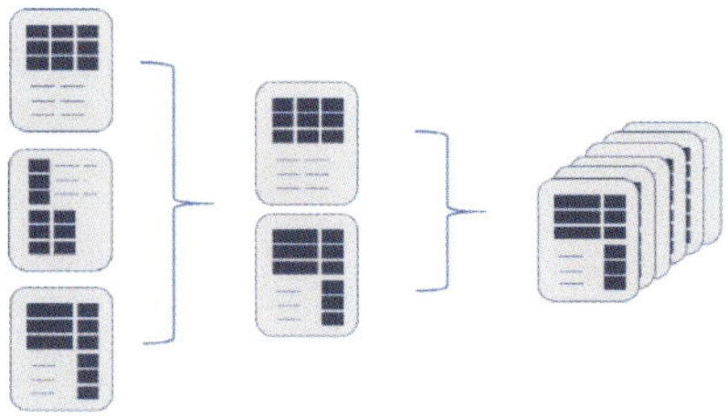

Abbildung 74: Paralleles Design

Im parallelen Design werden zu Beginn der Entwicklung – aufbauend auf einer korrekt durchgeführten Anforderungsanalyse – zwei oder mehr Designalternativen entworfen. Diese werden dann anhand der Usability-Ziele evaluiert. Diese Evaluation kann mit Benutzern oder aus Expertensicht durchgeführt werden. Im Falle einer Entwicklung für einen konkreten Kunden sollte dieser jedenfalls in die Entscheidung miteinbezogen werden. Basierend auf den Ergebnissen der Evaluation (und den verfügbaren zeitlichen und budgetären Rahmenbedingungen) werden dann entweder alle, einige oder nur eine Designvariante(n) weiterentwickelt. Wenn bestimmt wird, dass zwei oder mehrere Alternativen weiterentwickelt werden, so werden diese in weiterer Folge wieder evaluiert und miteinander verglichen. Diese Iterationen bzw. Reduktionen auf immer weniger Alternativen werden so lange durchgeführt, bis nur noch eine Variante übrig ist. Dieses eine Design wird dann in einem iterativen Designprozess unter Einbeziehung von Benutzern bzw. benutzerzentrierten Evaluationsmethoden finalisiert. In der Praxis zeigt sich, dass selten mehr als 2 bis 3 Designvarianten über mehr als 2 Iterationen weitergeführt werden.

Bei Webseiten oder Apps wird auf der reinen Ebene des visuellen Designs häufiger so vorgegangen, dass visuelle Designer/Webdesigner mehrere Vorschläge präsentieren, wie ein Design grafisch aussehen könnte. Hier entscheidet dann der entsprechende Betreiber der zukünftigen Website, auf welcher Variante (mit welchen Adaptierungen) das UX-Design aufgebaut werden soll. Bei einer derartigen Vorgehensweise ist es besonders wichtig, das Interaktionsdesign bzw. die funktionalen, Content-orientierten Aspekte des Systems nicht den grafischen Vorschlägen unterzuordnen. Umgekehrt müssen die grafischen Elemente entsprechend adaptierbar sein.

Vorteil des parallelen Designs:

Zu frühes Festlegen auf eine Designlösung kann den Blick auf andere, vielleicht deutlich bessere Lösungen verengen. Ist erst einmal ein Entwurf (z. B. ein grundsätzlicher Wireframe) festgelegt worden, erfordert es wesentlich mehr (mentalen, motivatorischen und ressourcenbezogenen) Aufwand, diesen zu verändern oder ganz zu verwerfen. So verliert ein System möglicherweise an Potenzial für eine bessere UX. Ein paralleles Design in der ersten Entwicklungsphase hilft hier maßgeblich, die UX zu optimieren und Potenziale auszuschöpfen.

8.2.3 Partizipatives Design

Das partizipative Design bindet Benutzer bereits ganz zu Beginn der Anforderungsanalyse ein. Die Anforderungen werden gemeinsam mit Benutzern spezifiziert bzw. anhand von Gestaltungslösungen immer weiter verfeinert. Diese Gestaltungslösungen werden in multidisziplinären Teams entwickelt, in denen Benutzerevaluationen ein fixer Bestandteil des Entwicklungs- bzw. UX-Design-Prozesses sind. Durch die Evaluationen identifizierte Probleme werden in iterativen Schritten in Design und Entwicklung jeweils behoben.

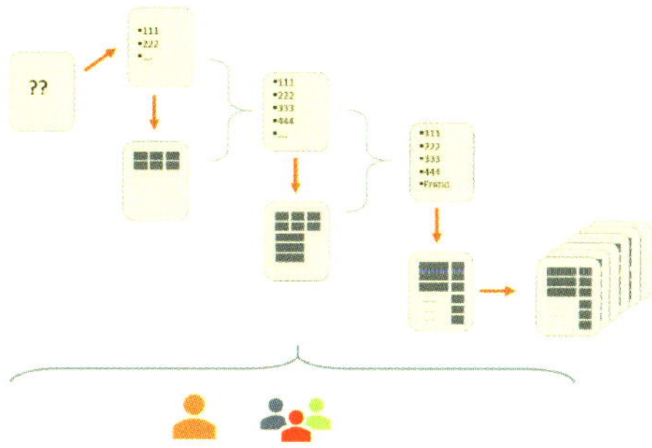

Abbildung 75: Partizipatives Design

Vorteil des partizipativen Designs:

> Partizipatives Design eignet sich vor allem bei Systemen, die spezielle Fachkompetenzen erfordern, welche die UX-er nicht haben. Hier kann durch entsprechendes Vorgehen die Anforderungsanalyse durch visualisierte Gestaltungslösungen unterstützt bzw. die Abstimmung im Team verständlicher werden.

Kontrollfragen

45) Welches Charakteristikum beschreibt das parallele Design?

A. Design und Programmierung laufen parallel.

B. Es werden parallel mehrere Designs entwickelt.

C. Es werden parallel mehrere Module eines Systems designt.

D. Anforderungsanalyse und Design laufen parallel.

46) Welches Charakteristikum beschreibt das partizipative Design?

A. Alle Stakeholder partizipieren an den Evaluationen.

B. Die Partizipation von Benutzern folgt standardisierten Regeln.

C. Programmierer partizipieren bereits in der Anforderungsanalyse.

D. Anforderungsanalyse und Design erfolgen unter Benutzerpartizipation.

9 Prototypen, Storyboards, Mock-ups und Wireframes

Begriffsabgrenzung: Prototypen, Storyboards, Mock-ups und Wireframes dienen der Darstellung eines (zu entwickelnden) Systems (d. h. sind verschiedene Gestaltungslösungen), um damit einen konkreten Zweck zu erfüllen. Die Begriffsbestimmungen sind hier jedoch nicht einheitlich. So bezeichnen mache Experten z. B. ein Storyboard als einen (Low-Fidelity-)Prototyp, andere sehen in ihm ein eigenständiges Konzept. Da die Begriffsbestimmung für die praktische Arbeit allerdings von untergeordneter Bedeutung ist, wird im vorliegenden Buch die Differenzierung der unterschiedlichen Darstellungsvarianten von Systemen in Low Fidelity und High Fidelity herangezogen, um Anwendungsbereich sowie Vor- und Nachteile zu beschreiben.

Ein Prototyp ist ein Modell eines Systems, da bestimmte Aspekte bzw. Teilbereiche dieses Systems veranschaulicht bzw. darstellt. Es gibt zahlreiche Detaillierungsgrade und Umsetzungsvarianten von Prototypen, wobei der Zweck des Prototyps seine genaue Gestaltung bestimmen sollte. Prototypen weisen zumeist eine (simulierte) Interaktivität auf, wobei diese technisch umgesetzt oder auch von einem Moderator simuliert werden kann.

Beim UX-Design liegt der Fokus auf der interaktiven Darstellung verschiedener Aspekte des zukünftigen User Interface, nicht der technischen Realisierung.

Im Zuge eines benutzerorientierten UX-Designs werden bereits frühzeitig Prototypen entwickelt, um mögliche Abweichungen von Usability-Zielen, Benutzerorientierung oder Nutzungsanforderungen zeitnah zu identifizieren. Dies bringt maßgebliche Vorteile für den ganzen Entwicklungsprozess, da entsprechende frühzeitige Änderungen bzw. Korrekturen im System einfacher umsetzbar und effizienter im Sinne der Ressourcen (Zeit, Aufwände) sind. Außerdem sind frühzeitige Korrekturen auch für die Motivation des Designteams von Vorteil, da späte Korrekturmaßnahmen sehr demotivierend sein können.

Wenn ein Prototyp der Erkundung noch nicht verstandener Nutzungsanforderungen dient, so nennt man dies exploratives Prototyping oder Usability-Prototyping.

Ein Prototyp wird immer entwickelt, um einen bestimmten Zweck zu erfüllen. Die häufigsten Aufgaben von Prototypen sind:

- ✓ Evaluation mit Benutzern oder mit Usability-Experten,
- ✓ Konkretisieren von Anforderungen,
- ✓ Kommunikation, Abstimmung der Vorstellungen und Erwartungen innerhalb des Designteams, mit dem Entwicklungsteam, mit anderen Interessenten (z. B. Management oder Marketing, z. B. auf Messen),
- ✓ Testen auf Vollständigkeit bestimmter Funktionsbereiche,
- ✓ als Bestandteil eines Vertragswerkes festgehaltene Designanforderungen.

Prototypen werden nach inhaltlicher Ausrichtung und nach Umsetzungsart klassifiziert.

Umsetzungsart	Inhaltliche Ausrichtung
Low-Fidelity-Prototypen Niedrige Ähnlichkeit mit dem Endprodukt zur Prüfung erster Ideen, Beispiel: Papierprototyp, Storyboard	**Vertikale** Prototypen Reduktion auf wenige einzelne, dafür im Detail verfügbare, Funktionen
High-Fidelity-Prototypen Hohe Ähnlichkeit mit dem Endprodukt, Prüfung von Details und genauer Funktionen, Beispiel: funktionsfähige UI-Simulation in einem Prototyping-Tool	**Horizontale** Prototypen Darstellung (fast) aller Funktionen, allerdings nicht funktionsfähig
Lo-Hi-Fidelity-Prototypen Mischform, Beispiel: interaktive Simulationen in PowerPoint	**Szenario**-Prototypen Mischung aus vertikalem und horizontalem Prototyp, alle Funktionen für eine bestimmte Aufgabe werden simuliert

Ein System kann also beispielsweise in einem horizontalen High-Fidelity-Prototyp oder auch in einem vertikalen Low-Fidelity-Prototyp dargestellt werden.

9.1 Prototypklassifizierung nach der Umsetzungsart

Jede Umsetzungsart eines Prototyps hat sehr spezielle Vor- und Nachteile. Für die Entscheidung für eine Umsetzungsart ist es wichtig, diese Eigenheiten zu berücksichtigen, da dies über den Erfolg und die Validität einer Aktivität mit dem Prototyp entscheiden kann.

9.1.1 Low-Fidelity-Prototypen („Lo-Fi-Prototypen“)

Lo-Fi-Prototypen haben eine geringe Ähnlichkeit mit dem tatsächlich zu entwickelndem System. Sie werden entwickelt, um schnell und effektiv Funktionalitäten, Strukturen und grundsätzliche Konzepte überprüfen zu können. Es werden oft nur Teilbereiche eines Systems geprototyped (siehe inhaltliche Ausrichtung), um spezielle Aspekte eines UX-Designs zu überprüfen.

Lo-Fi-Prototypen beinhalten den groben Aufbau des visuellen Erscheinungsbildes (ohne ausgearbeitetes grafisches Design), wichtige Interaktionen und Funktionen sowie beispielhafte Contents, soweit sie für die Zielsetzung bzw. Fragestellung relevant sind, die mit dem Prototyp geklärt werden soll.

Einige Beispiele von Lo-Fi-Prototypen:

9.1.2 Statische und dynamische Wireframes (Lo-Fi)

Ein Wireframe („Gitternetz-Modell") ist die schematische Darstellung eines Systems, zumeist einer Website. Der Wireframe dient zur Veranschaulichung und Planung von Bereichen und Elementen, die in dem User Interface (z. B. auf einer Website) vorhanden sein sollen.

Es werden daher vorwiegend dargestellt:

- ✓ Navigationsbereiche,
- ✓ Content-Bereiche,
- ✓ wichtigste Interaktionselemente.

Das grafische Design ist für einen Wireframe irrelevant – dieses sollte erst aufbauend auf einem grundsätzlich festgelegten Wireframe entworfen werden. Wireframes sollen zunächst den Blick der Konzeption auf die wesentlichen Elemente lenken.

Es werden statische und dynamische Wireframes unterschieden. Statische Wireframes sind Vorlagen für einzelne Screens, bei dynamischen Wireframes werden durch einfache klickbare Elemente statische Wireframes zu einem klickbaren Prototyp verbunden.

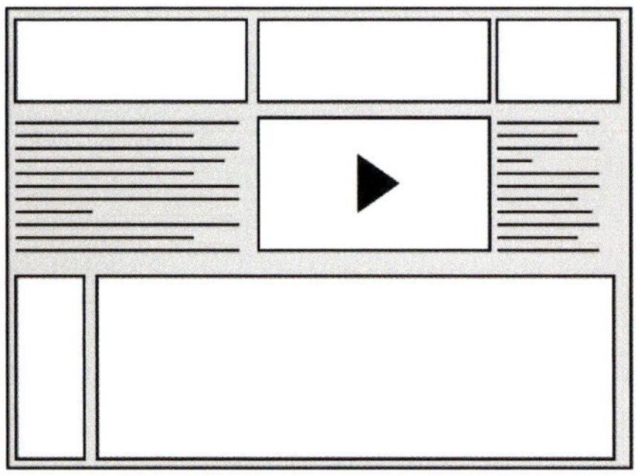

Abbildung 76: Darstellungen eines Screens als Wireframe

Rechte Abbildung 77: Darstellung einer scrollbaren Website mit Visualisierung einer definierten Screen-Größe

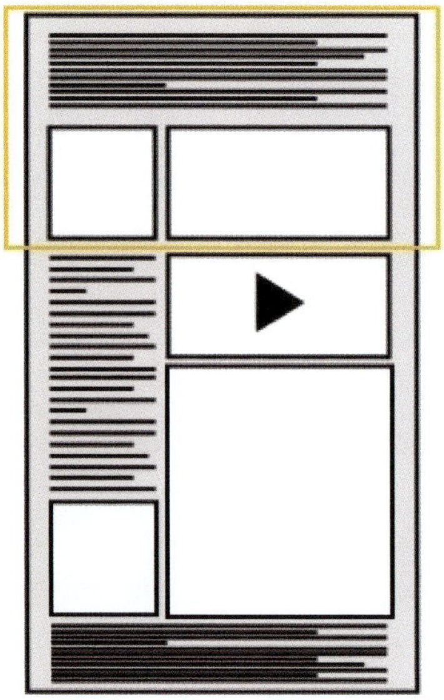

9.1.3 Papierprototypen (Lo-Fi)

Bei Papierprototypen wird das zukünftige System aus bzw. auf Papier dargestellt. Jeder Screen wird auf einem eigenen Blatt Papier dargestellt. Es werden die einzelnen Screen-Elemente (Buttons, Listboxen, Eingabefelder, Texte etc.) so gezeichnet, dass der User erkennen kann, worum es sich handelt. Der User interagiert mit dem Prototyp, indem er dem Moderator (Designer) sagt oder zeigt, was er als Nächstes in dem System tun würde, und der Moderator legt dem User dann den entsprechenden neuen Screen vor oder verändert vorliegenden Screen entsprechend.

Papierprototypen müssen in sich konsistent in der Darstellung von Elementen sein, damit der User sich schnell zurechtfinden kann (z. B. alle Buttons als Rechteck mit abgerundeten Ecken oder alle Default-Werte in einem Eingabefeld kursiv geschrieben etc.). Farben können zur Visualisierung von Konzepten oder Elementen eingesetzt werden.

Bei scrollbaren Screen Inhalten (Mobiltelefon, Tablet oder Desktop) kann entweder

- ✓ der gesamte lange Screen entworfen und in einem Rahmen dargeboten werden, der den Screen-Rahmen simuliert; dies findet vorwiegend im mobilen Bereich Anwendung,
- ✓ oder einzelne Papierscreens werden so entworfen, dass inhaltlich zusammenpassende Bereiche auf einem Blatt zu finden sind, und wenn der User „scrollt", wird ihm das nächste Blatt vorgelegt.

Der Designer kann anhand eines Papierprototyps mit Usern die wichtigsten Aspekte des zukünftigen Systems testen oder besprechen und gegebenenfalls auch sehr schnell Änderungen vornehmen, um diese mit dem User zu verifizieren. Es können auch konkrete Aufgaben (Tasks), die Darstellung von Inhalten oder die Vollständigkeit von relevanten Informationen oder Daten untersucht werden.

Diese Art des Prototypings ist auch besonders geeignet, um in frühen UX-Design-Stadien mehrere konzeptionelle Alternativen abzuwägen oder um bei sehr komplexen Systemen die Aufteilung der Daten auf verschiedene Screens zu überprüfen. Die Diskussionen anhand von Papiervorlagen schaffen für den User eine wesentlich offenere und entspanntere Umgebung. Daher ist es entscheidend, dem User tatsächlich Papier vorzulegen und nicht („weil es einfacher ist") die Papierscreens auf einem Bildschirm vorzugeben. Ein Nachteil eines Papierprototyps ist, dass der User sich nicht allein damit auseinandersetzen kann. Es ist immer ein Moderator/Designer notwendig, der die Interaktion mit den Screens simuliert.

Es gibt im Wesentlichen zwei Arten, Papierprototypen herzustellen. Das System bzw. die einzelnen Screens werden

- ✓ direkt mit Stiften auf Papier gezeichnet und passend ausgeschnitten oder
- ✓ in einem Zeichentool entworfen, ausgedruckt und passend ausgeschnitten.

Welche Variante besser geeignet ist, hängt von den Vorlieben und Zeichenfertigkeiten der beteiligten Personen sowie vom inhaltlichen Umfang der Screens ab.

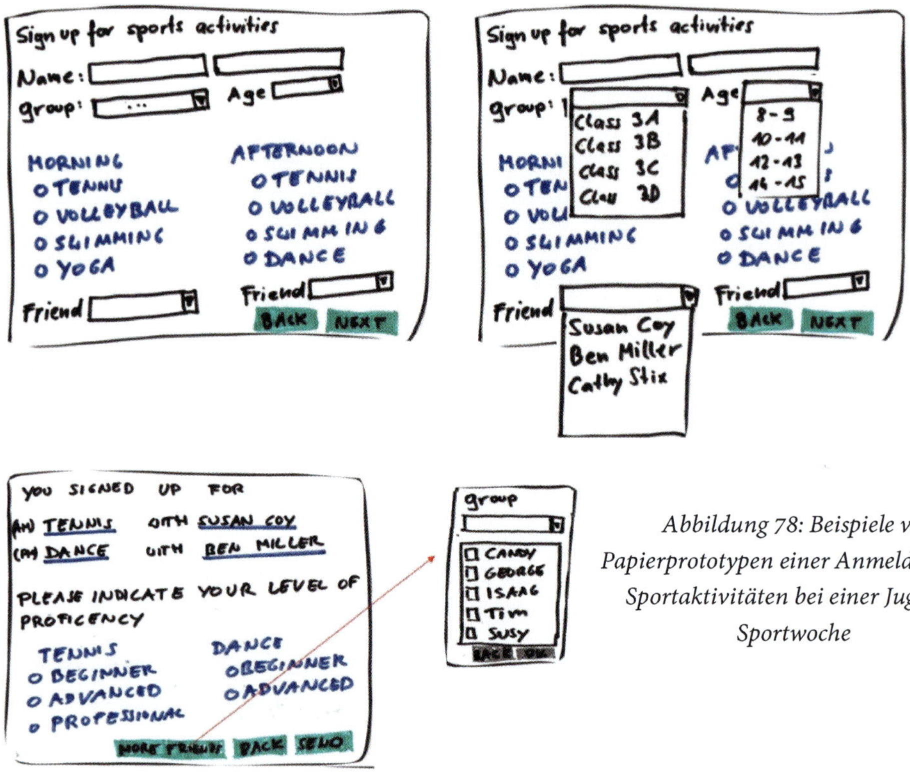

Abbildung 78: Beispiele vn Papierprototypen einer Anmeldung für Sportaktivitäten bei einer Jugend-Sportwoche

Als GUI-Prototypen (GUI: Graphical User Interface) wurden die ersten Windows- bzw. Apple-Papierprototypen bezeichnet, bei denen mittels großer Karteikarten Bildschirmmasken oder Aufgabenschritte dargestellt und von einer Person mit Unterstützung eines Moderators „durchgespielt“ wurden.

9.1.4 Einfache, eingeschränkt klickbare Simulationen/Prototypen (Lo-Fi)

Hierbei werden in einer einfachen Scripting-Umgebung (z. B. klickbare PowerPoint® Folien, Balsamiq®, Adobe XD® etc. – es gibt hier zahlreiche Tools) Screens umgesetzt und verbunden, sodass für den User ein interaktiver Prototyp entsteht. Ein derartiger Prototyp enthält die wesentlichen Elemente und Konzepte des zukünftigen User Interface, allerdings ist auch hier das grafische Design nicht enthalten. Es werden all jene Aspekte des UX-Designs umgesetzt, die Abläufe, Inhalte und Funktionen darstellen und dadurch testbar machen.

Entsprechende Tools nutzen explizit optisch „scribble-artige“ Elemente, um dem User deutlich zu kommunizieren, dass es sich um ein Arbeitsprodukt („work in progress“) handelt. So kann eine optimale Basis mit dem User gefunden werden, da klar ist, wo sich die Entwicklung gerade befindet.

Einfache, eingeschränkt klickbare Simulationen/Prototypen eignen sich gut, um die grundlegende Richtung eines UX-Designs, den Aufbau und das Verständnis für die wichtigsten Aufgaben der User zu überprüfen.

9.1.5 Storyboards (Lo-Fi)

Storyboards sind aneinandergereihte Illustrationen, die einen Ablauf darstellen oder eine Geschichte erzählen. Storyboards haben zumeist Protagonisten und Akteure, finden in einer visualisierten Umgebung statt und sind für den Betrachter ohne weitere Erklärungen verständlich. Storyboards sind per se nicht interaktiv, allerdings kann man einen Betrachter auch miteinbeziehen, indem man ihn zu vordefinierten Zeitpunkten in der Handlung eine Entscheidung über den weiteren Verlauf treffen lässt (Option A oder Option B ?).

Im UX-Design werden Storyboards eingesetzt, um ganz zu Beginn einer Produkt- oder Systementwicklung zu veranschaulichen, wie ein User ein bestimmtes System in seiner realen Welt verwenden könnte. UX-Storyboards stellen verschiedene Szenarios und Geschichten rund um das betreffende System dar, um dem Betrachter einen Eindruck von dem System oder Produkt zu vermitteln. Es geht dabei nicht um detaillierte Screens oder Funktionen, sondern um das konzeptionelle Ganze.

Beispiel: Paul fällt ein, dass er schon länger einmal das Riesenrad aus der Nähe sehen wollte. Paul wohnt schon länger in Wien, hat dies aber noch nie getan. Nun hat er gerade Zeit und möchte wissen, wie lange er zu Fuß dorthin benötigen würde.
Er checkt die App „Know your Hometown", die ihm sagt, dass er 15 Minuten braucht. Die App schlägt ihm auch gleich andere Sightseeing-Ziele vor, die er noch nicht als „gesehen" markiert hat. Paul nutzt die Navigationshilfe von „Know your Hometown" und geht los. Zeitgenau kommt er beim Riesenrad an.

Abbildung 79: Storyboard Beispiel „Know your hometown"

Storyboards können auch Verzweigungen beinhalten, bei denen ein Benutzer (eine Persona) eine Entscheidung zwischen verschiedenen Alternativen auswählt.

Abbildung 80: Verzweigtes Storyboard

9.1.6 Verbaler Prototyp (Lo-Fi)

Ein verbaler Prototyp stellt die Interaktion eines Users mit einem System in alltäglicher Sprache dar. Ursprünglich galt die Idee der Überprüfung von grundsätzlichen Abläufen bei Systemen mit einem geringen Komplexitätsgrad, z. B. einem Getränkeautomat. Heute werden verbale Prototypen eingesetzt, um sprachgesteuerte Systeme und Sprachassistenten zu testen.

Der Unterschied dieser beiden Anwendungsmöglichkeiten liegt in der Formulierung der User. Bei einem herkömmlichen System (z. B. Getränkeautomat) erklärt der Benutzer, *was* er als nächsten Schritt erwarten bzw. tun würde (z. B. „Ich will als Nächstes wissen, wie viel mein Getränk kostet“). Bei einer Sprachsteuerung spricht der Benutzer, *wie* er mit dem System kommunizieren würde („System X, wie ist die Verkehrslage in der Innenstadt?“).

Der User geht bei der Interaktion mit einem Prototyp sprachlich Schritt für Schritt durch das System, eine andere Person simuliert die Systemreaktionen und beschreibt Reaktion und Zustand des Systems. So können ganze Aufgaben der User in einem System abgebildet bzw. durchgespielt werden. Verbale Prototypen dienen insbesondere der Identifikation von Abweichungen der geplanten Systeminteraktion von der Vorstellung einer natürlichen Interaktion der User.

Der Spieler des Systems hat zwei Möglichkeiten, die vorher abgestimmt werden müssen:

- ✓ Er hält sich an vordefinierte Systemreaktionen.
- ✓ Er liefert freie – der Situation angepasste – Systemreaktionen.

Verbale Prototypen erfordern ein hohes Maß an Vorbereitung und Konzentration während der Durchführung. Auch der Auswertungsaufwand der durchgeführten Tests ist hoch, da der gesamte Testablauf transkribiert werden muss. Dennoch gewinnen verbale Prototypen wegen des immer größer werdenden Anwendungsfelds der Sprachsteuerungen an Bedeutung.

Vorteile von Low-Fidelity-Prototypen

- ✓ User sind offener und motivierter, um Feedback zu geben, da sie das System als „unfertig“ wahrnehmen.
- ✓ Menschen geben sich seltener selbst die Schuld, falls sie eine unfertige Sache nicht verstehen oder schaffen. Deshalb fühlen sich User nicht selbst „dumm“, wenn sie etwas für kompliziert oder schwierig halten und trauen sich auch, dies zu sagen.
- ✓ User empfinden ihren Input als zeitgerecht und daher noch relevant. Zu einem späteren Zeitpunkt kann bei Usern der Eindruck entstehen, dass ihr Feedback ohnedies nicht mehr berücksichtigt werden wird und daher sinnlos ist.

- ✓ Ein Low-Fidelity-Prototyp ist kostengünstig und zeiteffizient umzusetzen. Entsprechend können im Laufe eines Designprozesses mehrere davon entwickelt und zur Überprüfung von Benutzungsaspekten herangezogen werden.
- ✓ Änderungen können (zum Teil) direkt in einer Session mit Usern verändert bzw. nach Ideen der User durchgeführt werden. Wenn beispielsweise ein Papierprototyp in einem Grafiktool entworfen und ausgedruckt wird, so kann der User direkt darauf zeichnen bzw. annotieren und diese Änderungen können sofort im Tool umgesetzt und erneut ausgedruckt werden. Mit etwas Übung können so sehr effiziente und zielgerichtete Usersessions abgehalten werden, einerseits im Sinne eines partizipativen Designs, andererseits als formative Feedbackaktionen.

Nachteile von Low-Fidelity-Prototypen

- ✓ Es können in einem Low-Fidelity-Prototypen nicht alle Funktionen, Interaktions- und Navigationsmechanismen gut dargestellt werden (z. B. Zoomen oder Scrollen).
- ✓ User können sich das System oft nur schwer vorstellen und daher ist es schwieriger, ein valides Feedback zu bekommen.
- ✓ User können sich (fast) nur Funktionen, Interaktions- und Navigationsmechanismen vorstellen, mit denen sie bereits vertraut sind, neuartige Mechanismen aber kaum.
- ✓ Überprüfen von Usability-Zielen ist nur eingeschränkt möglich.
- ✓ Je technikaffiner eine Benutzergruppe ist, desto höher ist die Gefahr, dass der Prototyp innerlich abgelehnt bzw. nicht ernst genommen wird.

9.1.7 High-Fidelity-Prototypen („Hi-Fi-Prototypen“)

Hi-Fi-Prototypen haben aus Sicht des Users (!) eine hohe Ähnlichkeit mit dem tatsächlich zu entwickelnden System. Sie werden entwickelt, um das tatsächliche System – oder Teilbereiche davon – möglichst realistisch darzustellen. Die Entwicklung von Hi-Fi-Prototypen ist aufwendig. Deshalb kommen sie insbesondere bei Systemen zum Einsatz, bei denen

- ✓ es einen sicherheitskritischen Anwendungsbereich betrifft (z. B. Kontrollanalgen oder Medizintechnik),
- ✓ die Änderungszyklen neuen Releases langfristig ausgerichtet sind,
- ✓ die Entwicklungsdauer des Systems kein kritischer Faktor des Erfolges ist,
- ✓ neuartige Technologien bzw. Interaktionsmechanismen zum Einsatz kommen, die User sich sonst schwer vorstellen könnten.

Einige Beispiele eines Hi-Fi-Prototyps:

9.1.8 Programmierte Prototypen (Hi-Fi)

Diese digitalen und interaktiven Prototypen sind in Form und Funktion dem finalen Endprodukt sehr ähnlich. Sie werden in entsprechenden Entwicklungstools umgesetzt, wobei sie entweder als Wegwerfprodukt oder als Grundlage für die spätere Fertigstellung des User Interface vorgesehen werden. Ein derartiger Prototyp wird insbesondere entwickelt, wenn

- ✓ die Verfügbarkeit eines lauffähigen Prototyps zu Marketingzwecken erwünscht ist (z B. auf Messen),
- ✓ User die Gelegenheit bekommen sollen, sich vor Inbetriebnahme mit dem System allein zu beschäftigen,
- ✓ der Prototyp in allen Details zur Spezifikation (und als Vertragsbestandteil) herangezogen werden soll,
- ✓ eine summative Überprüfung gegenüber Normen, Standards oder sonstigen Guidelines erforderlich ist.

Bei Hi-Fi-Prototypen kommt es auch häufig vor, dass nur bestimmte Teilbereiche eines zukünftigen Systems umgesetzt werden (siehe inhaltliche Ausrichtung), z. B. jene, die für den kaufmännischen Erfolg oder die Sicherheit von Menschen oder Daten entscheidend sind.

9.1.9 Wizard-of-Oz-Prototypen (*Hi-Fi*)

Bei dieser Art des Prototypings glaubt der User, dass er mit einem System interagiert. In Wirklichkeit werden aber die Systemreaktionen vollständig simuliert, zumeist durch menschliches Eingreifen. Diese simulierte Reaktion geschieht aber so zeitnah, dass der User glaubt, diese ausgelöst zu haben. Aus Sicht der User ist ein derartiger Prototyp daher eher als HiFi einzustufen.

Wizard-of-Oz-Prototyping wird vor allem bei neuen Technologien oder bei Interaktionskonzepten eingesetzt, deren Umsetzung entweder technologisch noch gar nicht möglich oder zu aufwendig ist. Hier stellt der Wizard-of-Oz-Prototyp eine gute Möglichkeit dar, dennoch Erfahrungen zu sammeln, wie User mit dem entsprechenden System umgehen.

Vorteile von High-Fidelity-Prototypen

- ✓ Der Prototyp entspricht (aus Sicht der User) schon sehr dem fertigen System, daher weiß der User, wie das System sein wird, er muss sich nichts vorstellen.
- ✓ Es sind wesentlich mehr Aspekte valide testbar.
- ✓ Es ist beim Testen von High-Fidelity-Prototypen wichtig, die zeitliche Performance des späteren Echtsystems zu simulieren, z. B. bei langen Datenbankabfragen darf beim User

nicht der Eindruck entstehen, das neue System wird „schnell“, weil der Prototyp das Resultat „sofort“ darstellt.

- ✓ User können sich auch allein mit dem System beschäftigen und dann Feedback geben.
- ✓ Dies ist unter anderem sehr wertvoll, um die Einführung von neuen Systemen in Organisationen vorzubereiten, da so die Hemmschwelle bzw. eine möglicherweise negative Erwartungshaltung der Mitarbeiter adressiert werden kann.

Nachteile von High-Fidelity-Prototypen

- ✓ Die Entwicklung von High-Fidelity-Prototypen ist aufwendiger (kosten- und zeitintensiver).
- ✓ Es werden daher selten mehrere Prototypen im Zuge eines Designprozesses entwickelt.
- ✓ Wenn in einem High-Fidelity-Prototyp das Design iterativ weiterentwickelt wird, ist die Bereitschaft und Flexibilität, größere Änderungen vorzunehmen, geringer, da dies mit höherem Aufwand (und höherer notwendiger Motivation) verbunden ist.
- ✓ User denken, dass das System schon fast fertig ist und ihr Kritikverhalten ist beeinflusst (sie geben tendenziell besseres Feedback als sie tatsächlich empfinden.)
- ✓ User geben eher sich die Schuld, wenn sie bei einem (scheinbar) fast fertigen System etwas nicht verstehen oder können: „Es ist ja schon fast fertig, die Designer sind die Experten und haben sicher alles berücksichtigt, das Problem liegt bei mir.“
- ✓ User wollen den Prozess nicht bremsen und kritisieren weniger.
- ✓ User nehmen den Zeitpunkt für Feedback als „zu spät“ wahr und erachten ihren Input daher als sinnlos.

Kontrollfragen

47) Ein Hi-Fi-Prototyp ist ein Prototyp, der ...

A. dem angestrebten Endprodukt bereits sehr ähnlich ist.
B. viel moderne Technologie erfordert.
C. den vollen Funktionsumfang des zukünftigen Systems abdeckt.
D. akustische Aspekte in den Mittelpunkt stellt.

48) Welche der folgenden Aussagen über Lo-Fi-Prototypen ist falsch?

A. Benutzer können sich nicht gut allein damit beschäftigen.
B. Benutzer können sich das System immer gut vorstellen.
C. Benutzer trauen sich offen zu kritisieren.
D. Benutzer haben keine Erwartung an baldige Verfügbarkeit des Systems.

9.2 Prototypenklassifizierung nach inhaltlicher Ausrichtung

9.2.1 Vertikale Prototypen

Vertikale Prototypen stellen nur einen eingeschränkten Funktionsbereich eines Systems dar, der jedoch in einem hohen Detailgrad umgesetzt wird. Es werden alle relevanten Aspekte des entsprechenden Teilbereichs berücksichtigt, z. B. Bezeichnungen/Textierung, Navigations- und Bedienelemente, Contents etc. Mittels vertikaler Prototypen werden vorwiegend Teilbereiche eines Systems überprüft, die besonderer Aufmerksamkeit bedürfen. Dies sind vorwiegend Bereiche, die

- ✓ besonders komplex,
- ✓ neuartig,
- ✓ kritisch für den Erfolg eines Systems und
- ✓ sicherheitskritisch sind.

Beispiel: In einem Onlineshop für Garten- und Baumhäuser wird die Definition der wichtigsten Parameter für die Hauszustellung als vertikaler Prototyp umgesetzt, da es im aktuellen – zu erneuernden – System oftmals zu Schwierigkeiten und daraus resultierend zu Zustellungskomplikationen kam.

9.2.2 Horizontale Prototypen

Horizontale Prototypen stellen möglichst alle Funktionen und Inhalte eines Systems dar, allerdings sind diese nicht „funktionsfähig“ bzw. nicht im Detail umgesetzt. Sie dienen vorwiegend der Überprüfung übergeordneter Fragen, betreffend

- ✓ Produktlayout/Design,
- ✓ Aufbau der Navigation,
- ✓ Einteilung der Content-Bereiche,
- ✓ Screen Layout,
- ✓ Auswahl der Interaktionselemente (Zoomen, Scrolling etc.)

Man stellt bei der Überprüfung mittels horizontaler Prototypen fest, ob das System „auf dem richtigen Weg“ ist, bevor man ins Detail geht.

Beispiel: Ein Automat für das Einchecken der Passagiere (auf einem Flughafen) soll in Zukunft auch das Einchecken von Gruppen durch einen Reiseleiter unterstützen. Ein horizontaler Prototyp kann hier eingesetzt werden, um festzustellen, ob die Arbeitsweisen eines Reiseleiters grundsätzlich gut abgebildet sind.

9.2.3 Szenario-Prototyp

Ein Szenario-Prototyp ist eine Mischung aus einem vertikalen und einem horizontalen Prototyp, der speziell für das Überprüfen wichtiger Szenarien umgesetzt wird. Der Umfang und die Art der Darstellung der betreffenden Funktionsbereiche sind so gestaltet, dass ein vollständiges Durchspielen bzw. Bearbeiten eines definierten Szenarios möglich sind. Hierzu müssen neben dem Layout, der Navigation und den Funktionen auch entsprechende Inhalte bzw. Daten im Prototyp integriert sein.

Beispiel: In einem Bibliothekssystem für Universitäten soll die Verbuchung einer Buchrückgabe für Professoren außerhalb der gesetzlichen Frist – auf dem Kulanzweg – dargestellt und überprüft werden. Da dies in der Vergangenheit nicht möglich war und es deshalb immer wieder zu Beschwerden seitens des Kollegiums kam, soll nun eine entsprechende Funktion für ausgewähltes Institutspersonal eingeführt werden. Dazu wird diese Aufgabe vollständig in einem Szenario-Prototyp abgebildet und kann überprüft werden.

Die Ähnlichkeit eines Prototyps mit dem angestrebten Endprodukt kann sehr unterschiedlich sein. Er kann von einfachen Papierscribbles bis hin zu vollständigen Simulationen eines gesamten Endsystems reichen.

Kontrollfragen

49) Welche Arten von Prototypen eingeteilt nach inhaltlicher Ausrichtung gibt es NICHT?

A. Vertikale Prototypen
B. Horizontale Prototypen
C. Diagonale Prototypen
D. Szenario-Prototypen

50) Was stellen horizontale Prototypen dar? Horizontale Prototypen stellen ....

A. möglichst alle Funktionen und Inhalte, allerdings nicht im Detail umgesetzt.
B. einige ausgewählte Funktionen und Inhalte, im Detail umgesetzt.
C. Benutzergruppenspezifische Funktionen, zum Teil im Detail umgesetzt.
D. ausgewählte Funktionen und Inhalte eines Systems, nicht im Detail umgesetzt.

10 Evaluation – die Benutzerperspektive

10.1 Warum evaluieren?

Es gibt 2 grundlegende Typen von Evaluationen, die formative und die summative Evaluation, die sich im Wesentlichen darin unterscheiden, wann und wofür sie durchgeführt werden.

Die formative Evaluation:

Das herausragende Merkmal eines benutzerorientierten UX-Design-Prozesses ist das iterative Vorgehen, bei dem Zwischenprodukte kontinuierlich überprüft und den Erkenntnissen entsprechend angepasst werden. Diese Überprüfungen stellen sozusagen das Regulativ dar, das im Entwicklungsprozess nicht nur Problembereiche der Zwischenprodukte aufzeigt, sondern auch das Spannungsfeld zwischen verschiedenen Stakeholdern lösen kann. Solche Evaluationen zur kontinuierlichen Verbesserung eines Systems im Entwicklungsprozess nennt man formative Evaluationen.

Die summative Evaluation:

Evaluationen werden auch als abschließende Beurteilung eines Systems herangezogen. Welcher Aspekt des Systems hierbei angesprochen wird, kann unterschiedlich sein, z. B. die Konformität zu einem Standard (z. B. ISO 9241-210), die Erfüllung der Usability-Ziele oder die Umsetzung aller Nutzungsanforderungen. Abschließend beurteilende Evaluationen nennt man summative Evaluationen.

Den Unterschied zwischen formativer und summativer Evaluation veranschaulicht folgende Tabelle:

	Formative Evaluation	Summative Evaluation
	 *Abbildung 81: formative Evaluation*	 *Abbildung 82: summative Evaluation*
Zielgruppe	Das Projektteam selbst	Auftraggeber, betroffene Stakeholder
System-zustand	Kann schon bei ersten Scribbles oder Entwürfen begonnen werden	Funktioniert nur, wenn das System in relativ fertigem Zustand ist
Zweck	Direkt umsetzbare Verbesserungserfordernisse und -möglichkeiten identifizieren und die benutzungsbezogene Systemqualität steigern	Überprüfen, ob zu Projektbeginn definierte Systemeigenschaften, Benchmarks, Ziele oder Anforderungen ausreichend erfüllt sind
Methoden (vorwiegend)	Usability-Tests, Expertenbegutachtungen, Beobachtungen, Eyetracking	Usability-Tests, Expertenverfahren, spezielle Fragebögen und Checklisten

10.1.1 Evaluation als qualitätssichernde Maßnahme

Jede Evaluation dient dazu, konkrete Fragestellungen zu beantworten. Diese Fragestellungen können sehr unterschiedlich sein, es ist aber entscheidend, bei der Planung und Definition einer Evaluation konkret zu wissen, was man eigentlich überprüfen möchte, da davon die geeignetste Methode, die Detailfragen oder -aufgaben, die Auswahl der Testpersonen und einiges mehr abhängt.

Zumeist werden Evaluationen durchgeführt, um frühzeitig Fragen zu folgenden Aspekten zu beantworten:

- ✓ zu Benutzungsproblemen,
- ✓ zu Abweichungen von definierten Usability- bzw. UX-Zielen,
- ✓ zur Erfüllung von Nutzungsanforderungen.

In der frühzeitigen Identifikation von Problemen in diesen Bereichen liegt die wesentlichste Stärke des iterativen UX-Design-Prozesses. Für jedes System, jedes Budget, jeden Zeitplan oder verfügbare Qualifikationen gibt es Möglichkeiten, Evaluationen durchzuführen.

Evaluationsverfahren sind sehr vielfältig. Die Bandbreite reicht von Evaluationsverfahren ohne Benutzerbeteiligung über User-Tests, Fragebögen oder Interviews bis hin zu Feldtests oder Eyetracking. Eine detailliertere Beschreibung erfolgt später in diesem Kapitel.

Die Auswahl bzw. Definition der entsprechenden Evaluationen sollte bereits in der Projektplanung berücksichtigt werden, da ansonsten die Gefahr besonders groß ist, dass diese nicht umgesetzt werden. Wenn es in einem Projekt knapp wird (ob Zeit oder Budget), sind es leider immer noch zumeist die Evaluationsaktivitäten, die als Erstes gestrichen werden, obwohl diese oftmals am besten geeignet wären, um ein Projekt innerhalb der geplanten Ressourcen durchzuführen.

10.1.2 Evaluation zur Lösung von Spannungsfeldern

In einem Entwicklungsprozess treffen sehr unterschiedliche Menschen, Interessen, Qualifikationen, Fachdisziplinen, Verantwortlichkeiten und Erwartungshaltungen aufeinander. Jeder sieht das zukünftige System aufgrund seines individuellen und einzigartigen Hintergrundes, seiner Erfahrungswelten und Erwartungen anders, keine Sichtweise gleicht einer anderen. Oft wird im UX-Umfeld von der Heterogenität der Benutzer gesprochen, aber die Herausforderung von heterogenen Entwicklungsteams wird hierbei oftmals übersehen. Auch hierbei kann ein gut gestalteter UX-Prozess bzw. eine Evaluationsmaßnahme zur rechten Zeit helfen, Sichtweisen aufeinander abzustimmen und die Benutzer in den Mittelpunkt zu stellen.

Evaluationen helfen, indem sie allen in der Entwicklung beteiligten Personen veranschaulichen, wie es den Benutzern mit einem System geht und dass die Meinung einzelner Stakeholder nicht entscheidend ist. Wenn Entwickler, Designer oder andere Stakeholder erst einmal tatsächliche Benutzer im Umgang mit dem System erlebt haben, all ihre Benutzungsprobleme beobachtet und Emotionen dabei gespürt haben, dann muss für die Bedeutung von UX-Aktivitäten zumeist nicht mehr argumentiert werden.

Kontrollfragen

51) Eine summative Evaluation wird ...

A. abschließend zur Systembewertung durchgeführt.

B. einmal an einem kritischen Punkt im Prozess durchgeführt.

C. laufend zur Systemverbesserung durchgeführt.

D. zur Abnahme des Designs vor der Prototyperstellung durchgeführt.

10.2 Evaluationsmethoden und Verfahren

Es steht ein sehr umfangreicher und differenzierter Pool an Möglichkeiten zur Verfügung, um Evaluationen durchzuführen. Der UX-Verantwortliche in einem Entwicklungsprozess sollte mit den verschiedenen Möglichkeiten vertraut sein, um für das gegenständliche System bzw. Projekt die optimale(n) Methode(n) auszuwählen und in der Projektplanung zu verankern. Eine detaillierte Kenntnis der Methoden und eine fundierte praktische Erfahrung im Projekteinsatz ermöglicht dann in weiterer Folge auch Methoden anzupassen und zu individualisieren.

Die gängigsten Methoden zur Überprüfung der Usability sind:

- ✓ Usability-Tests (Im externen Labor oder „Do It Yourself"),
- ✓ Constructive Interaction,
- ✓ Videoanalysen,
- ✓ Experten basierte Verfahren (Expert Reviews) und Checklisten,
- ✓ Heuristische Evaluation und Cognitive Walkthrough
    - Fragebogenverfahren (folgende werden vorgestellt: SUMI, QUIS, CUSQ, SUS, ISOMetrics),
- ✓ unterstützende Maßnahmen, die ergänzende bzw. zusätzliche Erkenntnisse liefern: Thinking Aloud (Lautes Denken), Eyetracking, Interviews, Fragebögen und Fokusgruppen.

10.3 Usability-Tests

Der Usability-Test ist das bekannteste unter den Evaluationsverfahren. Das zentrale Element eines Usability-Tests ist die Durchführung von vordefinierten Aufgaben durch einen User. Dabei wird dieser User beobachtet und seine Aktionen werden analysiert und ausgewertet. Ein Testleiter ist direkt bei der Testperson und führt diese durch den Test. Andere Stakeholder des Projekts beobachten den Testablauf in einem anderen Raum (per Video-Broadcast, Screen-Sharing etc.) und können so live den Umgang der Testpersonen mit dem System miterleben.

Wenn ein User in einem System eine Aufgabe zu lösen versucht, zeigt sich die (relativ) unverfälschte Wahrheit über die Usability des Systems. Kann ein User eine Aufgabe nicht lösen, so ist dies deutlich sichtbar und sein Problem kann auch nicht geleugnet oder beschönigt werden. Tritt dasselbe Problem bei mehreren Usern auf, so liegt offensichtlich ein Usability-Problem des Systems vor.

Befragt man User hingegen nur darüber, wie benutzbar sie ein System finden und beobachtet sie nicht bei der konkreten Durchführung von Aufgaben, so bekommt man eine subjektive Einschätzung der User, wie sie glauben, das System bedienen zu können. Dies liefert aber keine tatsächlichen Erkenntnisse über konkrete Usability-Probleme. Die bloße Meinung der User ist massiv bestimmt durch die Vorstellungskraft, den Charakter und das Selbstbewusstsein des Users, den Interviewer und die Befragungssituation. Daher sind subjektive User-Aussagen im Sinne der Verbesserung der Usability nicht valide. Eine Ausnahme stellen hier Befragungen mittels statistisch korrekt entwickelter, normierter Fragebögen dar, wobei auch diese nur Hinweise über Problembereiche liefern können. Auch zur Beantwortung derartiger Fragebögen sollte der Benutzer mit dem System gearbeitet haben.

Das Kernelement eines Usability-Tests sind also Aufgaben („Tasks"), die ein User allein, ohne Unterstützung einer anderen Person durchführt. Üblicherweise bekommt ein User in einem Test ca. 5 bis 10 Aufgaben (nacheinander) vorgegeben, wobei die Anzahl von der Komplexität und Durchführungsdauer der einzelnen Aufgaben abhängt.

Zusätzlich zu den durchzuführenden Tasks werden zumeist vorher und/oder nachher kurze Fragebögen und/oder Interviews durchgeführt. Unterstützende Methoden wie z. B. „Lautes Denken", „Videoanalyse" oder „Eyetracking" können auch herangezogen werden, um die Durchführung und Auswertung zu optimieren.

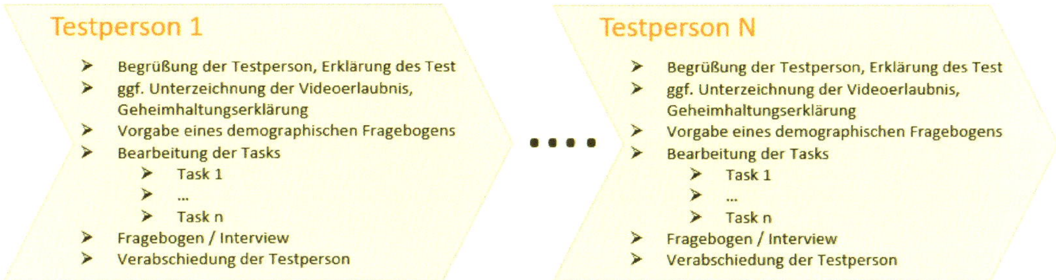

Abbildung 83: Ablauf der Durchführung in der Reihenfolge der Testpersonen

10.3.1 Planung eines Usability-Tests

Ein Usability-Test muss rechtzeitig und sorgfältig geplant werden, da mehrere Personen beteiligt sind und es einige erfolgskritische Abhängigkeiten zwischen System, Aufgaben und Rollen gibt. Die Planung betrifft folgende Aspekte, die in einem Testplan festgehalten werden. Diese Punkte müssen in der Planung berücksichtigt werden, die Reihenfolge ist hierbei von Projekt zu Projekt unterschiedlich. Die Punkte hängen sehr stark voneinander ab, weshalb eine iterative Planung meistens am besten geeignet ist.

Zielsetzung des Tests

Die wichtigste Frage, die zu Beginn eines Usability-Test-Vorhabens geklärt werden muss, ist der Zweck bzw. das Ziel des Tests. Ein Usability-Test muss immer konkrete Fragestellungen bzw. Unklarheiten adressieren, er ist nie Selbstzweck.

- ✓ Ist der Test formativ oder summativ?
  - Formativ: liefert vorwiegend Feedback für das Entwicklungsteam („formend“).
  - Summativ: liefert eine abschließende Beurteilung bestimmter Kriterien für entsprechende Stakeholder („summierend“).
- ✓ Welche Fragestellungen sollen beantwortet/geklärt werden?
  - Konkrete Problembereiche, Unklarheiten, Designalternativen
- ✓ In welchem Detailgrad sollen die Fragestellungen adressiert werden?
- ✓ Manche Fragestellung umfassen generelle Abläufe oder das Verständnis von Strukturen, andere hingegen adressieren die konkrete Bezeichnung von Buttons oder Menüpunkten. Eine Abstimmung der Vorstellungen hierzu ist erforderlich, um sicherzustellen, dass die Testdaten wie gewünscht ausgewertet werden können.

Durchzuführende Aufgaben/Tasks

Während des Tests bekommt die Testperson konkrete Testaufgaben/Tasks vorgegeben. Eine sorgfältige Entwicklung dieser Tasks ist der Schlüssel zu einem erfolgreichen (validen und informativen) Ergebnis.

- ✓ Welche Aufgaben sollen die Benutzer im Zuge des Tests durchführen?
  - Jede Aufgabe im Zuge des Tests muss zur Klärung einer oder mehrerer Fragestellungen des Tests beitragen.
  - Als Ausnahme kann eine Warm-up-Aufgabe vorgegeben werden, damit der User die Möglichkeit hat, sich in der Testsituation zurechtzufinden.
- ✓ Wie werden die Aufgaben formuliert und vorgegeben?
  - Jede Aufgabe muss schriftlich ausformuliert werden.
  - Sie soll der Testperson dann in der Testsituation auch schriftlich vorgelegt werden, um die Einheitlichkeit der Testdurchführung zu gewährleisten.
  - Bei der Formulierung der Tasks muss das Vokabular, die Ausdrucksweise bzw. der Stil so gewählt werden, wie der Benutzer in der realen Benutzungssituation auch an die Aufgabe herangehen bzw. darüber nachdenken würde.
- ✓ Wann ist eine Aufgabe als erledigt/abgeschlossen zu werten?
  - Für jede Aufgabe ist ein konkretes Ergebnis zu definieren, das die Testperson nennen soll. Das Erreichen einer Seite oder eines Screens ist in den meisten Fällen als Ergebnis zu unkonkret, es sollte ein konkreter Inhalt (Zahl, Datum, Preis, Begriff etc.) genannt werden.
- ✓ Wie soll der Testperson strukturiert Hilfestellung gegeben werden, wenn sie in der Aufgabendurchführung nicht mehr weiterweiß?
  - Wenn eine Testperson nicht mehr weiterkommt, kann der Task als beendet erklärt werden.

- In manchen Fällen ist es aber wünschenswert, dass die Testperson trotz Problemen weiterkommt, um die darauffolgende Taskschritte testen zu können (z. B. Produktauswahl, um den Warenkorb zu testen). Für diese Fälle ist ein zwei- bis dreistufiges Hilfesystem hilfreich, das im Nachhinein die Bewertung der Usability nicht verfälscht, sondern den Umgang mit Problemen reguliert (z B. 1. Stufe: Task in anderen Worten wiederholen, 2. Stufe: Hinweis auf Bildschirmbereich, 3. Stufe: konkretes Bedienelement nennen).

Fragebögen oder Interview

In vielen Fällen wird der Testperson zusätzlich zu den Tasks vor und/oder nach der Testdurchführung auch ein Fragebogen vorgegeben oder es wird ein Interview durchgeführt. Der Inhalt dieser Befragungen bestimmt, wann dies passiert.

Abbildung 84: Jedes Interview muss gut vorbereitet werden.

Gibt es Fragestellungen für den Test, die mittels Fragebogen oder Interview adressiert werden sollen? Wenn ja, welche?

- ✓ Sind hierzu geeignete Verfahren verfügbar bzw. käuflich zu erwerben?
- ✓ Wie schnell sind diese verfügbar?
- ✓ Wie erfolgt die Auswertung?
- ✓ Sollen diese vor oder nach den Aufgaben vorgegeben/durchgeführt werden?
- ✓ Wer entwickelt den Fragebogen und/oder Interviewleitfaden?
- ✓ Wer wird diese dann durchführen (siehe auch Rollen)?

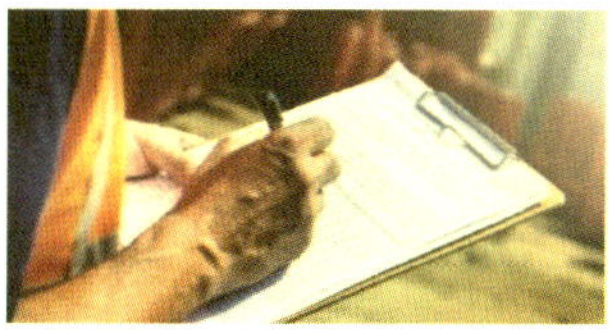

Abbildung 85: Fragebogen können je nach Gestaltung einfach oder kompliziert auszuwerten sein.

Testbudget, Ressourcen, Infrastruktur

Die Aktivitäten rund um einen Usability-Test erfordern interne und ggf. externe Ressourcen und verursachen Kosten. Daher sollte man zu Beginn von Usability-Aktivitäten grundsätzlich das verfügbare Budget bzw. die Ressourcen kennen.

- ✓ Welches Budget steht für den Test zur Verfügung?
  - Ein finanzielles Budget kann nötig sein, insbesondere für externes Labor, zugekaufte Fragebögen, Aufwandsentschädigung für Testpersonen, Verpflegung der Testpersonen, Miete von technischem Equipment oder Räumlichkeiten.
- ✓ In welchen Räumlichkeiten werden die einzelnen Testsessions durchgeführt?
  - Ein Raum für Testperson und Testleiter, ein Besprechungsraum für beobachtende Personen

- ✓ Welche technische Infrastruktur wird für die Lauffähigkeit des Prototyps/Systems benötigt?
    - o Internetverbindung, Datenbankanbindung, spezielles Tool etc.
    - o Die vom User wahrgenommene technische Performance (z. B. Ladegeschwindigkeit einer Website oder Dauer einer Datenbankabfrage) sollte den realen Bedingungen im Echtbetrieb entsprechen.
- ✓ Welche technische Infrastruktur wird zur Gestaltung der Beobachtungssituation benötigt?
    - o Video, Audio, was soll aufgenommen werden (Hände, Gesicht etc.)?
- ✓ Wie sollen die technisch gewonnenen Daten ausgewertet werden?
- ✓ Ist ein externes Usability-Labor eine Möglichkeit?
- ✓ Ist ausreichend Budget für ein externes Labor vorhanden?
    - o Ist die Durchlaufzeit des Tests und der daraus resultierende Designstillstand für die zu testenden Bereiche des Systems aus Sicht des Gesamtprojektes tragbar?
- ✓ Welche sonstigen Infrastruktur- oder Organisationsaspekte sind zu planen?
    - o z. B. Schreibmaterial und Tischvorlagen (Tasks)

Termin, Zeitplanung

Die zeitliche Planung eines Tests ist von großer Bedeutung, um die Durchführung und die Ergebnisse nicht zu gefährden.

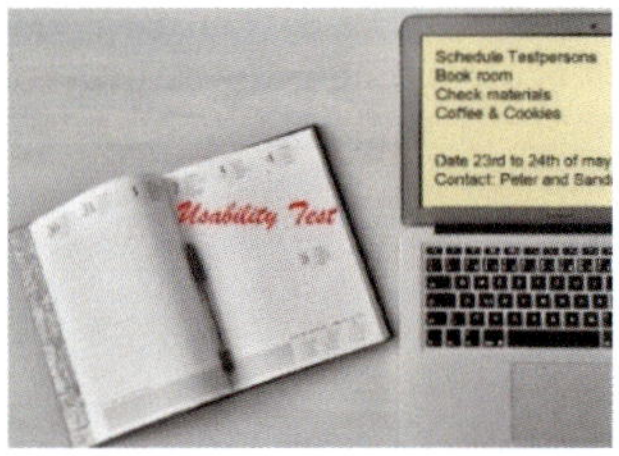

Abbildung 86: Die Planung eines Tests ist entscheidend für dessen Qualität und die Ergebnisse.

- ✓ Wann soll getestet werden (Datum, Uhrzeiten)?
    - o Die Zeitplanung hängt immer auch von der Verfügbarkeit der Testpersonen ab.
    - o An welchen Tagen wird getestet?
    - o Wann können Reservezeiten eingeplant werden, wenn eine Testperson ausfällt?
    - o Testsessions kurz vor der Mittagspause oder gegen Abend hin können zu schlechterer Konzentrationsfähigkeit der Testpersonen führen (Hunger, Müdigkeit). Hier ist es sinnvoll, mit Pausen und gegebenenfalls kleinen Snacks und Getränken entgegenzuwirken.
- ✓ Wie lange soll eine Testsession dauern?
    - o Es ist wichtig, genügend Zeit pro Testperson einzuplanen. Es ist im Sinne der Erkenntnisse ungünstig, eine Testperson unter Zeitdruck setzen zu müssen, weil zu wenig Zeit vorgesehen ist. Des Weiteren ist es ungünstig, die darauffolgende Testperson warten zu lassen, da dies die Testperson bereits unangenehm beeinflussen kann.
- ✓ Eine Probetestsession mit einem User kann die zeitliche Abschätzung einer Testsession sehr gut unterstützen. Insbesondere bei Tests mit speziellen Usergruppen ist eine

Probetestsession dringend zu empfehlen, da auch die Erfahrung von UX-Experten hier stark vom konkreten Fall abweichen kann (z. B. Senioren, Kinder, hochqualifizierte Spezialfachkräfte, z. B. Fluglotsen oder Neurochirurgen).

Entwicklungsstatus des Systems bei Durchführung

Die Version des Systems/Prototyps, die während des Tests zum Einsatz kommt, muss bis ins kleinste Detail vorher festgehalten werden. Daten müssen auf die Tasks abgestimmt sein, notwendige Menüpunkte, Navigationselemente etc. müssen vorhanden und bezeichnet sein etc.

- ✓ Welchen Entwicklungsstatus soll das System oder der Prototyp für den Test haben?
- ✓ Welche Bereiche, Aspekte, Funktionen und/oder Aufgaben sollen testbar sein?
- ✓ Soll das getestet werden, was zu einem bestimmten Zeitpunkt bzw. Milestone verfügbar ist, oder wird gezielt für den Usability-Test entwickelt?
- ✓ Welche Daten sollen in dem System bzw. Prototyp abgebildet sein, damit der User seine Aufgaben lösen kann?
- ✓ Dies ist auch für die genaue Formulierung der Tasks für den User entscheidend.

Rollen während des Usability-Tests

Vor, während und nach dem Test sind verschiedene Personen für verschiedene Aktivitäten zuständig. Diese Verantwortlichkeiten sollten vorher klar definiert werden, damit es im Zuge des Tests nicht zu Missverständnissen oder Problemen kommt.

- ✓ Wer übernimmt die Rolle des Testleiters, d. h. jener Person, die sich bei der Testperson befindet, die Aufgaben vorgibt, gegebenenfalls unterstützt und grundsätzlich für den Ablauf der Testsession verantwortlich ist?
    - o Es ist sinnvoll, eine zweite Person auf diese Rolle vorzubereiten, falls der Testleiter ausfällt. Ein schnelles, unvorbereitetes Einspringen einer anderen schnell verfügbaren Person ist für die Qualität des Tests bzw. der Ergebnisse nicht empfehlenswert.
- ✓ Wer protokolliert genau mit, was die Testperson tut und sagt?
    - o Der Testleiter kann auch Notizen machen, allerdings muss er sich auf die Testperson konzentrieren und kann oftmals nicht beides erfüllen.
    - o Wer ist die Person, die hauptverantwortlich für die Protokollierung ist?
- ✓ Wie wird protokolliert? Es hat sich in der Praxis bewährt, Screens auszudrucken und direkt auf den Ausdrucken zu kommentieren. Die Auswertung jeder Art von Protokoll muss zeitnah erfolgen, da ansonsten viel Information verloren geht oder missinterpretiert wird.
- ✓ Wer ist für die technische Infrastruktur verantwortlich?

- ✓ Wer betreut das zu testende System und ist sofort verfügbar, wenn es ein Problem gibt? (Kontakttelefonnummer notieren!)
- ✓ Wer betreut die sonstige technische Infrastruktur und ist sofort verfügbar, wenn es ein Problem gibt? (Kontakttelefonnummer notieren!)
- ✓ Wer rekrutiert die Testpersonen?
    - o Eine zeitgerechte Rekrutierung und Einteilung ist sehr wichtig, da die Testpersonen der wichtigste Bestandteil des Tests sind und es oft notwendig ist, sich etwas nach diesen zu richten.
- ✓ Wer empfängt und betreut die Testpersonen außerhalb der Testsession (wartende Testpersonen, bereits fertige Testpersonen, eventuell Betreuung beim Ausfüllen eines abschließenden Fragebogens etc.)?
- ✓ Wer soll idealerweise noch einzelne oder alle Testsessions beobachten?
    - o Wer soll die tatsächliche Usability des Systems oder Prototypen realistisch und ungefiltert sehen?
    - o Relevant sind in vielen Fällen z. B. Programmierer, Entwickler, Kunden, Projektverantwortliche sowie Marketing- oder späteres Schulungspersonal.

Testpersonen

Testpersonen sind einer der wichtigsten und gleichzeitig heikelsten Aspekte eines Usability-Tests. Sie stellen sozusagen das Messinstrument dar, das System ist das Messobjekt. Entsprechend viel Aufmerksamkeit sollte daher der Definition und Auswahl der Testpersonen gewidmet werden.

Abbildung 87: Testpersonenvielfalt

- ✓ Wer soll getestet werden?
    - o Stehen tatsächliche Benutzer zur Verfügung oder müssen Repräsentanten definiert und gesucht werden?
    - o Welche Charakteristika bzw. Fähigkeiten sollen die Testpersonen in welcher Ausprägung aufweisen?
    - o Typisch (aber nicht zwingend oder ausreichend) sind z. B. technische Kenntnisse, Fachwissen, Sprachkenntnisse, Alter und Geschlecht, Interessen, Ortskenntnis etc.
- ✓ Wie kann festgestellt werden, ob die Testpersonen dem Profil entsprechen?
    - o Wo kann notfalls am ehesten von den Anforderungen abgewichen werden?
- ✓ Wie viele Testpersonen sollen getestet werden?
    - o Abhängig von der Heterogenität der Zielgruppe und der Häufigkeit von Evaluationsmaßnahmen im Laufe des Entwicklungsprozesses kann die Anzahl stark variieren.

Rechtliche Rahmenbedingungen, Datenschutz

Das Testen bzw. auch das Befragen, Beobachten oder Filmen von Personen und die Verarbeitung entsprechender Daten ist nicht uneingeschränkt erlaubt.

- ✓ Welche rechtlichen Aspekte müssen mit dem User oder sonstigen Stakeholdern geklärt und/oder schriftlich festgehalten werden?
  - Wer bereitet diese vor?
- ✓ Folgende Vereinbarungen sind sehr häufig:
  - Datenschutzerklärungen bei der Erfassung von personenbezogenen Daten,
  - Geheimhaltungserklärung zu dem in Entwicklung befindlichen System,
  - Zustimmung der Testpersonen für die Aufzeichnung und Verarbeitung von Video und Audio (hierbei ist der genaue Verwendungszweck zwingend anzugeben).

Auswertung und Reporting

Die Auswertung bzw. das Reporting eines Usability-Tests sollte zielgerichtet und effizient gestaltet werden.

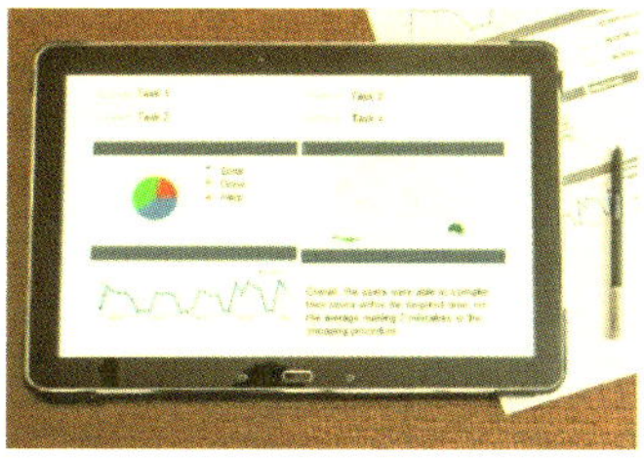

Abbildung 88: Eine effiziente und effektive Testauswertung erfordert Erfahrung

- ✓ Wer ist die Zielgruppe für die Ergebnisse?
  - Für das Entwicklungsteam, das Probleme beheben soll, sind andere Aspekte bzw. Details sinnvoll als für die Marketingabteilung.
- ✓ Ein formativer Bericht beinhaltet jene Aspekte, die für die Korrektur von Problemen erforderlich sind:
  - Problembeschreibung, Ursache, Begründung und entscheidende Kriterien für die Änderung,
  - eine klassifizierende Bewertung, z. B. nach einem Ampelsystem.
- ✓ Ein summativer Bericht beinhaltet die abschließende Beurteilung, ob das gegenständliche System vordefinierte Kriterien erfüllt, bzw. inwieweit es diese nicht erfüllt. Derartige Kriterien können beispielsweise sein:
  - das Erfüllen einer Norm (z. B. ISO 9241-110) oder Richtlinie (z. B. W3C WCAG),
  - das Erreichen gesetzter Ziele (Zeit für Aufgabenausführung).

Ein Testplan kann in einer beliebigen Form umgesetzt werden (Planungstool, E-Mail, Präsentationsfolien, Textdokument etc.), wichtig ist aber, dass er allen beteiligten Personen zur Verfügung steht.

10.3.2 Ungünstige Einflussfaktoren

Ein Usability-Test ist für die Testperson keine natürliche Situation. Im tatsächlichen Anwendungskontext würden sich die meisten User im Umgang mit dem System anders verhalten. Diese situationsbezogene Verhaltensabweichung kann sich in vielerlei Hinsicht zeigen. So fühlen sich Testpersonen „getestet“, d. h. sie sind oftmals nervöser und gestresster als sonst. Dies kann sich auf die Konzentration und die Kreativität von Lösungsansätzen auswirken. Gleichzeitig sind User in Testsituationen oft geduldiger und bemühen sich länger bei der Erledigung einer Aufgabe. Des Weiteren würden Testpersonen in einigen Fällen einen anderen Lösungsweg suchen als der in der Testaufgabe vorgegebene (z. B. Suche eines Inhalts auf einer Website durch Quereinstieg über eine Suchmaschine).

Zusätzlich können die Testsituation und damit auch die Ergebnisse durch das Verhalten des Testleiters beeinflusst werden, wobei sich der Testleiter in der Testsituation dessen zumeist gar nicht bewusst ist. Zu diesen Verhaltensweisen zählen z. B.:

- ✓ Die Körpersprache des Testleiters kann unbewusst Feedback geben oder (de)motivieren (z. B. Körperhaltung, Räuspern, Hüsteln, Vorbeugen, Zurücklehnen etc.).
- ✓ Die Wortwahl kann entscheidende Hinweise oder Ablenkungen liefern (z. B. „Suchen Sie bitte <u>die</u> Zustellungsadresse für die Bestellung“ versus „Suchen Sie bitte <u>eine</u> Zustellungsadresse für die Bestellung“).
- ✓ „Entwicklereffekt“: wenn der Testleiter mögliche Probleme einer Testperson als für sich persönlich negativ empfindet, wird er häufig unbewusst helfend oder unbewusst leicht verärgert oder verständnislos.
- ✓ Die Sympathie oder Antipathie für eine Testperson verändert das Verhalten ihr gegenüber (z. B. der Wunsch der Testperson zu helfen oder die Einschätzung der Fähigkeiten der Testperson).

Kontrollfragen

52) Welche der folgenden Aussagen ist jeweils richtig? ***Das zentrale Element eines Usability-Tests ist …***

A. die standardisierte Befragung von Usern mittels Fragebogen.
B. die Durchführung von vordefinierten Aufgaben durch einen User.
C. die freie Beobachtung von Usern in ihrem Tätigkeitsumfeld.
D. die gemeinsame Bearbeitung von Aufgaben der User mit einem Testleiter.

53) Ein Usability-Test …

A. sollte sorgfältig geplant und durchgeführt werden.
B. kann jederzeit völlig spontan erfolgen.
C. muss nicht geplant, aber sorgfältig durchgeführt werden.
D. kann mit jeder verfügbaren Person als Testperson durchgeführt werden.

54) Welcher der folgenden Inhalte ist nicht Bestandteil eines Testplans?

A. Durchzuführende Tasks/Aufgaben
B. Definition des Systemzustands zum Testzeitpunkt
C. Namen der Kontaktdaten der Testpersonen
D. benötigte Infrastruktur

10.4 Constructive-Interaction-Methode

Eine Abwandlung des klassischen Usability-Tests ist die Constructive-Interaction-Methode. Hierbei wird jede Aufgabe zwei Testpersonen gemeinsam vorgegeben, mit der Vorgabe, diese gemeinsam zu lösen. Es ist dabei wichtig, dass die beiden Testpersonen tatsächlich miteinander kommunizieren, Möglichkeiten abwägen und einen Handlungskonsens finden. Wenn nur eine Testperson agiert und die andere nur zusieht oder jeder Aktion zustimmt, dann geht der Mehrwert der Methode verloren.

Dieser Mehrwert dieser Methode liegt in der Diskussion zwischen den beiden Testpersonen. Aus dieser Diskussion kann man in vielen Fällen mehr über die Beweggründe und Handlungen der Benutzer erfahren als durch das bloße Beobachten einer einzelnen Testperson. Des Weiteren hat die Methode den Vorteil, dass sich die Testpersonen in diesem Untersuchungsaufbau weniger „getestet" fühlen, d. h. sie sind entspannter und gehen offener an die Lösung der Aufgaben heran. Dadurch fällt eine wesentliche Störvariable eines Usability-Tests, nämlich der Stressfaktor, weg.

Die Constructive Interaction eignet sich besonders für komplexe und/oder fachspezifische Systeme, bei denen die Interpretation der Verhaltensweisen der Benutzer besonders schwierig bzw. fehleranfällig ist.

10.5 Teach Back Methode

Eine andere Abwandlung des klassischen Usability-Tests ist die Teach-Back-Methode, bei der auch zwei Testpersonen gemeinsam in einer Testsession zum Einsatz kommen. Sie basiert auf einem Meister-Schüler-Modell.

Eine dieser beiden Personen (1. Testperson) hat das Arbeiten mit dem Programm davor bereits in einer gesonderten Übungssituation erlernt. Nun soll festgestellt werden, ob das mentale Modell dieser ersten Testperson das Programm auch passend repräsentiert oder wo die Abbildung des Programms im Kopf des Benutzers nicht wie erwünscht erfolgt ist. Daher soll nach der Übungsphase die erste Testperson einer anderen – mit dem System nicht vertrauten – Testperson (2. Testperson) die Bedienung und Funktionsweise des Systems erklären. Zusätzlich kann auch die erste Testperson der zweiten Testperson beim Lösen vorgegebener Aufgaben mit dem System helfen.

Die entscheidenden Erfolgsfaktoren für diese Methode sind die Aufgabenorientierung und der Detaillierungsgrad der Erklärungen in der Übungsphase sowie die Komplexität und der Umfang des Systems.

10.6 Unterstützende Methoden

10.6.1 Lautes Denken (Thinking Aloud)

Der User wird während der Durchführung einer Aufgabe dazu angehalten, „laut zu denken“, d. h. seine Handlungen und Beweggründe zu kommentieren. Dadurch ist es für den Testleiter oft einfacher, die Aktionen bzw. das Verhalten der Testperson zu verstehen.

Es ist aber wichtig zu wissen, dass es „Lautes Denken“ als Fähigkeit des Gehirns nicht gibt. Formulieren bzw. Reden und Denken und Handeln sind unterschiedliche mentale Prozesse, die jeweils für sich Ressourcen binden und sich daher gegenseitig beeinflussen. Das heißt, wenn jemand aufgefordert wird, während einer Tätigkeit zu erklären, wie oder warum er dies gerade tut, so wird dessen Tätigkeit behindert. Es ist z. B. sehr schwer, eine Treppe hinunterzugehen und dabei die Bewegung der Beine simultan zu beschreiben.

Außerdem kann nicht davon ausgegangen werden, dass User tatsächlich alles sagen, was sie bewegt. User dokumentieren ihr Handeln z. B. eher selten, wenn es ihnen selbst unverständlich oder „dumm“

vorkommt, da sie sich selbst nicht schlecht darstellen wollen. Wird ein User still, d. h. hört er auf sein Handeln zu erklären, so ist dies sehr häufig auf erhöhte Konzentration auf die Aufgabe zurückzuführen, was wiederum einen Rückschluss auf die Usability der entsprechenden Systemfunktion erlaubt.

10.6.2 Eyetracking

Unter Eyetracking versteht man das Aufzeichnen der Blickbewegungen einer Person („das Verfolgen des Auges bzw. Blickes“). Blickbewegungen bestehen hauptsächlich aus Fixationen (Punkte, die man genau betrachtet), Sakkaden (schnellen Augenbewegungen) und Regressionen (Rückwärtssprünge). Wertet man diese Aktivitäten der Augen während einer konkreten Tätigkeit aus, kann man Rückschlüsse auf das Verhalten, die Erwartungshaltung bzw. das Verständnis der Person ziehen.

Eyetracking-Systeme liefern Daten über

- ✓ die Dauer einer Fixation (wie lange hat die Testperson wohin geschaut?),
- ✓ den Blickverlauf des Benutzers (wie sind seine Augen über den Screen gewandert, wo ist er „hängengeblieben“ ?) und
- ✓ summierte Daten verschiedener Benutzer in Heat-Maps, welche die „heißesten“ Betrachtungspunkte bzw. durch ihre Größe die Betrachtungsdauer darstellen.

Im Zuge von Usability-Untersuchungen wird diese Methode eingesetzt, um daraus Rückschlüsse auf das Verhalten oder auf Probleme von Testpersonen zu ziehen. Allerdings ist die Interpretation von Eyetracking-Daten mit großer Sorgfalt vorzunehmen. Die Feststellung, dass jemand z. B. auf einer Bildschirmseite zuerst die Kopfzeile betrachtet, lässt noch keine qualitativen Rückschlüsse zu, warum dies der Fall ist. Dazu ist der genaue Kontext (was war die Aufgabe?), eine zusätzliche Befragung der Person oder die Methode des „Lauten Denkens“ notwendig.

Sorgfältig durchgeführtes Eyetracking kann eingesetzt werden, um klassische Usability-Tests zu unterstützen. Moderne Eyetracking-Systeme können nicht nur bei Software, sondern auch bei Produkten des Alltags, mobilen Geräten oder Kontextuntersuchungen eingesetzt werden.

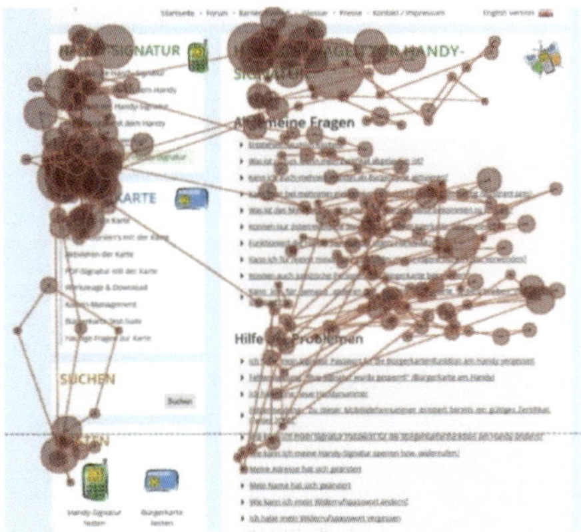

Abbildung 89: (links) Blickverlauf eines Benutzers: je größer der farbige Kreis, desto länger hat der Blick des Benutzers auf der Stelle geruht.
Allerdings sind derartige Blickverläufe mit Vorsicht zu interpretieren, weil sie allein nichts über die tatsächliche Wahrnehmung bzw. Informationsverarbeitung des Benutzers aussagen.

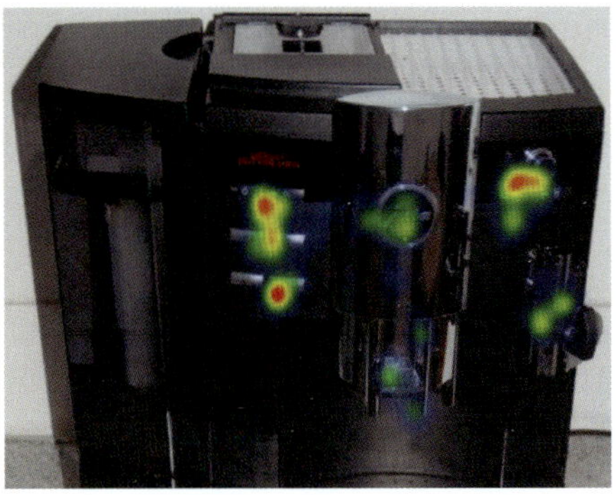

Abbildung 90: Heat-Map zeigt die Verweildauer des Blicks an der Stelle

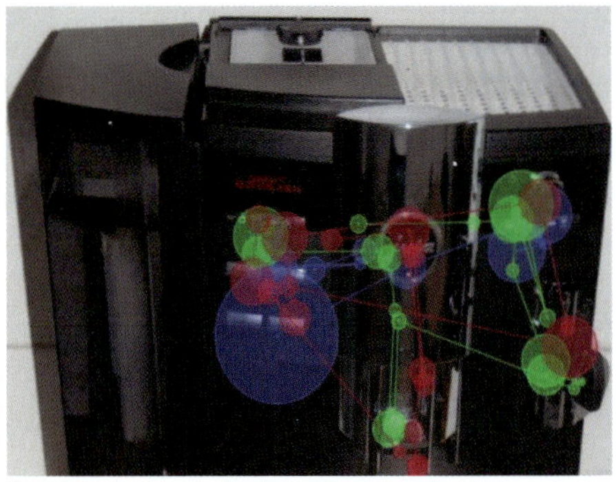

Abbildung 91: Blickverlauf eines Benutzers: je größer der farbige Kreis, desto länger hat der Blick des Benutzers auf der Stelle geruht

10.6.3 Fokusgruppen

Eine Fokusgruppe ist eine strukturierte, streng moderierte Diskussionsgruppe. Sie folgt einem klaren Leitfaden und definierten Fragestellungen. Im Zuge von Usability bzw. User-Experience-Aktivitäten eignet sie sich, um übergeordnete Fragestellungen und Unklarheiten bei einer Systementwicklung mit Benutzern zu diskutieren und daraus Entscheidungen abzuleiten.

Die ideale Teilnehmeranzahl liegt zwischen 5 und 8 Personen. Die Gruppe sollte homogen sein, aber dennoch ist eine gewisse Variation notwendig, da sonst keine Diskussion entsteht. Bei mehreren Benutzergruppen des geplanten Systems sind auch mehrere Fokusgruppen vorzusehen.

Eine Fokusgruppe bietet die Möglichkeit, etwas Transparenz in die Gedanken- und Erlebenswelt der User zu bekommen und daraus solide Hypothesen über diese aufzustellen. Gut moderierte

Diskussionen können Teilnehmer inspirieren, über ihren Bezugsrahmen hinauszudenken und wertvolle Innovations- oder Änderungsinputs zu liefern.

Fokusgruppen sind weniger dazu geeignet, umfangreiche, navigationsintensive User Interfaces zu diskutieren, da der rote Faden schnell verloren geht. Die Darstellung von Information auf einem einzelnen Screen lässt sich aber beispielsweise auch in einer Fokusgruppe behandeln.

Kontrollfragen

55) Welche der folgenden Aussagen zu „Thinking Aloud“ bzw. „Lautem Denken“ ist richtig? Thinking Aloud ...

A. erklärt immer, was Benutzer wirklich denken.
B. ist zumeist nur in Kombination mit Rückfragen des Testleiters aussagekräftig.
C. funktioniert gut, weil es für das menschliche Gehirn ganz natürlich ist.
D. ist nur in Kombination mit Eyetracking zu verwenden.

56) Welche der folgenden Aussagen über Fokusgruppen ist richtig? Fokusgruppen ...

A. ersetzen Usability-Tests.
B. decken konkrete Usability-Probleme auf.
C. sind ein Bestandteil jedes Usability-Tests.
D. bieten die Möglichkeit, etwas Transparenz in die Erlebenswelt der User zu bekommen.

10.7 Expertenbasierte Verfahren (Expert Reviews)

Expertenbasierte Usability-Verfahren stellen eine effiziente Methode dar, bestimmte Aspekte eines Systems ohne die Einbindung von Benutzern zu überprüfen. Diese Verfahren können einen Usability-Test nicht voll ersetzen, sind jedoch eine hervorragende Möglichkeit, mehrfach im Entwicklungsprozess notwendige Korrekturen und Änderungen im User Interface zu identifizieren.

Man unterscheidet hierbei zwei Typen von Experten basierten Verfahren:

- ✓ taskorientierte Verfahren, Cognitive Walkthroughs: das Durchgehen des Systems anhand der Aufgaben, die in der Anforderungsanalyse definiert wurden,
- ✓ Heuristische Evaluation: die Überprüfung eines vordefinierten Kriterienkatalogs.

10.7.1 Cognitive Walkthrough

Ein Cognitive Walkthrough basiert immer auf einer für das System vorliegenden Taskanalyse (Aufgabenanalyse) bzw. auf den in ihre Subaufgaben zerlegten Aufgaben.

Bei dieser Methode sind die Evaluatoren das Projektteam selbst (User Experience Designer, Entwickler etc.). Sie wird gemeinsam durchgeführt, wobei nur einer der Evaluatoren das System bedienen sollte, um so den gemeinsamen Handlungskonsens am besten gewährleisten zu können. Würde jeder Teilnehmer am Cognitive Walkthrough in das System eingreifen, ginge der entscheidende rote Faden schnell verloren.

Anhand der vorliegenden Taskanalyse werden nacheinander die wichtigsten Tasks im System durchgegangen, d. h. Schritt für Schritt werden die Aufgaben bzw. Subaufgaben im System bearbeitet. Welche Aufgaben die wichtigsten sind, ist projektspezifisch und sollte ebenfalls aus der Taskanalyse hervorgehen: Sind es die häufigsten, die kritischen oder die für den kommerziellen Erfolg bedeutsamsten Tasks?

Während die Evaluatoren Schritt für Schritt das System durchgehen, stellen sie sich bei jedem Schritt wohldefinierte Fragen, die aufdecken sollen, ob der Task gut und verständlich im User Interface abgebildet ist.

Die ursprüngliche Variante des Cognitive Walkthrough stammt von C. Wharton, der folgende 4 Fragen vorgab:

1. Wird der Nutzer versuchen, den richtigen Effekt zu erzielen, d. h. weiß er, was er als Nächstes tun soll?
2. Wird der Nutzer merken, dass die passende Funktion verfügbar ist?
3. Wird er diese Funktion mit dem erwünschten Effekt in Verbindung bringen?
4. Wenn er die Funktion ausgeführt hat, glaubt er sich dann seinem Ziel näher?

R. Spencer hat die Durchführung vereinfacht, indem er die 4 Fragen auf 2 Fragen zusammengefasst hat:

1. Wird der User in dieser Situation/diesem Zustand wissen, was er zu tun hat?
2. Wenn er die Aktion gesetzt hat, wird er wissen, ob er erfolgreich war bzw. ob er die gewünschte Aktion mit dem entsprechenden Ergebnis gesetzt hat?

Wenn die Evaluatoren geleitet durch die Tasks und moderiert durch die vorgegebenen Fragen durch das System gehen, so können Probleme in der Taskorientierung eines User Interface gut aufgedeckt werden. Zu entsprechenden Problemen zählen beispielsweise fehlende Navigationsmöglichkeiten, missverständliche Bezeichnungen oder fehlende Daten oder Informationen.

Die Durchführung eines Walkthroughs ist im Prinzip sehr einfach, die Schwierigkeit liegt aber darin, sich strikt an den jeweiligen Task zu halten und nicht von diesem abzukommen und in andere Teile des User Interface abzuzweigen.

Die Methode des Cognitive Walkthrough kann aber auch Schwächen haben. Die schwerwiegendste Problematik ist, dass die Evaluatoren nicht notwendigerweise wissen, wie man eine Aufgabe durchführen sollte (z. B. fachspezifische Eigenheiten). So kann es passieren, dass sie fehlerhafte Annahmen treffen. Manchmal identifizieren Experten dabei Probleme, die User gar nicht als solche empfinden oder übersehen Probleme, weil sie annehmen, der User wüsste, was zu tun ist. Des Weiteren ist die Methode abhängig von einer sehr sorgsamen Aufgabenanalyse.

10.7.2 Heuristische Evaluation

Heuristik ((auf)finden, entdecken) bezeichnet die Kunst, mit begrenztem Wissen („unvollständige Informationen") und wenig Zeit zu guten Lösungen zu kommen.

In einem heuristischen Verfahren wird das System anhand von vordefinierten Heuristiken evaluiert. Die zugrunde liegende Annahme ist: Wenn die Heuristiken erfüllt sind, so ist auch das System als Ganzes gut benutzbar. Es ist also ein analytisches Vorgehen, bei dem mit eingeschränktem Wissen über das System mithilfe von Mutmaßungen Aussagen über dieses System getroffen werden.

Bei der Heuristischen Evaluation begutachten mehrere Usability-Experten unabhängig voneinander das System und stimmen danach ihre Ergebnisse ab, um zu einer gemeinsamen Beurteilung des Systems bzw. einer abgestimmten Problemliste zu kommen. Zumeist ist eine Anzahl von 3–5 Evaluatoren sinnvoll, da sich gezeigt hat, dass die Anzahl und Auswahl der identifizierten Probleme sehr vom Evaluator, dessen Erfahrung und Domainwissen abhängt.

Jeder Evaluator geht alle Views/Screens/Fenster einzeln durch und beurteilt diese anhand aller Heuristiken. Der bedeutende Unterschied zum Walkthrough ist, dass hier nicht taskorientiert vorgegangen wird, sondern die Views/Screens/Fenster in einer linearen Sequenz herangezogen werden. Meistens sind mehrere Durchläufe notwendig.

Der Nachteil einer Heuristischen Evaluation liegt klar in der fehlenden Taskorientierung. Es können hierbei aber sehr gut strukturelle Probleme, Inkonsistenzen, fehlende Informationen oder Navigationsmöglichkeiten identifiziert werden. Des Weiteren erfordert diese Methode von den Evaluatoren viel Übung, um effizient und valide arbeiten zu können.

Die bekanntesten Heuristiken stammen von dem Begründer der Methode, Jacob Nielsen. Sie können für fast jede Art von System herangezogen werden. Inzwischen existieren aber auch fach- oder technologiespezifischere Heuristiken. Es zahlt sich aus, für ein zu bewertendes System darüber nachzudenken, welche Heuristiken am besten geeignet sind oder ein qualifiziertes Set an Heuristiken (Kriterien) selbst zusammenzustellen.

10 Heuristiken von Jacob Nielsen:

Sichtbarkeit des Systemstatus

Das System sollte den User immer darüber informiert halten, was gerade vor sich geht – durch passendes Feedback innerhalb einer angebrachten Zeit.

Zusammenspiel zwischen realer Welt und System

Das System muss die Sprache der User sprechen, mit Worten, Phrasen, Symbolen und Konzepten. Konventionen aus der realen Welt sollen übernommen und Informationen in einer logischen, natürlichen Reihenfolge dargeboten werden.

Userkontrolle und -freiheit

User verwenden eine Funktion/Navigation oft unabsichtlich – das System muss einen eindeutigen „Notausgang" bereitstellen. „Undo" und „Redo" müssen immer angeboten werden.

Konsistenz und Standards

Benutzer sollten sich nicht fragen müssen, ob unterschiedliche Begriffe, Darstellungen oder Elemente in verschiedenen Situationen dasselbe oder Verschiedenes bedeuten.

Fehlerprävention

Fehlerprävention durch ein sorgsames Design ist besser als eine gute Fehlermeldung. Entweder kann man fehleranfällige Situationen eliminieren oder man lässt den User kritische oder aufwendige Aktionen durch einen zusätzlichen Befehl (Button) bestätigen.

Wiedererkennung ist besser als Erinnern

Der Gedächtnisaufwand der User wird dadurch minimiert, dass Aktionen, Informationen etc. dargeboten werden nicht auswendig gelernt werden müssen. Insbesondere soll diese Funktionalität beim Wechsel zwischen verschiedenen Fenstern/Views unterstützt werden.

Flexibilität und Effizienz in der Benutzung

Beschleunigende Interaktionselemente (z. B. Shortcuts) – unsichtbar für den ungeübten User – helfen oft dabei, verschiedene Usergruppen zu unterstützen.

Ästhetik und minimalistisches Design

Dialoge sollten keine Informationen oder Elemente beinhalten, die irrelevant sind oder nur sehr selten benötigt werden. Jede irrelevante Informationseinheit konkurriert mit den relevanten um die Aufmerksamkeit des Users und verringert daher deren Wahrnehmung.

Unterstützung des Users beim Erkennen, Diagnostizieren und Beheben von Fehlern

Fehlermeldungen müssen in einer einfachen Sprache gehalten werden und dem User die Möglichkeit bieten, den Fehler zu erkennen und die Lösungsmöglichkeiten zu verstehen.

Hilfe und Dokumentation

Auch wenn es besser ist, wenn ein System ohne Dokumentation auskommt, so gibt es dennoch Systeme, die diese erfordern. Eine entsprechende Hilfe oder Dokumentation muss einfach zu durchsuchen, aufgabenorientiert gestaltet und auf das Wesentliche konzentriert sein.

Kontrollfragen

57) In welchem der Verfahren geht man taskorientiert vor?

A. Heuristische Evaluation

B. Cognitive Walkthrough

C. Bei beiden

D. Bei keinem der beiden

58) In welchem der Verfahren geht man anhand eines definierten Katalogs von „Kriterien“ vor?

A. Heuristische Evaluation

B. Cognitive Walkthrough

C. Bei beiden

D. Bei keinem der beiden

59) Welche der folgenden ist KEINE Heuristik von Jacob Nielsen?

A. Wiedererinnerbarkeit

B. Konsistenz und Standards

C. Technische Innovation

D. Userkontrolle

10.8 Fragebogenverfahren

Eine gute Möglichkeit, andere Aspekte der Usability bzw. User Experience eines Systems zu betrachten, sind normierte, geeichte Fragebögen. Bei diesen handelt es sich um Fragebögen, die wissenschaftlich korrekt entwickelt wurden, um spezielle Faktoren, zumeist subjektive Einschätzungen und Meinungsbilder der User, zu erheben. Bevor User den jeweiligen Fragebogen ausfüllen, müssen sie in allen Fällen das System kennengelernt bzw. damit gearbeitet haben. Erst dann können sie das System sinnvoll bzw. valide beurteilen.

Aus den Ergebnissen derartiger Fragebögen lassen sich nicht direkt Usability- oder User-Experience-Probleme ablesen, sie zeigen aber Problembereiche auf, die in weiterer Folge genauer untersucht werden können.

10.8.1 SUMI (Software Usability Measurement Inventory)

Mit dem SUMI wird die Nutzungsqualität von Software aus Sicht des Benutzers gemessen. Er dient der Bewertung von Produkten während der Entwicklung, dem Produktvergleich und der Formulierung von Gestaltungszielen für die Weiterentwicklung eines Produkts.

Der Fragebogen gibt 50 Items vor, die jeweils 5 Subskalen zugeordnet sind. Diese Subskalen sind: Effizienz, Affekt, Hilfe und Unterstützung, Kontrollierbarkeit und Erlernbarkeit. Der Benutzer sieht bei der Beantwortung des Fragebogens nicht, auf welche Eigenschaft des Systems (d. h. auf welche Subskala) ein spezielles Item abzielt. Zu jeder Subskala gehören also 10 dreistufige Items mit den verbalen Ankern „stimme zu“, „weiß nicht“ oder „stimme nicht zu“.

Die Auswertung erfolgt zusätzlich auf einer „Global“-Skala, die 25 der insgesamt 50 Items umfasst, die gemeinsam das Konstrukt „Gebrauchstauglichkeit“ am besten repräsentieren.

Einen interessanten Mehrwert bietet die Item Consensual Analysis (ICA). Hier werden Antwortmuster auf Item Ebene mit den Antwortmustern aus einer „Standardisierungsdatenbank“ verglichen, die einen „generischen Softwarestandard“ repräsentiert. Dies gibt an, auf welchen Items die Software besser oder schlechter als der Standard bewertet wird.

Der SUMI-Fragebogen ist vollständig standardisiert und in einer Vielzahl von Sprachen verfügbar (u. a. Englisch, Deutsch, Italienisch, Spanisch, Französisch).

10.8.2 SUS (System Usability Scale)

SUS ist eine sehr einfache, aber trotzdem verlässliche Methode, um die Usability eines Systems (Hardware, Software, Website, mobile Geräte) durch Benutzer beurteilen zu lassen. Der SUS-

Fragebogen besteht aus 10 Items (Aussagen) mit jeweils 5 Antwortmöglichkeiten von „stimme vollständig zu“ bis „stimme gar nicht zu“.

SUS hilft nicht festzustellen, welche Usability-Probleme vorliegen, die Methode ermöglicht vielmehr eine Einschätzung der Usability bzw. des getesteten Systems. Die Auswertung ergibt einen Score zwischen 0 und 100, wobei dies kein Perzentil darstellt. Erfahrung und Forschung zeigen, dass ein Wert über 68 eine gute Usability anzeigt.

Items aus dem SUS, im Original:

- ✓ I think that I would like to use this system frequently.
- ✓ I found the system unnecessarily complex.
- ✓ I thought the system was easy to use.
- ✓ I think that I would need the support of a technical person to be able to use this system.
- ✓ I found the various functions in this system were well integrated.
- ✓ I thought there was too much inconsistency in this system.
- ✓ I would imagine that most people would learn to use this system very quickly.
- ✓ I found the system very cumbersome to use.
- ✓ I felt very confident using the system.
- ✓ I needed to learn a lot of things before I could get going with this system.

10.8.3 ISOMetrics

Dies ist ein Verfahren zur Evaluation von Software auf Basis der ISO 9241-110. Auf 7 Subskalen, die den Gestaltungsgrundsätzen der ISO 9241-110 entsprechen, werden insgesamt 75 Items per Ratingskala von jedem Benutzer bewertet.

Es gibt zwei Versionen des ISOMetrics-Verfahrens, die beide dieselben Items benutzen.

- ✓ ISOMetrics S (short) ermöglicht die ausschließlich numerische Bewertung (Dauer ca. 30–60 Minuten).
- ✓ ISOMetrics L (long) bietet zusätzlich pro Item eine zusätzliche Ratingskala zur Bewertung von dessen Wichtigkeit sowie einen Freiraum für die Darstellung konkreter Beispiele, die Schwächen des Systems in Bezug auf den Inhalt des Items beschreiben (Dauer mind. 2 Stunden). ISOMetrics L kann so für die numerische und die qualitative, gestaltungsunterstützende Evaluation einer Software eingesetzt werden.

ISOMetrics liegt in einer deutsch- und einer englischsprachigen Version vor.

10.8.4 QUIS 7.0 (Questionnaire for User Interface Satisfaction)

QUIS ist ein Fragebogen, der die subjektive Zufriedenheit der Nutzer mit dem User Interface eines Systems erfasst. Er umfasst ein ganzes Paket, das folgende Elemente beinhaltet:

- ✓ einen demografischen Fragebogen,
- ✓ die Messung der allgemeinen Zufriedenheit auf 6 Skalen,
- ✓ die Messung von 11 speziellen User-Interface-Faktoren, (Screen Layout, Terminologie und System-Feedback, Erlernbarkeit, Systemleistung, Technical Manuals, Online-Tutorials, Multimedia, Spracherkennung, Virtual Environments, Internetfähigkeit, Software Installation).
- ✓ Jeder dieser 11 Faktoren wird vom Benutzer sowohl als Ganzes als auch in einzelnen Bestandteilen beurteilt, die den ganzheitlichen Faktor ausmachen. Die Beurteilung erfolgt auf einer 9-stufigen Skala zwischen einem negativen Adjektiv und einem positiven Adjektiv. Auch eine „Nicht bewertet"-Option ist möglich.

Der Fragebogen kann für die individuellen Schwerpunkte einer Software bzw. die Interessen der Entwicklung konfiguriert werden. Eine verfügbare Kurzversion besteht aus 20 Items und zusätzlich gibt es 5 Items zu einer generellen Bewertung. Jedes Items besteht aus zwei gegensätzlichen Adjektiven, z. B. „inkonsistent" vs. „konsistent".

Optional gibt es noch Bewertungsbereiche für getrennte Komponenten des betrachteten Systems, z. B. Handbücher, Onlinehilfen, Internetzugang und Systeminstallation.

QUIS 7.0 ist in folgenden Sprachen verfügbar: Englisch, Deutsch, Italienisch, Portugiesisch, Spanisch.

Er ist auch als Onlineversion verfügbar.

10.8.5 CSUQ (Computer System Usability Questionnaire)

(http://hcibib.org/perlman/question.cgi)

Der CSUQ erhebt die subjektive Zufriedenheit der User mit einem System. User bewerten das System online anhand von 19 Items. Ein Item umfasst jeweils eine Aussage (z. B. „Es war einfach das System zu bedienen") und eine siebenstufige Bewertungsskala zwischen „stimme sehr zu" und „widerspreche sehr" (strongly agree – strongly disagree). Zusätzlich können User zu jedem Item einen schriftlichen Kommentar abgeben. Abschließend sollen die User noch die 3 positivsten und die 3 negativsten Aspekte des Systems nennen.

Das Ergebnis wird pro User in reinem Textformat direkt an eine definierte E-Mail-Adresse gesendet. Von dort kann es zur Auswertung einfach in ein Tabellenverarbeitungsprogramm oder Ähnliches übernommen werden.

Kontrollfragen

60) Welcher der folgenden Fragebögen dient NICHT der Erfassung der subjektiven Zufriedenheit der Benutzer?

A. SUS

B. CSUQ

C. ISO Metrics

D. SUMI

11 Glossar

Begriff	Erklärung
Accessability	siehe Barrierefreiheit
Agile Softwareentwicklung	Sammelbegriff für eine Reihe von Methoden und Praktiken, die im Wesentlichen auf Werten und Prinzipien des „Manifests Agiler Softwareentwicklung“ basieren.
Agiles Manifest	Basis für „Agile Methoden“ bestehend aus 4 Werten und 12 Prinzipien für einen iterativen Softwareentwicklungsprozess
Anormale Trichromaten	sehen zwar ztalle drei Grundfarben, können aber Farben nicht so gut unterscheiden wie normalsichtige Menschen
Aufgabe/Task	die Tätigkeit bzw. das Ziel, das der Benutzer bewältigen will – unabhängig von dem verwendeten System
Aufgabenanalyse/Taskanalyse	das methodische Analysieren bzw. Erheben jener Aufgaben, die Benutzer (mit einem System) bewältigen wollen/sollen
Aufgabenangemessenheit	Dialogprinzip der ISO 9241; ein interaktives System ist aufgabenangemessen, wenn es den Benutzer unterstützt, seine Arbeitsaufgabe zu erledigen, d. h., wenn Funktionalität und Dialog auf den charakteristischen Eigenschaften der Arbeitsaufgabe basieren anstatt auf der zur Aufgabenerledigung eingesetzten Technologie
Barrierefreiheit	das Ausmaß, in dem ein Benutzer im Sinne der Definition von Usability ein System unabhängig von möglichen physischen oder psychischen Einschränkungen bedienen kann (die Verwendung von Hilfsmitteln bei Einschränkungen wird dabei berücksichtigt)
Benutzer	eine Person, die ein System verwendet, anwendet bzw. nutzt – im Gegensatz zu einem Kunden, der es käuflich erwirbt

Benutzergruppe	eine Gruppe von Personen, die bezogen auf bestimmte Charakteristika, die für die Nutzung relevant sind, homogen ist
Benutzerschnittstelle/ User Interface	umfasst alle Eingabe- und Ausgabegeräte eines Systems sowie Interaktionsmöglichkeiten mit einem System
Beobachtung	eine Methode, um Einsichten in das Verhalten von Personen zu gewinnen, die sich bei einer Befragung nicht erheben lassen
Bezugsrahmen	individuell unterschiedliche Konzepte, Personen oder Erfahrungswelten, an denen sich jeder Mensch orientiert
Cognitive Walkthrough	Experten basierte Usability-Evaluationsmethode, die auf einer zugrunde liegenden Aufgabenanalyse aufbaut
Constructive Interaction	eine Usability-Test-Methode, bei der zwei Personen gemeinsam Aufgaben an einem gegenständlichem System bearbeiten; die Interaktion dieser beiden Personen steht im Zentrum der Beobachtung
Dialogprinzipien/ Grundsätze der Dialoggestaltung	ISO 9241-110; allgemeingültige Qualitätsmerkmale interaktiver Systeme
Dichromaten	Dichromaten können nur zwei Grundfarben unterscheiden (Farbfehlsichtigkeit)
Domain, Domäne	fachlicher (Anwendungs-)Bereich
Deuteranopie	Grünblindheit, die Farbe Grün wird nicht wahrgenommen, entsprechende Mischungen aus den Grundfarben (rot, grün, gelb) werden daher auch anders wahrgenommen
Deuteranomalie	Grünschwäche

Dynamisches Sehen	optische Wahrnehmung von Bewegung, findet vorwiegend im Bereich des peripheren Sehens statt
Effektivität	grundlegendes Qualitätsmerkmal eines Systems, welches das genaue bzw. vollständige Erreichen eines angestrebten Ergebnisses ermöglicht
Effizienz	grundlegendes Qualitätsmerkmal eines Systems, das eine ressourcenschonende Anwendung zur Zielerreichung beschreibt
Entwickler	Personen, welche die Programmierung bzw. technische Umsetzung eines Systems durchführen
Entwicklungsprozess	der Prozess, der die Planung, Konzeption und technische Umsetzung aller Bestandteile eines Systems umfasst
Erlernbarkeit	grundlegendes Qualitätsmerkmal eines Systems, das beschreibt, inwieweit der Aufwand verschiedener Benutzer zur Erlangung grundlegender Fertigkeiten in dem System passend ist
Erfordernis	eine Voraussetzung, die für den Benutzer zu erfüllen ist, damit er seine Aufgabe erfolgreich erledigen kann – losgelöst von einem konkreten System
Eyetracking	eine Methode der Blickverlaufskontrolle von Menschen, die unterstützend bei Usability-Tests angewendet werden kann
Erwartungskonformität	Dialogprinzip der ISO 9241; beschreibt, inwieweit ein System den Erwartungen des Benutzers in Vokabular, Konventionen etc. entspricht
Farbassoziationen/ Farbwirkung	die emotionale Wirkung, die Farben bei Menschen auslösen; Farbassoziationen sind sehr kulturabhängig
Farbenblindheit	eine, zwei oder alle Grundfarben und aus deren Mischung resultierende Farben können nicht wahrgenommen werden

	(Ursache: Störung/Fehlen der entsprechenden Sinneszellen im Auge, der Zapfen)
Farbfehlsichtigkeit	Störung der Farbwahrnehmung; Personen nehmen Farben wahr, aber Intensität, Mischverhältnis und/oder das Farbspektrum sind verändert
Fehler/Benutzungsfehler	Interaktionsverhalten eines Benutzers, das zu einem unerwünschten Systemzustand oder einer Systemreaktion führt, welche die erfolgreiche Aufgabenausführung beeinflusst/stört
Fehlertoleranz	Dialogprinzip der ISO 9241 bzw. grundlegendes Qualitätsmerkmal eines Systems, das beschreibt, wie ein System mit unerwartetem oder unpassendem Interaktionsverhalten der Benutzer umgeht bzw. mögliche negative Folgen verhindert
Figur und Grund	psychologisches Gestaltgesetz
Fokusgruppe	streng moderierte Diskussionsgruppe zu vordefinierten Fragestellungen
Formative Evaluation	die Überprüfung der Usability eines in Entwicklung befindlichen Systems, mit dem Ziel konkrete Usability-Probleme bzw. Verbesserungsnotwendigkeiten zu identifizieren
Foveales Sehen	scharfes, farbiges Sehen, Sinneszellen liegen in der Fovea centralis (Sehgrube) auf der Netzhaut
Fragebogen	Befragungsmethode, bei der Personen selbst schriftlich vorgegebene Fragen beantworten oder aus Antwortmöglichkeiten auswählen
Gebrauchstauglichkeitsnorm	verschiedene Arten von ISO-Normen (Gebrauchstauglichkeits-, Qualität-, Maß-, Prüf-,

	Sicherheitsnorm); ISO 9241 ist eine Gebrauchstauglichkeitsnorm
Gestaltgesetze	von der Gestaltpsychologie ermittelte Strukturen und Ordnungsprinzipien der menschlichen Wahrnehmung
Gesetz der Nähe	Gestaltgesetz; Elemente mit geringen Abständen zueinander werden als zusammengehörig wahrgenommen
Gesetz der Ähnlichkeit	Gestaltgesetz; ähnliche Elemente werden eher als zusammengehörig erlebt als unähnliche
Gesetz der guten Gestalt (oder Einfachheit bzw. Prägnanz)	Gestaltgesetz; es werden bevorzugt Gestalten wahrgenommen, die in einer einprägsamen (Prägnanztendenz) und einfachen Struktur (= „gute Gestalt") resultieren
Gesetz des guten Verlaufs (oder der durchgehenden Linie)	Gestaltgesetz; Linien werden immer so gesehen, als folgten sie dem einfachsten Weg. Kreuzen sich zwei Linien, so gehen wir nicht davon aus, dass der Verlauf der Linien an dieser Stelle einen Knick macht, sondern wir sehen zwei gerade durchgehende Linien
Gesetz des gemeinsamen Schicksals	Gestaltgesetz; zwei oder mehrere sich gleichzeitig in eine Richtung bewegende Elemente werden als eine Einheit oder Gestalt wahrgenommen
Gesetz der verbundenen Elemente	verbundene Elemente werden als ein Objekt empfunden
Gesetz der gemeinsamen Region	Elemente in abgegrenzten Gebieten werden als zusammengehörig empfunden
Gestaltpsychologie	Richtung innerhalb der Psychologie, die sich mit Strukturen und Ordnungsprinzipien in der Wahrnehmung beschäftigt
Grundfarben	Grün, Blau, Rot; für diese Farben gibt es jeweils eigene Rezeptoren (Sinneszellen) in der Retina, die sogenannten Zapfen; Gelb entsteht durch die gleichzeitige Anregung der

	Rezeptoren für Rot-Sehen und Grün-Sehen, der Farbeindruck wird im Gehirn gebildet
Gütekriterien	Qualitätskriterien für Methoden bzw. Daten (der sozialwissenschaftlichen Methoden)
Hauptsichtfeld	Bereich (ca. 60°) der visuellen Wahrnehmung, den der Mensch in relativ guter Auflösung ohne Augenbewegung wahrnehmen kann
Heuristische Evaluation	Experten basierte Überprüfung der Usability anhand von Heuristiken (Kriterien, deren Erfüllung Rückschlüsse auf die Usability erlaubt)
High-Fidelity-Prototyp	ein Prototyp, der dem fertigen System visuell und funktionell sehr ähnlich ist
Horizontaler Prototyp	ein Prototyp, der den Überblick über das geplante System darstellt, allerdings bei keinen Funktionen/keinem Bereich in die Tiefe geht
Individualisierbarkeit	Dialogprinzip der ISO 9241; beschreibt, inwieweit der Benutzer in der Interaktion mit dem System seine persönlichen Präferenzen einstellen kann
Informationsverarbeitung	die Aufnahme, Ordnung und Interpretation von wahrgenommenen Reizen durch das menschliche Gehirn
Interdisziplinarität	das Zusammenwirken, gemeinsame Arbeiten von mehreren Fachrichtungen
Interview	Befragungsmethode, bei der Personen mündlich Fragen gestellt werden; Antworten sind (je nach Fragestellung) frei, innerhalb vordefinierter Kategorien oder durch die Auswahl aus vorgegebenen Antworten möglich
ISO-Norm	eine Norm, die von der International Standards Organisation herausgegeben wird

ISO 9241	die wichtigste Gruppe der Normen, die den menschzentrierten Entwicklungsansatz umfassen
Iterativer Prozess	ein Prozess, der wiederholend evaluierende Maßnahmen und daraus resultierende Korrekturmaßnahmen vorsieht
Kontext	Rahmenbedingungen, unter denen die Nutzung eines Systems stattfindet
Lean UX	schlanke und effektive UX-Prozesse in einer agilen Entwicklung
Lernförderlichkeit	Dialogprinzip der ISO 9241; Dialog ist lernförderlich, wenn er den Benutzer beim Erlernen der Nutzung des interaktiven Systems unterstützt und anleitet
Lifecycle	Phasenmodell; im UX-Kontext der iterative Entwicklungsprozess
Low-Fidelity-Prototyp	ein Prototyp, der sich von dem fertigen System (insbesondere) visuell noch stark unterscheidet
Mensch-Maschine-Interaktion	umfasst die Bedienung einer Maschine (Hardware und Software) durch einen Menschen und den resultierenden Dialog
Menschzentrierte Gestaltung	Gestaltung eines interaktiven Systems, das den Menschen bzw. dessen Verwendung des Systems in den Mittelpunkt stellt
Mentale Modelle	die Vorstellungen eines Menschen von Dingen bzw. seiner Umwelt, wie diese funktionieren, aussehen oder sich verhalten
Monochromaten	Monochromaten können nur eine Farbe wahrnehmen (Farbfehlsichtigkeit)
Norm	eine anerkannte Regel (der Technik)

Nutzer	siehe Benutzer
Nutzungsanforderungen	konkrete Anforderungen an das System, die aus Sicht der zukünftigen Benutzer aufgestellt werden und alle relevanten Aspekte für den Benutzer umfassen
Nutzungskontext	der Kontext, in dem ein Benutzer ein System anwendet (hängt wesentlich zusammen mit dem Benutzer und seiner Aufgabe)
Objektivität	Gütekriterium; Unabhängigkeit von Daten von Einflüssen, die aus ihrer Erhebung resultieren
Optische Täuschung	visuelle Wahrnehmung, die nicht den zugrunde liegenden Reizmustern entspricht
Papierprototyp	Darstellung eines zukünftigen Systems auf Papier, wobei Interaktionen mit dem System oft durch einen Moderator simuliert werden
Paralleles Design	Designprozess; gleichzeitiges Entwerfen von zwei oder mehr Designalternativen durch zwei oder mehr Personen zum Zweck einer offenen UX-Diskussion zu Projektbeginn und Vermeidung frühzeitiger Limitierung der Ideen
Partizipatives Design	Designprozess; zukünftige Benutzer sind von Beginn an ein Bestandteil des Projektteams und werden nicht nur zu evaluierenden Maßnahmen hinzugezogen
Pattern Library	siehe Styleguide
Peripheres Sehen	unscharfes, wenig farbiges Sehen, Sinneszellen liegen außerhalb der Fovea centralis (Sehgrube) auf der Netzhaut
Persona	eine konstruierte, fiktive Person, die einen zukünftigen Benutzer repräsentiert

Perspektivenübernahme	das Betrachten von Sachverhalten oder Umständen aus der Sicht einer anderen Person
Primäre Benutzergruppe	die in der Anwendung eines Systems bedeutendste Benutzergruppe (die Bedeutsamkeit kann z. B. wirtschaftlichen Erfolg, Sicherheit von Menschen, Umwelt oder Daten betreffen)
Product backlog	Eine dynamische Aufstellung aller Anforderungen an eine zu erstellende Software; wird während des gesamten Entwicklungsprozesses weiterentwickelt
Produktlebenszyklus	Zeitraum von der Planung über die Entwicklung und den Betrieb bis hin zur Entsorgung/Abschaffung eines Produktes, Systems
Protanomalie	Rotschwäche
Protanopie	Rotblindheit; die Farbe Rot wird nicht wahrgenommen, entsprechende Mischungen aus den Grundfarben (Rot, Grün, Gelb) werden daher auch anders wahrgenommen
Prototyp	Modell eines Systems, das ausgewählte Aspekte des Systems darstellt
Qualitative Usability-Ziele	(qualitative Nutzungsanforderungen) Ziele, die Benutzungsqualitäten eines zukünftigen Systems beschreiben
Quantitative Usability-Ziele	(quantitative Nutzungsanforderungen) Ziele, die messbare, quantifizierbare Eigenheiten eines zukünftigen Systems definieren
Reliabilität	Gütekriterium; Verlässlichkeit einer Untersuchungsmethode
Rezeptor	Sinneszelle im Auge, auf der Netzhaut
SCRUM	(englisch scrum für „das Gedränge“) ist ein Vorgehensmodell zur agilen Softwareentwicklung

Sekundäre Benutzergruppe	die Benutzergruppe, die das System ebenfalls anwendet, allerdings eher für sekundäre Aufgaben wie Wartung, Schulung oder andere seltenere Aufgaben
Selbstbeschreibungsfähigkeit	Dialogprinzip der ISO 9241; das Maß, in dem für den Benutzer zu jeder Zeit offensichtlich ist, in welchem Dialog, an welcher Stelle im Dialog er sich befindet, welche Handlungen unternommen werden können und wie diese ausgeführt werden können
Softwareentwicklungsprozess	Vorgehensweise zur Entwicklung von Software, welche die Entwicklung von Software von der Konzeption bis zum Einsatz im Echtbetrieb in ihrer Komplexität beherrschbar macht
Software-Ergonomie	bezeichnet die Disziplin, die sich mit der mensch- bzw. benutzerzentrierten Gestaltung von Software beschäftigt
Soziale Regeln	wie erwartet wird, dass sich Menschen in einem bestimmten sozialen Umfeld verhalten
Sprint	Iteration mit festgelegter Länge, in denen Teile der Software (User Stories oder Product Backlog Items kurz PBIs) in potentiell auslieferbare Inkremente umgewandelt werden
Stäbchen	Rezeptor für Helligkeitswahrnehmung im menschlichen Auge
Stakeholder	Personen, die ein Interesse an der Entwicklung bzw. der Nutzung eines Systems haben
Statisches Sehen	nuancenreiche Wahrnehmung von statischen Objekten, vorwiegend im Bereich der Fovea centralis auf der Netzhaut
Steuerbarkeit	Dialogprinzip der ISO 9241; beschreibt, inwieweit der Benutzer in der Lage ist, einen Dialogablauf zu starten bzw. seine Richtung und Geschwindigkeit zu beeinflussen

Storyboard	zumeist comicartige Darstellung des Ablaufes der Benutzung eines Systems in einem realistischen Kontext
Summative Evaluation	die Überprüfung der Usability am Ende der Entwicklung eines Systems, mit dem Ziel eine abschließende Bewertung abzugeben bzw. Konformität gegenüber definierten Kriterien oder Normen zu prüfen
Styleguide	Regelwerk und Richtlinien, wie definierte Aspekte eines Systems zu gestalten sind; kann visuelle Aspekte oder auch Aspekte der Interaktion bzw. des Systemverhaltens umfassen
Szenario	Darstellung des Ablaufes der Benutzung eines Systems als Geschichte mit (mindestens) einer Persona als agierender Person
Task	siehe Aufgabe
Teach Back	eine Usability-Test-Methode, basierend auf dem Meister-Schüler-Modell, an der zwei Personen teilnehmen; eine Testperson nimmt die Rolle des Meisters ein, eine die des Schülers, um Aufgaben zu lösen
Testleiter	die für die korrekte Durchführung eines Usability-Tests verantwortliche Person
Testleitereffekt	unerwünschte, den Usability-Test beeinflussende Effekte, die bei der Durchführung eines Usability-Tests durch die Person des Testleiters auftreten können
Testplan	detaillierter Plan, in dem die inhaltlichen und organisatorischen Aspekte eines Usability-Tests definiert werden
Thinking Aloud – lautes Denken	unterstützende Usability-Test-Methode, bei der die Testpersonen angehalten werden, ihre Gedanken und Motivationen kontinuierlich verbal zu dokumentieren

Trichromaten	Personen, die Rezeptoren für alle drei Grundfarben haben und entsprechend auch das ganze Farbspektrum wahrnehmen
Tritanomalie	Blauschwäche
Tritanopie	Blaublindheit; die Farbe Blau wird nicht wahrgenommen, entsprechende Mischungen aus den Grundfarben werden daher auch anders wahrgenommen
Universelles Design	bezeichnet den Ansatz, Produkte und Dienstleistungen so zu gestalten, dass diese für möglichst alle Menschen gut benutzbar sind
Usability	auch Benutzbarkeit, Benutzerfreundlichkeit; bezeichnet die Qualität eines Systems, die sich auf dessen Anwendung bezieht und durch mehrere Kriterien bestimmt wird; dazu zählen unter anderem Benutzercharakteristika, Anwendungskontext oder Benutzeraufgaben
Usability Inspection	Experten basierte Usability-Evaluation
Usability-Test	Usability-Evaluationsmethode, bei der zukünftige Benutzer (oder entsprechende Repräsentanten) konkrete Aufgaben mit dem System bearbeiten und dabei beobachtet werden, um Erkenntnisse über die Usability des Systems zu gewinnen; zumeist ergänzt durch ein Interview oder einen Fragebogen
Usability-Ziele	für jedes System zu definierende detaillierte Vorgaben, welche Usability-Kriterien das zukünftige System erfüllen muss; unterschieden werden quantitative bzw. qualitative Usability-Ziele
User	siehe Benutzer
User Centered Design	Designprozess, bei dem die Charakteristika und Anforderungen der Benutzer im Mittelpunkt stehen

User Experience	die gesamte kognitive und emotionale Erfahrungswelt, die Benutzer mit einem System verbinden; von der Anschaffung, dem Besitz, der Nutzung bis hin zur Abschaffung des Systems
User Interface	Benutzerschnittstelle; alle Aspekte eines Systems, mit denen Benutzer interagieren bzw. die sie wahrnehmen
User Story	(deutsch „Anwendererzählung") ist eine Software-Anforderung, die in kurz gehaltener Alltagsprache formuliert wird
Validität	Gütekriterium; Gültigkeit von Daten, d. h. sie beschreibt, inwieweit eine Methode genau das misst, was sie messen soll
W3C	World Wide Web Consortium
vertikaler Prototyp	ein Prototyp, der die zu untersuchenden Funktionen/Bereiche im Detail darstellt, aber keinen gesamten Überblick über das geplante System gibt
Wahrnehmung	Aufnahme und Verarbeitung von Sinnesreizen durch das Gehirn
Wasserfallmodell	Eines der ersten Vorgehensmodelle für die Softwareentwicklung, es ist linear und regelt die Kontrolle über das Projekt äußerst streng
Web Content Accessability Guidelines	Richtlinien der WAI (Web Accessability Initiative) der W3C, die das Thema Accessability behandeln und in der Version 2.0 auch als internationaler Standard und ISO/IEC 40500 verfügbar sind
Wireframe	(„Gitternetzmodell") Darstellung von Screens/Softwarebestandteilen als Rechtecke und Kästchen, um eine grundlegende Struktur darzustellen
Zapfen	Rezeptor für Farbwahrnehmung im menschlichen Auge

Zufriedenheit	grundlegendes Qualitätsmerkmal eines Systems, das die kognitiven, emotionalen und physischen Reaktionen des Benutzers auf dessen Anwendung beschreibt

12 Lösungen für die Kontrollfragen

Die Tabelle zeigt die jeweils korrekte Antwort für die entsprechende Frage an.

Frage Nr.	Antwort	Frage Nr.	Antwort	Frage Nr.	Antwort	Frage Nr.	Antwort
1	D	16	B	31	B	46	D
2	D	17	B	32	C	47	A
3	C	18	A	33	C	48	B
4	D	19	A	34	B	49	C
5	C	20	B	35	C	50	A
6	C	21	B	36	D	51	A
7	A	22	A	37	B	52	B
8	C	23	C	38	A	53	A
9	B	24	A	39	C	54	C
10	B	25	D	40	B	55	B
11	C	26	B	41	D	56	D
12	C	27	B	42	D	57	B
13	D	28	A	43	A	58	A
14	D	29	A	44	C	59	C
15	D	30	D	45	B	60	C

Die Kontrollfragen dienen der Überprüfung einiger Inhalte und veranschaulichen den Stil der Fragen der UXQCC-Zertifizierungsprüfung. Sie entsprechen keiner vollständigen Prüfungsvorbereitung.

13 Kopiervorlage zur Selbstkontrolle

Kopieren Sie einfach diese Seite und tragen Sie Ihre Antworten ein!

So können Sie schnell und einfach Ihre Antworten kontrollieren.

Frage Nr.	Antwort	Frage Nr.	Antwort	Frage Nr.	Antwort	Frage Nr.	Antwort
1		16		31		46	
2		17		32		47	
3		18		33		48	
4		19		34		49	
5		20		35		50	
6		21		36		51	
7		22		37		52	
8		23		38		53	
9		24		39		54	
10		25		40		55	
11		26		41		56	
12		27		42		57	
13		28		43		58	
14		29		44		59	
15		30		45		60	

14 Literaturempfehlungen

Allgemein Usability und User Experience

- ✓ Cooper Alan, The Inmates Are Running the Asylum: Why High-tech Products Drive Us Crazy and How to Restore the Sanity, SAMS 2004
- ✓ Gothelf Jeff, Lean UX, O'Reilly, 2013
- ✓ Krug Steve, Rocket Surgery made easy, New Riders, 2010
- ✓ Krug Steve, Don't make me think! Web Usability: Das intuitive Web, 2. Auflage, Redline, Heidelberg, 2006
- ✓ Nielson Jakob, Designing Web Usability, New Riders, 1999
- ✓ Preece Jenny et al., Interaction Design, Wiley, 2012
- ✓ Robier Hannes, UX Redefined: Winning and Keeping Customers with Enhanced Usability and User Experience, Springer, 2015
- ✓ Tullis Tom, Morgan Kaufmann, Measuring the User Experience, Morgan Kaufmann, 2013
- ✓ Sutherland Jeff und Sutherland J.J., Scrum: The Art of Doing Twice the Work in Half the Time, RH Business Books, 2015
- ✓ Leyton Ryland, The Agile Business Analyst: Moving from Waterfall to Agile, Eigenverlag, 2015

Wahrnehmung, Psychologie

- ✓ Møller Aage R., SENSORY SYSTEMS: Anatomy and Physiology, Second Edition, Aage R. Møller Publishing, 2012
- ✓ Anderson J., Cognitive Psychology and Its Implications, Worth, 2014
- ✓ Hunziker Hans-Werner, Im Auge des Lesers: vom Buchstabieren zur Lesefreude; foveale und periphere Wahrnehmung, , transmedia verlag, Zürich, 2006
- ✓ Metzger, Spillmann, Laws of Seeing, MIT Press, 2009
- ✓ McLeod June, Colour Psychology Today, John Hunt Publishing Ltd, 2016
- ✓ Schubert S., Eibl C., Die 3 Gestaltgesetze, Fachtagung der Universität Siegen "Didaktik der Informatik und E-Learning", 2007
- ✓ Weinschenk Susan, 100 Things Every Designer Needs to Know About People, New Riders, 2010
- ✓ Young Indi, Mental Models: Aligning Design Strategy with Human Behavior, Rosenfeld Media, 2008
- ✓ Schmidt Robert F. (Herausgeber), Neuro- und Sinnesphysiologie 5. Auflage, Springer Verlag, 1993

Standards und Normen

- ✓ International Electrotechnical Commission; IEC 62366-1:2015
- ✓ International Organization for Standardization; ISO 9241-110; ISO 9241-210
- ✓ International Organization for Standardization; ISO/IEC40500 (W3C, Web Content Accessibility Guidelines 2.0)

Printed in Germany
by Amazon Distribution
GmbH, Leipzig

22689266R00111